「또 하나의 문화」는
인간적 삶의 양식을 담은
대안적 문화를 만들고 이를 실천해 가는
동인들의 모임입니다.
이 모임은 남녀가 진정한 벗으로 협력하고
아이들이 자유롭게 자랄 수 있는 사회를 꿈꾸며
특히 하나의 대안 문화를 사회에 심음으로써
유연한 사회 체계를 향한 변화를
이루어 갈 것입니다.

「육체 그리고 성」
박영숙 사진
페미니스트 포토 아티스트

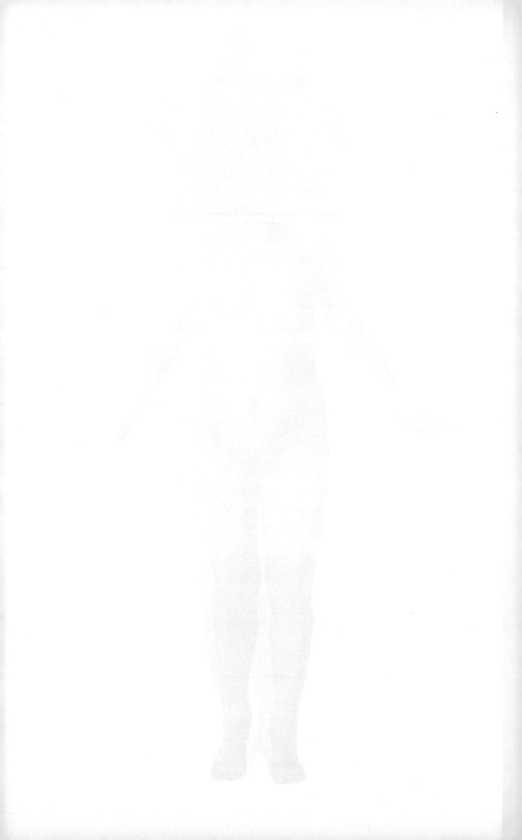

여성의 몸
여성의 나이

여성의 몸
여성의 나이

또 하나의 문화 제16호

도서출판
또 하나의 문화

책을 펴내며

"근대"는 합리의 시대이고 머리의 시대였다. 근대가 급격하게 해체되는
전환기에 머리의 사람들은 당황하기 시작했다. 이해되지 않는 상황이 돌
출하면서 몸이 아프기 시작했고, 몸을 인식하지 않으면 안 되게 되었다.
몸을 발견하게 되면서 사람들은 새로운 세상을 보게 된다. 합리의 세상
을 꿈꾸던 또 하나의 문화 동인들은 아프기 시작했고, 더 이상 몸을 외
면할 수 없게 되었다. 머리에 언어에 익숙해긴 이들이 몸에 내해 이야기
하는 것은 어설프다. 그러나 우리는 이제 몸에 대해 이야기한다. 내 의지
와는 무관하게 움직이는 몸, 내 의지와는 무관하게 늙어가고 즐거워하고
괴로워하는 몸과 기억들. 그래서 동인지 16호는 몸과 시간, 나이듦에 대
한 이야기이다.

무슨 일을 하든지, 어떤 형태의 삶을 살든지 여성은 항상 어떤 특정한
"나이"에, 그리고 가족에 소속된 사람으로서 범주화되곤 하는 한국 사회
에서 생물학적, 문화적 나이를 먹어가면서 여자들은 어떤 방식으로 갈등
과 모색의 경험을 공유하고 페미니즘적 연대의 가능성을 타진해 볼 수
있는가? 과연 페미니스트에게 시간의 경험은 무엇을 의미하는가? 한국의
문화적 맥락에서 페미니스트가 상상하는 시간성의 전복은 어떤 모습을

띠고 있을까?

　이런 질문들로부터 이 책을 기획하면서 우리는 정신적, 육체적, 문화적 나이가 여성의 몸과 긴밀한 관계를 가지고 있다는 생각을 했다. 조옥라는 논설에서, 나이가 지닌 의미가 여성들에게 구체적으로 표현되는 방식이 바로 얼굴을 비롯한 몸에 대한 "관심과 애정"으로 드러난다고 하면서, 우리가 "여성"으로서의 삶을 주체적으로 영위한다는 것은 우리 자신의 몸의 변화에 민감하면서 자신의 욕구와 일에 대하여 선택할 수 있으며, 그러한 여성들끼리의 교류에 의하여 서로의 삶을 공유할 수 있게 되는 것이라고 말하고 있다. 김은실은 나이/시간이 결합되는 여성들의 경험이 갖는 정치성에 민감해지면서 과거의 자아가 현재의 몸의 가능성을 억압하지 않는 사회, 그리고 한 개인이 전 생애를 통해 한번 이상 새로운 주체로 다시 살 수 있는 사회를 만들 것을 구상해 본다. 나이가 들어가는 것은 과거의 몸이 수용했던 자아를 더 이상 실천할 수 없음을 포함한다. 여성과 몸의 화두에는 몸의 경험에 기반하는 불연속적 자아들을 수용할 수 있는, 그러한 자아들이 자유로운 그래서 변화된 현실을 부정하는 규범적 자아를 버릴 수 있는 새로운 공동체의 조직 원리에 대한 생각이 포함되야 할 때라고 제안한다.

　우리는 그 동안 나이를 특별히 인식하지 않았고 연령 차별을 하지 않으려고 몹시 애써왔다. 그러나 세대마다 다른 모습을 보면서 나이는 여성성에 대한 확인과 어떤 관계를 맺는가, 여자가 나이를 인식하게 되는 계기는 무엇인가, 이 인식은 시기마다 어떻게 다른가에 흥미를 느꼈다. 그래서 종래의 적응과 성장 난을 세대에 따라 나누어 보았다. 한눈에 세대간의 다름을 인식할 수도 있고 나이에 따라 여성들이 어떻게 성숙해 가는가 라이프 사이클을 볼 수도 있다. 그러나 비슷한 연령대라 할지라도 각자가 선택한 생활 방식에 따라 개인차가 있음도 볼 수 있다.

십대와 이십대의 이야기는 「몸과 쾌락」이라는 단원으로 묶었는데, 싱싱함, 젊은이의 향기 등의 용어가 함축하고 있는 의미를 마음껏 즐길 수 있을 것 같은 이 세대의 경험이 생각보다 매우 다양하고 갈등도 많다는 것을 알 수 있다. 열악한 교육 환경 속에서 슬픈 십대를 보내야 했던 이들은 자신의 몸을 통해 많은 실험을 해보며 저마다의 정체성을 찾아가고, 사회와 문화, 가족적 억압에 대항하여 치열하게 살면서 성숙해 가는 모습을 볼 수 있다. 즉 젊은 페미니스트들에게는 몸의 체험이 그들의 정치성의 토대이며, 각자 다르게 의미화된 몸을 통해 이전 세대와는 다른 삶을 살고 있다.

「몸과 일」이라는 단원은 삼사십대의 이야기다. 눈치 빠른 독자는 벌써 알아차렸겠지만 사이사이에 아홉 고개를 넘기는 사람들의 쪽글이 끼어 있다. 수도자와 독신 여성, 전문직 여성 외에도 전업 주부, 취업 주부 등의 경험을 담았는데, 여성다운 몸으로 여자다운 생활을 살도록 집요하게 훈육되어온 굴레를 어떻게 비껴나서 나를 찾고 조금은 다르게 살 수 있었는가, 또, 사회적 일과 가정적 일 두 가지를 성취하기 위해 노력해온 사십대의 삶을 성찰적으로 보여 준다. 일하는 여자들은 남성 중심 사회에서 생존하기 위해 끊임없이 자기를 부정하고, 여자들의 일상적 삶이나 몸에서 발생하는 많은 현실들을 부정해야 살아남을 수 있었다. 이제 그러한 현실 속에서 여성의 몸을 드러내면서 남성 중심적 근대의 기획을 비판하고 여성들의 몸의 체험을 언어화한다는 것은 세상 바꾸기의 첫걸

음인지도 모른다.

오륙십대의 이야기인 「나를 받아들이기」는 아홉수나 폐경기 장애 등 몸의 변화를 가져오는 변수는 나이보다 마음먹기에 달린 것임을 보여 준다. 그러나, 건강하고 자신있게 살던 사람이 몸을 앓음으로써 세상을 다시 보고 노년을 준비하기도 하고, 육십대를 맞았어도 늘 새로운 감각으로 새로운 일을 벌이는, 생물학적 나이보다 문화적 나이를 창조해 가는 신선한 모습과 함께, 홀로 된 여성들끼리 공동체를 만들어갈 가능성을 제시하기도 한다. 결국 새로운 "나이감"으로 갱년기 육체의 변화를 실천적 삶과 연결시키고, 노화의 다양한 증상에 현명하게 대처한다면 좀더 지혜롭게 성숙할 수 있다는 가능성을 볼 수 있다.

현장 연구는 여자들의 몸과 몸의 재현 양식에 얼마나 성별 고정 관념이 반영되어 있는가를 지적하고 그것을 전복할 수 있는 여성주의적 정치학을 말하고 있다. 즉, 남성 중심 문화에서 불결하고 열등한 것으로 인식되어온 여성의 몸의 소중한 의미와 여성들의 지혜와 능력을 탐색해 본 글들이다. 노년에 관한 글들은 열악한 조건에 있는 여성 노인들의 현주소를 보여 주며 여성 노인의 복지 향상을 위한 새로운 실천 모델을 찾고 있다. 또, 노인들은 무성적이라는 통념을 깨고 노년기의 성을 긍정적으로 보자고 말한다. 그리고 영화평은 육체를 움직이는 욕망 그 자체에 자율권이 없음을 성찰하고 있고, 서평은 궁극적으로 여성이 자기 몸에 대한 통제권을 획득할 것을 말하고 있다.

몸의 체험, 또는 나이듦이나 늙음의 경험을 공식적으로 말해 오지 않은 우리 사회에서 몸과 나이를 둘러싼 변화, 고통과 같은 여러 문제들을 이야기하기 시작한다는 것은 매우 중요하다. 나이가 차이나는 여성들간의, 몸의 체험이 다른 여성들간의 의사 소통을 시도한다는 것은 삶의 구체성을 회복하고, 여자들의 몸을 둘러싼 사회 관계를 정치화해내는 일이다. 남성들이 규정한 추상적이고 규범적인 "여성"을 해체하고 구체적이고 다양한 여성 현실을 드러내어, 그 차이를 허용하고 공존하려는 시도이다. 여성의 몸과 나이를 수용하는 삶의 방식, 그러한 것들을 담아내는 구조, 사회 시스템의 변화를 위한 노력을 시작해야 할 때다.

또 하나의 문화 제16호

여성의 몸 여성의 나이

표지그림 / 루이즈 브르주아 Cell XI (Portrait)

사진화보 / 박영숙

본문사진·그림 / 박영숙, 영경, 윤석남, 정복생, 하민수

삽화 / 장정예

글 편집 / 구훈모, 김영옥, 김은실, 김정명신, 김현미, 박혜란,
        안이희옥, 유이승희, 이소희, 이정주, 조옥라, 조한혜정

북디자인 / 전혜순

내가 모든 등장 인물인 그런 소설, 1

김혜순

나는 내가 모두 학생인 그런 학교를 세울 수 있지. 쉰 살의 나와 예순 살의 내가 고무줄 양끝을 잡고, 열 살의 내가 고무줄 뛰기 하는 그런 학교. 이를테면 말이야. 지금의 내가 기저귀 찬 나에게 엄마엄마 이리와 요것 보세요 말을 가르칠 수도 있고, 여중생인 나에게 생리대를 바르게 착용하는 법도 가르칠 수 있을 거야. 어쩌면 열 살인 내가 예순 살인 나에게 인생이란 하고 근엄하게 가르칠 수 있을지도 몰라. 또, 이를테면 말이야, 나는 또 내가 모두 등장 인물인 그런 소설도 지을 수 있지. 실연당하고 미친 듯이 농약을 구해온 열아홉 살 나와 네가 싫어 그랬다고 우리 집 담을 도끼로 부수던 남자를 바라보는 스무 살의 내가 함께 나오는 그런 소설도 지을 수 있을 거야. 이런 소설은 어때? 열 살의 나와 예순 살의 나에게 겸상으로 우리 엄마가 밥상 차려 주는 그런 소설. 결혼 전의 내가 공원에 앉은 지금 나의 뺨을 때리고, 일흔 살의 내가 뺨 맞은 나를 위로해 주는 그런 소설 말이야.

불 다 꺼진 한밤중의 공원 벤치
나는 지금 가방을 열었어
일년 삼백육십오일 하고도 곱하기 삼

밥상 당번하는 거 지겨워 사춘기 소녀 식모처럼
징징거리면서 오늘 밤 나는 가출했거든
그런데 무심코 가방을 열자
수많은 나와 가출해 추위에 떠는 내가 동시에 만나 버린 거야

저기 봐, 저기 가방에서 나온 내 머리통 하나
그네 위로 높이 떠올랐잖아?
가슴엔 수놓인 손수건을 달았어
부처 얼굴이 무서워 포교당 유치원을 탈출했어
아니, 잘못 봤어 그보다 몇 년 뒤야
물 없는 우물에 빠져 소리 지르고 울 때야
저기 봐, 또 저기
가로등 위로 풀빵을 사든 내가 지나가잖아
할아버지 몰래 금고에서 동전을 꺼냈어
저 발 아래 물웅덩이엔
내 무릎 사이로 발가벗은 귀여운 내가 기어오네
쭈쭈 아가 이리 온, 맛있는 젖 먹여줄께

일흔 살의 내가 마흔인 나를
위로하느라 가로수 사이 불어 젖히네
흰 머리칼 다 풀어지고 이마엔 땀이 맺혔어
내 몸에서 나온 나의 할머니들과
나의 딸들이 달로 뜨고 별로 뜨고
나뭇잎 잎잎마다 바람으로 불어 젖혔어

한밤 내내 나는 나에게서 불을 쬐고 앉아 있었다
그 중에서도 어머니에게 안겨 젖 빠는
가장 어린 나에게서 오, 오래 불을 쬐었다
일흔 살 먹은 나의 껍질뿐인 젖무덤을 더듬기도 했다
보름달 아래 겨울 가출이 아주 따뜻했다
식어 가는 화로 하나 껴안은 것처럼

내가 모든 등장 인물인 그런 소설, 3

밤마다 잠들려 하면
나는 아이 하나 껴안는다
아직도 태어나지 않은 아이
얼굴도 이름도 지어지기 전의 나
그 아이를 깨우지 않으려 나는 조용히 말한다
지난해에 든 감기가 아직도 낫지 않아요
나는 그 아이에게 들어간다
태어날 때부터 지금까지 한 발자국도 크지 않은 아이
새파란 아이
아직도 '내'가 아닌 아이
황인종도 아니고 맏딸도 아니고 더구나 김혜순도 아닌 아이
지구를 박차고 솟아올라
아직도 젊은 별, 푸른 불꽃 그 자체인 아이
우리 엄마 뱃속에서 아직도 눈 못뜬 아이
나 죽어도 살아 있을 그 아이

밤마다 잠들려 하면
한 노인이 웅크린 나를 껴안는다
낮에는 자고
밤에는 깨어 있는 그 노인이 나를 껴안는다

태반처럼 살갗 주름 사이마다
죽음을 재운 징그러운 그가
한밤내 나를 껴안고 내려다본다
그가 나에게로 들어온다
그의 얼굴 속에서 이미 지구는
지구의 시간을 다 살아내었다
한없이 늘어진 젖무덤 속에서
봄 여름 가을 겨울은 수억만 번 흘렀고
산맥들은 자신들의 리듬을 다 연주했다
이름도 얼굴도 삭아버린 그 노인
너무도 늙어 여전히 어린 아기인 그 노인
나 죽어야 비로소 죽을 그 노인
그것이 나를 끌어안는다

우리는 세 개의 숟가락처럼 포개져
베개 위에서 얼굴을
함께 돌리기도 하고
무서워무서워
가운데 끼인
마흔 넘은 내가 이를 갈기도 한다

16 시

시작 노트

나는 이미 불혹의 나이를 넘겼지만, 내 안엔 태초의 아이가 들어 있다. 생명의 정수(精髓)로서의 아기. 물론 내 안엔 노년의 나도, 죽음으로서의 나도 들어 있다. 생명의 태반(胎盤)으로서의 죽음. 나는 한밤중 잠들려고 할 때, 혹은 시를 쓰려고 할 때, 그런 '모든 나'의 시선, 목소리를 보고 들을 수 있다.

1955년생으로 시인이며
시집으로 『불쌍한 사랑 기계』
『달력 공장 공장장님 보세요』 등이 있다.
서울예대 문예창작과에서 가르치고 있다.

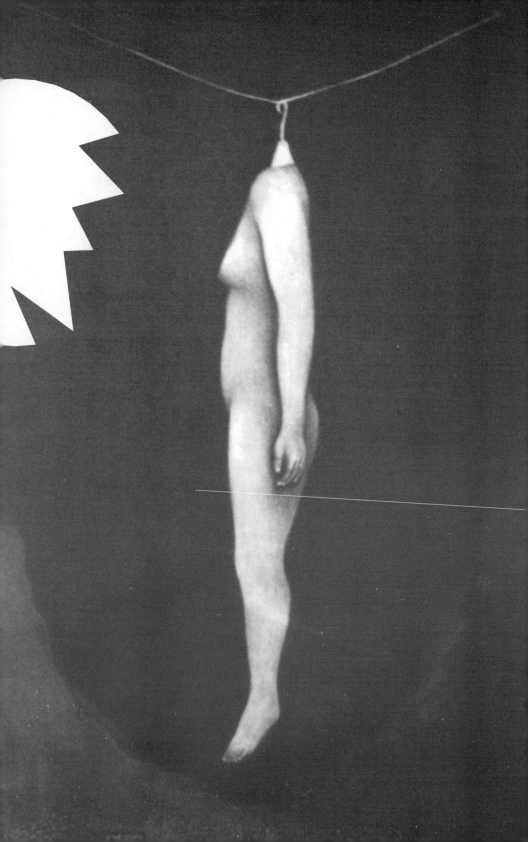

논설

◀ 영경, '날' 전에서 「size 55」, 2001
▲ 하민수, 「여성비례」, 천에 바느질, 520×230㎝, 1999

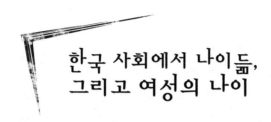

한국 사회에서 나이듦, 그리고 여성의 나이

조옥라

들어가면서

거울에 비친 자신의 모습을 보면서 떠올리는 이미지는 사람마다 다를 수 있다. 어떤 사람들은 여성을, 또 어떤 사람은 나이와 직업, 가족에서의 역할을 떠올린다. 이목구비와 피부를 점검하면서 자신을 정면으로 바라볼 때 나이는 누구도 피할 수 없다는 평범한 진리를 절감하게 된다. 더구나 "나이"가, 하고 있는 일의 성격이나 평가에 중요한 작용을 하는 한국 사회에서 누구나 "나이"가 주는 무게를 느끼지 않을 수 없다. 그러나 이러한 "나이듦"이 갖고 있는 비중과 의미가 여성과 남성 사이에 크게 다른 것이 현실이다. 나이 들어 가는 것과 늙어 가는 것이 동일할 수 없는 것이며, 한 성(性)에서도 나이에 대한 평가가 생애사의 단계에 따라 다르다.

  남성들에게는 사회적 역할이 주어진 성인 시기의 나이듦은 경험과 경륜을 보여 주는 것이기 때문에 권위가 부과된다. 그러나 같은 시기에 여성들의 나이듦은 늙어 가는 것으로서 자주 표현되는 부정적 의미를 띠기도 한다. 최근에 그 경향이 줄어들기는 했지만 남성들은 될 수 있는 대로 나이 들어 보이기를 원하고, 여성들은 어려 보이기를 원하는 대조적 현상을 볼 수 있다.

남성들에게는 나이가 일종의 권위를 부여해 주는데, 여성에게는 나이가 왜 부담으로 작용할까? 여성들에게 나이는 생애의 단계마다 그 의미가 달라져 가장 좋은 "꽃다운" 나이를 중심으로 여성성의 내용이 달라진다. 이러한 나이관은 여성들에게는 억압적일 수밖에 없다. 여성의 정점인 "꽃다운 나이"는 결혼 적령기에 해당되고, 이 나이는 "가장 매력적"이어서 더 많은 사람의 관심을 끌고, 선택되는 시기이다. 동물계에서의 mating period(발정기)에 해당된다. 능동적으로 자신이 원하는 상대방을 선택할 수 있기도 하지만, 일반적으로는 남성들의 시선에 의하여 아름다움이 그어지고, "발탁"되는 시기이다.

여성의 절정기를 바로 이 제한된 연령군에 한하기 때문에 어린 여성들은 이러한 연령층에 속하기 위하여 "성숙한" 치장을 하고, 이 시기를 넘긴 여성들은 "발랄한" 어려 보이는 치장에 신경을 곤두세우게 된다. 여성이 되어가는 "꽃봉오리"인 어린 여성들은 그 "순수"와 "순결"의 이미지를 갖게 되고, 결혼 적령기를 넘은 여성들은 "여자"로서 한물이 간 사람으로 간주된다. 특히 "아줌마"란 통칭으로 명명되는 나이든 여성들은 너무도 "당연히" 재미없고 별 볼일이 없는 이가 되어 버린다. 이러한 여성에게 "여자"는 사라지고 "모성적"인 것만이 남아 있다. 여성의 매력이 "적령기적" 행동과 모양새로 상징화될 때, 다른 방식으로서의 몸짓과 치장은 설 자리를 잃게 된다. 예를 들어 적령기적 모양과 의식을 거부하는 젊은 여성이나 모성적인 역할을 거부하는 여성에게는 "여자답지 않은 여자" 또는 "남자 같은 여자"라는 낙인이 찍히게 된다.

그러면 이러한 평가를 누가 내리는 것일까? 우리는 이러한 나이 구별의 정점이 "적령기"이며 "발정기"에 놓인다는 것은 남성 중심적인 평가임을 인정하지 않을 수 없다. 실제 이 나이가 가장 중요한 것은 남성들과의 관계이기 때문이다. 그러나 문제는 이러한 평가가 남성에 의해서만 이루어지는 것이 아니라는 데 있다. 여성들간에도 "아직 어린 여자", "젊은 여자", "나이든 여자"라는 구별이 자리잡고 있다. 특히 아가씨와 아줌마 간의 구별은 여성들간에 보이지 않는 장벽을 만들고 있다. 그렇기 때문에 여성들을 나이로서 보는 시각이 남성들과의 관계에서뿐 아니라 여성들간의 관계에서도 작용하고 구체적으로는 여성 자신이 자신의 역할과 정체성을 갖는 데 이 "나이"라는 변이가 작용을 하게 된다. 실제 주체적인 생활 방식을 확보하려는 여성들에게는 "나이와 관계없이" 살아야 한다는 무의식적인 전언message이 자리잡고 있다.

나이가 지니고 있는 의미가 여성들에게 구체적으로 표현되는 방식이 바로 얼굴을 비롯한 몸에 대한 "관심과 애정"으로 드러난다. 삶에 대한 자세가 나이에 따라 달라지는 것이 "여성을 여성으로만 평가하는 현실" 속에서 여성은 스스로를 감각적으로 인식하게 된다. 아름다움에 대한 집착은 어느 곳에서나 발견되고 남성과의 관계 즉 남성의 눈으로 여성의 얼굴과 몸을 보는 방식도 무의식적으로 많은 여성이 채택하고 있다. 나이를 먹어 가는 생물학적 현실을 받아들이기가 힘든 여성들은 적령기의 육체를 유지하지 못하는 자신이 아무런 의미가 없고, 이제 여자도 아니라는 인식을 하게 되는 등의 자아 상실까지도 경험할 수 있다.

특정한 연령대 그리고 특정한 아름다움에 대한 강조는 여성들의 삶에 대한 포괄적인 이해를 불가능하게 만들 수 있다. 그뿐 아니라 여성들간에 보이지 않는 적대감을 만드는 역할을 할 수 있다. 가족의 일원으로서만 그 사회적 의미를 부여받으면서 자신의 역할을 충실히 수행하는 나이든 여성에게는 "젊은 여성"이 위협적인 대상이 될 수 있으며, 자신의 젊은 날은 이미 끝난 것이다. 어린 여성에게는 아줌마는 생이 끝난 것이며 함께 대화를 나눌 수 있는 대상은 아니다. "나이"에 의해 구획된 "여성성"이라는 장벽은 생물학적 나이를 먹어 가면서 누구나 겪는 경험을 공유할 수 있는 터전을 마련하는 것을 가로막고 있다.

여성의 나이듦이 사회적으로 평가받는 것은 가족 내 의무를 다하고 자손과 함께 한가롭게 노후를 보낼 때이다. 이 단계에 이를 때까지 여성으로서의 총체적인 모습은 다 사라지고 가족적 의무와 권리에 의해서만이 규정되는 삶으로 안정되어진 모습이다. 결국 적령기 여성이든, 나이든 모성적 여성이든, 여자로서의 평가만 받아온 여성들이 나이 들어 "여성이 아닌" 그냥 가족의 노인이 되어 버리는 것이다. 그러나 이 노인 여성에게 새로운 주체성이 주어지는 것도 아니다. 노인이라는 이름 아래 많은 것을 수용하기를 요구하고 제한된 노인으로서의 권위를 갖게 된다. 여기서 개별적 개인으로서 여성으로서의 주체를 찾을 길이 막연하다.

이렇게 나이와 관련되어 평가되는 "여성성"이 성차별적인 것은 비교적 나이와 무관하게 내려지는 "남성다움"에 대한 평가를 보면 잘 알 수 있다. 아들과 남성은 나이와 관계없이 집안을 이어가고, 집안을 대표한다는 의미에서 그 사회적이고 정치적인 권력을 행사할 수 있다. 이 권력은 어머니와 아내라는 역할을 하는 여성에 의하여 뒷받침된다. 나이든 여성들이 갖게 되는 권위는 전통적으로 이러한 남성들과의 관계 속에서 확보된 것이기 때문에 더욱더 남성 중심적인 여성 "범주화"에 동조하게 된다. 그렇기 때문에 여성들간의 연대가 제한될 수밖에 없다.

이러한 여성들의 나이듦이 지니고 있는 "남성 중심성"과 "여성 구획화"는 여성들간의 전선을 분리시키게 된다. 분할된 영역에서 여성들의 주체는 극히 개별화될 수밖에 없다. 그렇기 때문에 남성과 무관한 생애사를 꾸려 나가고 있는 여성들이 장기적이고 지속적인 연대를 꾸려 가기가 쉽지 않다. 은퇴한 독신 여성들이 직면한 문제는 바로 이렇게 남성 중심적인 가족 관계에서 벗어난 여성들간의 관계가 부재한 상태에서 대안적인 노년 생활을 구성해 가야 한다는 것이다. 현재 독신의 삶을 택하는 여러 여성들에게 던지는 가장 빈번한 질문이 "지금은 괜찮지만 늙어서는 어떻게 하겠느냐"는 것인데 거기에 자신 있게 답할 수 있는 대안적 공동체가 바로 이러한 여성들간의 구획 지워짐을 극복할 수 있을 때 구체화될 수 있다.

방년 십팔 세

여성에게 어린 시절은 십대까지를 의미하며 그 정점은 소위 "방년 십팔 세"로 표현되는 것으로 보인다. 어린 여성은 "딸"로서 통칭되면서 무엇인가 새싹과 같이 보살피고 키워 주어야 하는 존재로 간주된다. "사랑스럽고 순수해 보이기"를 부지불식간에 기대하는 것이다. 딸로서 바라보는 것과 어린 여성으로 보는 것은 분명 다르다. "곱게" 키워져야 한다는 사회 통념은 "딸"을 험난한 세상사로부터 보호해야 한다는 것을 의미한다. 그러나 현실적으로 "딸"을 사회에서 차단시키기란 힘들고, 딸 자신에게도 현실을 모른다는 것이 도움이 되지 못한다.

어린 여성들이 현재 직면하고 있는 현실은 사뭇 험상궂기만 하다. 집은 자신들이 필요로 하는 모든 것을 채워 주기에는 태부족이고, 주변에는 보호라는 이름하에 간섭과 규제로 뒤덮여 있다. 호기심을 자극하는 영상, 소리 그리고 책에서 속삭이는 이야기가 "대학 입시"로 압축되는 강요된 규제와 병행되면서 폭발할 것만 같은 자기 분열을 경험하는 시기이기도 하다. 이 여성들에게 "이 사회에서 여자로 산다는 것"이 무엇인가를 이야기해줄 수 있는 사람어 있는가?

실제 이 시대의 십대들은 자신의 욕구 충족을 위한 실험에 자신의 몸을 기꺼이 내맡기는 감행을 하기도 하고, 자신의 욕구를 표현하는 문화 산업을 생산, 소비하는 적극성을 보여 주고 있다. 그러나 이러한 모든 실험들은 거대한 "교육 재생산 체계" 속에서 극히 제한적이거나 지나치게 일탈적으로밖에 이루어지지 못하고 있다. 입시 준비에 찌들려 공부만 하는 십대에서부터 "원조 교제"를 놀이 삼아 하는 십대까지 갈수록 그 간극이 멀어지기만 하고 있다.

그 십대들의 실험들이 중, 고등학교를 졸업한 다음에도 계속되면서 채워지지 못하는 욕구와 "딸"이기를 강요하는 분위기 속에서 자기 분열적인 정체감을 계속할 수밖에 없다. 이들 여성들은 모든 것이 가능한 것 같은 딸의 입장에서 세상 온갖 궁상은 다 뒤집어쓴 듯한 "여성"들이 보기 싫다 못해 적대적이기까지 하다. 이 과정에서 어머니와의 교류, 학교의 선후배, 선생들을 통해 다른 여성들의 삶을 엿볼 수 있는 간헐적인 경험을 하기도 한다.

이들 "어린 여성"들이 보기에는 여성들이 젊었을 때는 여성으로서의 가치를 지니고 있다가 결혼을 하고 점점 나이가 들어가면 더 이상 여성이 아니라, 엄마가 되고 아줌마가 되고, 폐경이 되면 뭐 여성으로서뿐만이 아니라 거의 쓸데없는 존재같이 되어 간다는 인식이 팽배해 있다. 그들은 아줌마들은 거의 따분하고 재미없고, 그리고 갱년기가 넘어가면 정말 볼썽 사나워진다고 한다. 아줌마는 인생의 질고를 겪으면서 아등바등 사는 그런 이미지로만 남아 있다.

성숙되기를 스스로 거부하고 "어린 딸"로 남아 있고 싶어하는 "연장된 어린" 여성들은 결혼을 하는 순간부터 달라져야 한다는 요구에 직면한다. "여성"으로서의 정체성을 미처 갖기도 전에 누구나 자라면 모든 개인적인 것을 포기 내지 수정해야 되는 "아줌마"가 될 수밖에 없다는 것이 우리 사회의 기호이다. "여자"이기를 거부하거나, 어린 여성으로 남고 싶어서 "아줌마"를 부인하는 여성들이 여성 중심주의적 관점을 갖기란 참으로 힘들다.

여성의 나이와 몸

"딸"인 어린 여성들이 경험하는 육체적인 변화가 우리 사회의 공적 담론의 대상이 되기 힘들다. 잘 몰라야 하고 순수해야 되며 보살핌을 받아야 하는 "딸"들이 성적인 욕구를 지니고 임신을 할 수 있는 "몸"을 지니고 있는 여성으로 받아들여지기가 힘들기 때문이다. 자신의 몸의 변화를 숨겨야 하는 것으로, 또 극히 개인적인 것으로 치부함으로써, 모성으로서의 "몸"의 존재가 당분간 억압되는 십대 시기에 자신을 향한 관심과 애정은 유희적 차원에 머무를 수밖에 없다. "여성"이기보다 "딸"로서의 귀여움을 성적 매력으로 간주하면서 이들이 맺는 이성 관계란 현실적일 수가 없다. 어림으로 포장된 여성의 몸이 매력의 포인트이며, 육체적 관계는 비현실적인 것이며 임신, 출산이라는 것은 더욱더 자신과는 거리가 먼 것이다.

이런 여성들이 다른 여성들과 만나 자신의 몸의 변화와 현실적 삶에 대한 이야기를 나눌 수 있는 기회는 거의 차단되어 있다. 이들 여성들이 가장 가깝게 만나는 "어머니"인 여성은 자신의 "이상"과 완벽하게 어긋날 수밖에 없다. 우리 사회가 요구하고 있는 "딸"인 어린 여성이, 어떻게 생활을 헤쳐 나가고 자신의 육체를 마구 드러내는 "어머니" 여성과 동일시할 수 있겠는가? 물론 너도 언젠가는 나와 같이 될 수 있다는 "어머니" 여성의 암시를 받고, 그 암시 때문에 더욱더 "어머니" 여성을 거부하게 된다. 어머니 스스로도 자신의 "여성"적 존재를 드러내기가 힘들다. 어머니는 어머니일 뿐이다. 어머니의 나이는 별로 중요하지 않으며, 통칭 어릴 수 없는 나이이고 그저 "아줌마"일 뿐이다.

그런데 어리고 젊은 여성이 자신의 성적 매력을 의식하고 자신의 길을 모색하는 단계는 너무 짧다. 학창 시절은 모두 "딸"로서의 생활을 의미하는 것이며 젊은 "여성"으로서의 생활을 생각하기 전에 "결혼"이라는 사회 조직 속에 편입되어 버리기 때문이다. 어리지도 않고, 독립적이지 못한 소위 "적령기" 여성들에게 사회 문화적으로 허용된 공간은 넓지 않다. 실제 적령기 여성들 중 다수는 자신들의 손발이 묶여 있는 것 같은 답답함을 느끼고 있다. 모든 것이 가능할 것도 같으며, 많은 사람들이 관심을 보여 주고 잘해 주고 있지만 뚜렷이 명확하게 할 수 있는 일은 없는 상태이다. 단지 막연하게 무엇으로서의 이동을 위한 준비 기간에 자신이 속하고 있음을 느낄 뿐이다. 이 시기 여성들에게 장래 희망을 물어 보면 항상 모호하다. 즉 언제, 어떠한 사람과 결혼하느냐의 여부에 따라 삶이 달라진다고 자신들도 보기 때문이다. 직장 생활을 계속할 수도 있고 안 할 수도 있고, 공부 같은 자신의 개발에 투자를 하고 싶기도 하고, 또는 이러한 선택이 여자로서 현명한 선택인지도 모르는 등등의 서로 모순적인 여러 계획들을 구상하고 있다.

한편, 더 이상 어리지 않은 자신의 "몸"에 대한 관심은 좀더 구체성을 지닌다. 그러나 몸 전체가 시선을 끌기 힘들다. 외모, 날씬함이 관심이지만 자신의 몸의 요구에 귀기울이게 되지는 못한다. 자신의 몸을 낯설게 보는 것이다. "선택될 수 있는" 또는 "관심을 끌 수 있는" 몸으로서 자신의 몸을 바라보게 되는 것이다. 이러한 면은 "어머니" 여성과 "친구" 여성들에 의하여 더욱 조장된다. 어떠한 의미에서는 자신의 몸이 더욱 자신과 유리되는 것이다. 십대의 문턱을 지나는 여성들에게 육체는 어느 정도 자본이 "투자"되어 변형 가능한 것이 되어 왔다. 눈의 쌍꺼풀, 코의 콧대, 허벅지의 살 등은 수정 가능한 것으로, "견적"을 내어 비용 부담 능력에 따라 고칠 수 있는 "육체"이다. 이 육체로 인해 자신이 매력적인 범주 속에 포함될 수 있을 때 "자신감" 있는 정체감을 가질 수 있게 되는 것이다.

젊은 여성들은 보여지는 몸으로서의 자신을 보게 됨으로써 "몸"이 지닌 "상품성"을 적극적으로 업그레이드시키는 데 총력을 기울이게 되었다. 이러한 타자화는 서로의 몸과 얼굴을 상대적인 시각에서 비교하게 만들어, "동료" 여성들과 나이와 몸에 대한 대화를 하기 힘들게 한다. 마찬가지로 상대화된 몸과 관련된 불투명한 미래 전망 때문에 여성들끼리 깊이 있는 관계를 맺기가 힘들다.

이러한 양상은 결혼한 다음에도 계속된다. 이미 한 남성에 의하여 선택된 여성의 몸은 자녀 출산에 의하여 다른 전기를 맞이한다. "꽃다운" 나이를 거쳐 생산을 하는 "모성적" 몸으로 성숙된 전환을 한다. 이런 과정을 통하여 여성으로서의 삶은 결혼 후 "아이"를 가지면서 시작된다는 우리 문화의 기호가 만들어지는 것이다. 그러나 그 순간 여성은 아기 엄마인 "아줌마"가 되고 자신의 "여성"은 사라지는 모순을 발견하게 된다.

나이든 여성들은 자주 자식 키우고 살림하면서 바쁘게 살다가 보니 벌써 늙어 좋은 시절 다 지나가 버렸다고 한다. 이런 여성들에게 어떤 때가 가장 "여성적"이었다는 말인가? 농촌 노인 중에는 가장 좋았던 시절이 처녀 시절인 "적령기"라고 하는 여성들이 많다. 이 시기는 선택되는 "과정"이었기 때문에 책임도 주어지지 않는 과도기라고 볼 수 있다. 사회적 "여성"은 있어도 여성 자신에게 "여성"은 없다는 말인가? "딸"이며 "어머니"이지 몸과 마음이 있는 여성 자신은 어디에도 찾기 힘들다. 결과적으로 보면 "여성"이 되어 본 적이 없었던 여성들에게 "여성"이기를 사회가 끊임없이 요구하는 것이라 볼 수 있다.

가정 속의 여성 역할이 바로 "주부"로서 "어머니"로서의 역할이기 때문에 자신의 몸의 변화에 특별한 관심을 기울이지 않게 된다. 특히 자신의 위치를 가정 안에서 찾고 있는 전통적 여성관을 갖고 있는 여성일수록 "여성"으로서의 육체적 욕구가 역할 속에 갇혀 있다. 그리고 폐경기와 비슷한 시기에 자신의 보살핌을 필요로 하지 않는 자녀들이 떠나는 것을 보면서 비로소 "여자"로서의 자신의 삶과 몸을 돌아보게 된다. 더구나 최근 육체가 대중 문화에 중요한 화두로 등장하면서 여성들의 몸에 대한 관심은 새로운 전기를 만나게 되었다.

폐경기에 달하면서 다시 한번 자신의 몸에 일어나는 변화를 외부와의 관계보다는 자신에 대한 성찰적 사고로 하게 한다. 어린 여성에게 일어나는 변화는 여성적 육체를 갖추게 됨을 의미하면서도 "어리다"는 이유로 숨겨져 버려 성장한 육체와 욕망은 감추어지며, 바로 그 감추어진 육체가 지니고 있는 매력이 어린 여성을 더욱 성적인 존재로 만들었다. 폐경기 몸의 변화는 아무도 관심을 주지 않으면서 동시에 "여성"으로서의 기능이 상실되어 가면서 문제를 일으키는 몸의 여러 부문들의 존재를 인식하게 만든다. 그러나 이 경우에도 공적 담론의 대상은 되지 않는다. 왜냐하면 더 이상 "여성"이 아니기 때문이다.

나이든 여성들의 몸은 그 자체로서 관심을 끌 수 없다. 늙음과 함께 생물학적 노쇠의 한 양상으로 여성의 몸이 읽힌다. 보일 필요가 없는 몸을 바라보는 시선에는 두 가지 방향이 있다. 첫째는 성적 매력으로서의 육체가 건강의 척도로 전환되어 건강해야 된다는 당위성에서 끊임없이 육체에 대한 관심을 불러일으킨다. 몸에 좋다는 모든 것, 건강 체육 시설에 대한 관심들로 이러한 시선이 이어진다. 둘째는 매력적인 몸을 유지하기 위하여 운동뿐 아니라 현대의 의학 기술을 사용한 성형, 화장품 사용 기술의 확대 등으로 이어지는 것이다. 사라져 가는 "여성성"을 몸을 통하여 재확인하고 복원하려는 노력들이, 최근에 증대되고 있는 여성 주체성의 확립과 함께 그 힘을 얻어 가고 있다. 동네 목욕탕, 사우나, 헬스 클럽을 가득 메운 중년 여성들이 이러한 경향을 보여 준다.

여성의 나이와 몸이 새로운 의미를 갖기 시작하는 것은 여성들의 정체성이 가정 내의 역할로 한정되지 않게 되는 현상과 관련이 깊다. 여성이 교육도 받고 직업도 얻어 사회 활동을 하는 것이 좀더 일반화되는 산업 사회와 후기 산업 사회에 접어들면서 여성들이 자신의 몸을 더 관심 있게 보게 된 것이다. 더구나 소비 문화의 핵심에 육체와 욕망이 자리잡게 되는 후기 산업 사회에서 이제까지 "적령기" 중심의 여성성이 더욱더 분명하고 적나라하게 드러나고 있다. 갈수록 어려지는 대중 문화 소비층은 매력적인 육체를 강조하면서 나이든 여성들을 더욱 초라하게 만들고 있다. 가정 내 여성 역할이 한편에서 여전히 중요하게 간주되면서도 젊은 여성의 "몸"이 상품성을 더욱더 갖게 되어 가정 내 여성들도 "매력적" 육체를 위한 무한 경쟁에 자신도 모르게 들어가게 되는 것이다.

항상 새롭게 시작하는 여성들 / 나이 초월하기?

그럼 우리는 어떻게 우리의 몸을 주체적으로 인식하면서 "여성"으로서 살 수 있겠는가? 나는 여성에 대한 담론에서 정말 여성들이 말하고 있는 "여성의 몸과 삶"에 대한 이야기가 핵심을 이루어야 한다고 본다. 위에서 살펴본 바와 같이 딸, 젊은 여성, "어머니", 그리고 노파 등의 범주 속의 여성에서 "여성"은 부재하다. 사회적 여성은 가정에서 출산, 양육을 포함한 살림을 하는 자로서 신체적 조건과 성격을 지닌 사람이다. 그렇기 때문에 사회적 여성의 정점은 남성 중심적인 가족 유지에 가장 적합한 사람으로 남성에게 선택되는 "젊은" 여성일 수밖에 없다. 젊은 변천기의 여성을 중심으로 만들어진 매력적인 여성상은 여성들간의 서열을 만들어 버린다.

"어린 여성"은 "딸"로서 복잡한 가정살이를 모르고 곱게 훈련받아야 하는 자이며, "아줌마" 여성은 억척같이 가정일을 꾸려 가는 여성이며, 노인 여성은 그 모든 역할을 수행한 후 계속 보살핌을 할 수 있는 여성인 것이다. 이러한 구분은 여성들간의 연대를 저해하고 진정한 "여성"의 모습을 볼 수 없게 하는 것이다. 남성 중심적으로 구획된 이러한 여성 범주들은 여성의 나이와 몸에 관한 토론에서 여성 자신이 들어갈 수 있는 여지를 만들어 주지 않는다. 내가 본 내 나이와 내가 생각하는 나의 몸 상태, 욕구에 대한 이야기들이 빠진 채 젊은 여성과 나이든 여성들이 서로를 바라보고 있다.

우리가 "여성"으로서의 삶을 주체적으로 영위한다는 것은 우리 자신의 몸의 변화에 민감하면서 자신의 욕구와 일에 대하여 선택할 수 있으며, 그러한 여성들끼리의 교류에 의하여 서로의 삶을 공유할 수 있게 되는 것이다. 우리는 이제 사회적 조건 속에서 구획된 여성관을 분석적으로 바라볼 수 있어야겠다. 나이에 따른 몸의 변화를 직시하고 다른 경험들을 서로 나누면서 여성이라는 생물학적 몸을 지니고 있는 사람들끼리 연대할 수 있어야 한다.

불안정했던 젊은 날로 되돌아가기 싫다는 나이든 여성들의 이야기 속에서 "아줌마"나 "노인" 여성들의 삶을 거부하고 있는 "딸"들에게 진정한 "여성"을 찾을 수 있도록 해야 한다.

나이와 관계없이 살고 있다는 활기찬 여성들에게도 진정한 "여성"을 찾기는 힘들다. 여기서 말하는 나이는 사회적으로 구획된 여성적 삶을 거부한다는 것을 내포한다. 여성으로서의 몸과 생활을 있는 그대로 볼 수 있는 시선이 없이 다른 여성들과 진정한 교류가 가능할 것인가?

이러한 시선을 갖출 때 "여성" 주체적인 삶을 주장하고 영위할 수 있으며, 여성 연대를 기반으로 한 공동체적 삶에 대한 지평선을 그릴 수 있다. 동시에 여성을 나이로 구획시킴으로써 가부장적 지배를 실현시키는 성 정치학의 실상을 파악해야만이 그 변화를 유도할 수 있는 계기를 장만할 수 있다.

한국 전쟁중에 태어나서 서울에서 자랐다.
도시 빈민 여성에 대한 관심을 가져왔고,
현재는 우리의 전통이 현대 사회 속에
어떻게 존재하는가에 대한 연구를 진행중이다.

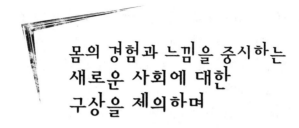

몸의 경험과 느낌을 중시하는 새로운 사회에 대한 구상을 제의하며

김은실

나는 여성에게 — 처녀든, 어머니든, 레즈비언이든, 기혼이든, 독신이든, 혹은 그들이 자신의 생계를 주부로, 웨이트리스로 혹은 뇌파 검사자로 해결하고 있든 간에 — 몸이 근본적인 문제가 안 되는 어떤 여성도 알고 있지 못하다… 오늘날 처음으로 우리의 신체성이 지식과 권력으로 전환되는 가능성을 갖게 되었다

— 아드리안 리치, 『더 이상 어머니는 없다』 중에서

1

몸을 이성의, 정신의 종속물로 간주하던 시각은, 현실 속에 존재하는 몸에 대한 다양한 문화 인류학적인 보고들, 여성의 몸을 둘러싼 상징과 지식의 정치적 관계들을 드러내는 페미니즘의 강한 문제 제기 등에 봉착하면서 변화하기 시작했다. 최근 우리 사회에서도 새로운 인식의 조건으로 몸을 문제화하는 여러 노력들이 소개되고 있고, 여기서 여성주의 진영은 가장 선두 집단이다. 그러나 어떻게 몸의 체험을 인식의 중심으로 가져

올 것인지, 몸의 체험은 정말로 진실된 것인지, 몸의 체험 그 자체가 곧 앎이나 지식의 토대가 되면서 기존의 이성 중심의 체험을 전복시킬 수 있는지, 몸의 경험을 중시하는 사회란 어떤 사회인지에 대한 고민은 별로 진전되고 있지 못하다.[1]

젊고 아름답고 부드러운 몸을 지닌 "여성 the woman"의 이미지 속에서 "영원한 여성성"으로 그리고 "규범"으로 존재해 왔던 여성은 시간과 공간 속에서 살아가는 구체적이고 경험적인 모든 여자들을 일탈적이고 타자화된 여성으로 만들어 왔다. 그래서 과거와 현재에 존재하는 수없이 많은 여자들의 다양함과 차이를 가시화시키는 여성주의의 여러 운동들은 그 자체로 이미 여자들을 억압해온 이상적 그리고 규범적인 단수 "여성"에 대한 정치적 도전이며 전복의 시도였다. 이러한 운동들은 여자들에게 시간의 흔적인 삶의 구체성을 회복시키고, 시간을 살아낸 여자들의 몸의 체험들을 드러내고, 여자들의 몸을 둘러싼 사회 관계를 정치화했다. 그러면서 몸의 경험을 지식과 권력의 출처로 만들어 내면서 모든 여자들을 대표하고 재단해 온 추상적 규범으로서의 "여성"을 부단히 해체해 왔다.[2]

이 글은 시간 속에서 여성의 몸이 구성하는 현실을 드러내고, 그 현실에 기반한 몸/삶이 온전해지는 사회를 상상해 보기 위한 것이다.

1980년대 초반에 "또 하나의 문화"(이하 또문)를 열심히 만들었던 초기의 동인들은 이제 거의가 오십대에 들어서 있다. 이들은 남녀

---

1 최근에 몸을 돌보는 사회적 실천들은 건강한 몸의 개인적인 체험이라는 차원에서 이루어지고 있다. 동시에 사회적 비판의 성격을 띠면서 그것은 서구, 근대에 대한 반동으로 동양/한국, 전통이라는 이데올로기적인 구도 속에 위치하는 경우가 많지만 그것이 몸의 배려와 사회의 조직 방식이라는 사회 비판으로 정치화되고 있지는 않다.

2 가장 가시적인 형태로 이러한 비판을 볼 수 있는 것은 1970년대 미국에서 공격적으로 시도된 여성주의 미술가들의 작업이다. 남성 미술가들에 의해 재현된 여성의 이미지에 대한 오랜 역사를 비판하는 작업들이 1970년대의 여성주의 미술 운동을 주도한 작가들에 의해 수행되었다. 여성주의 미술가들은 구체적이고 경험적인 여성들의 몸을 여성의 눈으로 재현시키는 것에 의해 남성의 눈으로 추상화된 여성의 몸을 비판해 냈다. Linda Nochlin, 1971, "Why Are There No Great Women Artists?" Vivian Gornick and Barbara Moran ed, *Women in Sexist Society : Studies in Power and Powerlessness*, New York : Basic Books, pp.480-510

가 평등한 사회를 만들면 여성인 것이 더 이상 문제가 될 것이 없다는 근대의 이상에 따라 교육을 받은 여자들이다. 이들은 사회적 문화적으로 여성들을 불평등하게 만드는 제도와 인식을 바꾸고자 했던 "정치적으로 올바른 politically correct"(PC) 근대주의적인 PC 페미니스트였다. 그리고 당시 그들에게서 여성학을 배운 대학원생이던 나는 이제 사십대 중반으로 들어서고 있고 또다른 세대의 여성들에게 여성학을 가르치고 있다. 그러나 나에게서 여성학을 배운 삼십대 초반 이십대 중후반의 페미니스트들은 자신들은 이전 세대와는 다르다고 자신들을 차별화한다. 이러한 차별화는 중요하게 몸의 경험, 혹은 몸을 매개로 하는 성적 경험과 거기에 기반한 정치학을 통해 가시화된다. 21세기 벽두에 또문의 페미니스트들은 이러한 여성주의 지형 속에 서 있다.

여전히 우리 사회에는 다양한 현실을 드러내고 그 차이를 허용하고 관용하고 또 공존하는 연습이 필요하다. 여성주의자들도 마찬가지이다. 또문 초기의 일세대 페미니스트들에게 여성주의는 사회적 차원에서의 평등과 자유, 자율성, 문화적 차원에서의 다양성의 문제가 중심이었다. 이때 크게 자신들의 몸의 다름이 권력 관계를 구성하고 매개하는 것으로 문제화되지는 않았다. 이들은 몸을 경유하지 않은 채 의식으로 그리고 이성으로 페미니즘과 세상을 연결시켰었다. 당시 그들은 대문자로 추상화된 규범적인 "여성"에 의해 비난받을 몸의 체험을 갖고 있지 않았거나, 아니면 여성들에게 부가된 몸의 언어가 아닌 다른 언어를 만들어야 할 필요성을 느끼지 못했거나, 또는 새로운 언어를 만들 수 없었거나였다. 그러나 나이가 들면서 생물학적 혹은 신체상의 기능 변화가 야기하는 불가피성에 대해 개인적 사회적 혼란과 갈등을 경험하기 시작했다. 나이는 몸이 생산하는 생산력의 속도와 효율에 구속과 제한을 가하기 시작했고, 또 남성과 다르게 나이가 든 여성의 몸에 함의되는 사회적 문화적 통제와 압력을 경험했다. 그리고 동시에 몸의 경험을 설명하고 논할 언어가 부재함을 깨닫기 시작했다.

반면에 나를 비롯한 삼십대 후반과 사십대 중반의 동인들은 몸/성에 관한 사회적 언설의 가운데에서 몸/성의 언설을 생산하지만 자신은 그 언설 속에 갇히거나, 그 언설이 갇히는 사회 속에서 길을 잃는다. 반면에 몸이 없이는 혹은 몸의 경험이 없이는 그들의 존재가, 정체성이 부재한 젊은 페미니스트들은 몸의 체험이 그들의 정치성의 토대라고 주장하고 있다. 그들은 다르게 의미화된 몸을 갖고 이미 다른 삶을 살고 있다고 선언한다.

2

이제까지 차별적인 존재로 남녀를 구별하는 가장 기본적인 방식은 생물학적 차이에 기초한다는 주장이다. 즉, 남성이 아닌 여성을 정의하는 방식의 핵심에는 여성의 생식 능력과 그것을 담고 있는 몸이 있다. 그래서 여성은 남성이 갖고 있지 않은 바로 그 생식의 몸으로 정의되고 거기에 부여되는 의미로 규정되어 왔다. 그렇기 때문에 여성이 남성과 공유하는 것들은 남성적인 것(혹은 남녀가 공통적인 인간적인 것)이고, 남성적인 것이 아닌 것만이 바로 여성으로 이해되어 왔다. 따라서 여성인 것 자체가 파편적인 혹은 부분적인 인간이 되는 것이다. 남성은 단지 남성의 생식 능력으로 여성과 구분되는 대립 혹은 상대적 개념이 아니다.

오랫동안 지식의 권위를 다루고 향유하는 남성들에 의해 "여성"은 누구이며, 어떠해야 하고, 어떻게 살아야 하는지, 그리고 여성성이란 무엇인지가 논의되어 왔고 또 설파되어 왔다. 이럴 때 대부분의 논의는 여성의 생식적인 몸의 특성을 중심으로 이루어진다. "여성"은 몸이고, 몸에 갇힌 존재이다. 최근에 여성학이나 페미니즘의 세례를 받은 여자들이 그들 자신과 그들의 삶의 대안을 논하고 추구할 때 많은 남자들은 여성이 상대적인 존재이기 때문에 여성에 대해 여자들만이 논하는 것은 편파적이고 또 충분하지 않다고 말한다. 그들이 충분히 인간이 되기 위해서는 그들이 결여하고 있는 남성이 있어야만 한다. 그러나 여성이 갖고 있지 않은 남성은 남성의 생식 능력이 아니다. 나는 여성학을 여자만이 해서는 안 된다는 말에는 동의하지만 여성학의 주도권이 여자에게 있다고 불만을 터뜨리는 사람에게 남성들이 여성에 대한 주도권을 얼마나 오랫동안 독점해 왔었는가를 말한다. 이제 여자들은 겨우 이삼십 년 동안 쓰고 떠들기 시작했을 뿐이다. 여성들이 너무 떠든다고 여성들을 싫어하는 여자들에게도 마찬가지의 말을 하고 싶다. 남성들이 여성에 대해 떠든, 그리고 떠드는 말의 양을 재보자고 말이다.

역사상 처음으로 여자 / 우리들은 특정한 시간과 공간에 유한한 몸 / 육체성을 지닌 경험적이고 역사적인 존재로 자신들을 재정의하고 새로운 지식과 권력의 원천으로 몸의 체험을 전환시키고 있다. 그러면서 초시간적이며 탈역사적인 그리고 자연적인 존재로 끊임없이 주체화되었던 규범적 이상인 "여성 the woman"을 비판해 내고 있고, 제거하고 있다. 그러나 페미니스트들 역시 가부장제 사회가 여성들에게 부가하는 몸으로 정의되는 여성성으로부터 자유롭지 못하다.

여성은 누구인가? 여자란 무엇인가?라고 여성을 대상화하여 질문해 왔던 질문의 주체는 여성을 대상으로 볼 수 있는 여자가 아닌, 즉 남성이고, 또 남성 주체를 상정해야 그 질문이 가능하다. 여성은 무엇인가? 여성은 대지, 모성, 몸, 자궁, 아름다움, 부드러움, 따뜻함, 흡인력, 등등의 명사로 그리고 그 명사들이 호명해 내는 이미지들로 설명되어 왔다. 여성에 대한 이러한 정의들은 구체적이고 경험적인 장에서 살고 있는 많은 여자들을 제거하고 오직 아름다운, 소위 부드럽고 싱싱한 몸을 지닌 젊은 여자들만을 여성으로 전제하거나, 아이를 낳은 어머니만을 여성으로 상정한다. 그래서 여성은 젊거나 어머니이다. 젊지 않은 여성 혹은 어머니가 아닌 여성은 여성을 대상화하는 남성에게만이 아니라 여성에게도 그 진정성이 의문시된다.

3

나는 마흔이 넘어도 자기 남편을 신랑이라고 부르는 여자들(그들의 신랑은 그녀들을 신부라고 부르지 않는다), 결혼 사진을 경대 위에 올려놓은 채 여기 있는 여자가 아니라 사진 속의 여성이 "나"라고 설명하는 삼십대, 사십대 여자들, 그리고 그들이 결혼 생활에서 추구하는 남편 역할의 원형이 바로 연애 시절 남자 친구의 역할에 있다고 생각하는 여자들, 자신은 현실에 있는 것이 아니라 과거 어느 시점에 찍힌 사진 속에 고정된 이미지 속에 있다고 생각하며 살아가는 여자들, 그래서 자기의 이미지를 갖고 옷을 사러 가서 번번이 실망하는 여자들. 여자들은 자신이 원형적 의미의 오리지널한 "여성"이어야 한다고 생각하기 때문에 삶 속에서 다양한 경험과 개별성, 사건을 만들어 내는 시간의 개입을 부정한다. 물론 여자들을 둘러싼 모든 문화적 산업적 정치적 언설들은 여자들에게 시간의 물질성을 지워 내라고 요구한다.

　많은 여자들이 자신을 스스로 사고하며 행동하는 자율적이고 독립적인 주체라고 생각한다. 그러나 무엇이 여성을 구성하는가, 누가 여성인가를 질문해 보면 여자 스스로가 정의하는 여성은 머리 속에 들어와 있는 남성의 눈으로 보는 이상적 여성상에 준거되어 있음을 발견할 수 있다. 여성에 대한 이러한 남성 중심의 규범 때문에 시간이 각인된, 나이 먹은 몸에 기반한 자아를 여성들이 인정하는 것은 자연스럽거나 쉬운 일이 아니다. 그렇다고 유치한 짓이니 그만둬야 한다고 이야기해서 될 일인가?

나는 여성주의적인 정치적 올바름으로 이러한 것들이 바뀐다고 크게 기대하지 않는다. 이것은 여성의 연령을 수용하는 삶의 방식, 그러한 것들을 담아내는 구조, 사회 시스템의 변화와 관련해서만 기대해볼 수 있다.

내 삶 속에서 여자들을 바라보는 나의 시선 역시 그들과 나를 끊임없이 타자화하는 방식이었다. 그리고 그 타자화의 핵심에는 특정 시점에 고정된 규범화된 "여성"의 몸과 나이가 있다. 그리고 특권화된 여성 이미지에 고착된 이러한 시선은 수없이 다양한 형태로 존재하는 경험적 여자들을 배제하고 억압하고 소외시키는 권력에 결과적으로 기꺼이 동참하는 효과를 가져온다.

#1

희망의 속삭임을 생물 시간에 가르쳐 주셨던 선생님이 계셨다. 당시 그녀는 스물일곱 정도의 독신 여성으로 중학교 때 친구들과 클래식 음악 집단을 만들게 해주었고, 나와 몇몇 친구들을 집으로 데리고 가서 과일 등을 주시기도 했다. 그 선생님을 친구처럼 혹은 언니처럼 좋아했던 것 같은데, 어느 날 수업 시간에 선생님은 비 오는 날에 느끼는 외로움과 슬픔 비슷한 것에 대해 말했다. 그 이야기를 들으면서 나는 그 선생님이 나와 같은 감성을 가질 수 있다는 것에 대해 실망하면서, 그 선생님이 가지고 있던 많은 차이들을 무시하면서 여자로 폄하했던 것을 기억한다. 그러면서 나는 "여자"가 되지 않기 위해서는 여자로 묶이는 속성들을 갖지 않거나, 설령 그러한 속성이 있다 하더라도 그것들을 다른 여자들에게 드러내서는 안 된다고 느꼈었다. 당시 열다섯 살이던 나는 스물일곱 살이 됐을 때 유치하지 않은 "어른"이 될 거라고 믿어 의심치 않았던 것을 기억한다(물론 고등학교 때 이육사의 「청포도」를 읽으면서 "감상을 비웃을 만큼 용감하지 못하다"는 고백을 듣자 어른/남성이 감상성을 갖는 것은 멋있다고 생각했고, 그 후 가끔 따라했다).

#2

대학원 석사를 수료했던 스물일곱 살 때 나는 당시 스물다섯 살인 대학원 후배들과 음악이 흐르는 술집에 있었다. 여자 후배가 이런 음악을 어떻게 생각하냐고 물었다. 좋아한다고 했더니 "스물일곱이 돼도 그래요?" 하고 물었다. 그러면서 "스물일곱이 되면 감상적인 것은 다 극복이 되는 줄 알았다"고 했다. 그 말과 동시에 열다섯에 만났던 생물 선생님, 더 정확하게는 나이든 여성에게 젊은 여성인 내가 행했던 폭력성을 인식했다. 그러면서 "여자들 사이에서 어리다는 것은 어떤 특권적인 지위를 점하는 구나, 왜 여자들 사이에서 젊은 여자의 공격에 나이든 여자는 취약할까" 라는 생각을 했다. 그리고 왜 젊은 여성들은 나이든 여성의 한두 살을 건너지 못할 다리처럼 상대에게 인식시키고 싶어할까라는 생각을 잠깐 했다. 그리고 여성의 한두 살이 만들어 내는 차이와 남성의 한두 살이 만들어 내는 차이의 의미는 어떤 맥락 속에서 다른 것일까 하고 생각했다.

#3

돌아가신 시인 고정희 선생님이 서른아홉 살이었을 때 나는 서른 살이었다. 성산회관에서 고정희 선생님과 그녀의 친구들인 나의 선생님들이 밥을 먹고 그 앞 다방에서 마흔이 오는 것에 대한 두려움, 삶의 유한성이 일상에서 느껴진다는 것, 그래서 인생에서 이제 할 수 있는 일이 많지 않다는 것을 인식한다는 것, 그리고 죽음에 대해서 말했다. 삼십 대에 진입하려고 하고 있었던 나 역시 이러한 생각들을 한 적이 있었기 때문에 그녀들과 똑같이 느낀다고 생각했고, 그래서 끼여들어 떠들었다. 서른아홉이 된 나는 그때 잘못했다고 느꼈다. 구체적이지만 설명하기 어려운 몸의 기능의 변화와 시간의 흐름을 점점 더 짧게 느끼기 시작하는 서른아홉 살의 몸의 체험은 서른 살의 몸의 체험과는 다른 현실 위에 있었다는 것을 그때야 알았다.

#4

90년대 초반 미장원에서 본 장면이다. 공주 같은 옷을 입은 여섯 살 정도의 여자 아이가 머리를 자르고 있는 할머니를 보고 "야~ 여기 마귀할멈이 있다"고 소리 지르는 것이었다. 당황한 할머니는 반복하여 자신 없는 목소리로 "내가 마귀할멈 같냐"고 물어보고 있었고, 아이는 할머니의 물음은 아랑곳하지 않고 "마귀할멈이다" "마귀할멈이다" 하고 소리 질렀다. 입을 손으로 막은 채, 눈은 할머니를 쳐다보면서, 아무런 공포도 그렇다고 놀란 기색도 없이 그냥 소리 질렀다. 마치 텔레비전 화면을 보고 있는 것처럼. 그 할머니는 당황했고 그 아이 엄마는 아무 말로 안하고 있었고, 그 할머니는 "아이고! 늙고 못 생기면 아이들이 마귀라고 하는구나"라고 탄식했다. 그러면서 거울을 보고, 자기 얼굴을 손으로 쓸었다.

#5

내가 서른아홉이 되었을 때 한 대학원생에게 어떤 선생님의 나이를 물었다. 그랬더니 76학번쯤 되지 않겠느냐고 했다. 그래서 내가 76학번이라고 했더니, 그러면 66학번쯤 되겠죠 했다. 눈을 동그랗게 뜨는 나를 보면서 66이나 76이나 그게 그거죠 하고 덧붙였다. 스물다섯의 대학원생에게 마흔 살이나 쉰 살은 감이 안 잡히는, 오지 않을 미래에 속한 시간일 뿐이다. 마흔 살이나 쉰 살 먹은 사람에게 이 나이의 차이는 매우 중요하지만 스물다섯 먹은 사람에게는 동일한 늙음일 뿐이다. 미인다움의 경중을 따지는 사십대나 오십대 여성들을 보면서 젊은 여성들은 아줌마들끼리의 비즈니스라고 신경을 끈다.

#6

오십대에 들어선 한 여성 사회학자는 여교수 모임에 갔다온 한 젊은 신임 여교수의 실망을 소개했다. 지적인 토론을 기대하며 여교수 모임에

갔던 한 젊은 신임 여교수는 여교수들이 가장 중요하게 이야기하는 현안이 어린 자녀를 어디에 맡길 수 있는가 하는 것과 몸이 아프다는 이야기인 것에 실망하여 다시는 그 모임에 안 간다고 했다.

4

나는 마흔 살이 넘는 어떤 시점에서 내 몸이 매개되어 만들어 내는 나와 세계, 현실과의 관계에 변화가 오고 있다는 것을 깨닫기 시작했다. 더 이상 몸의 현실이 내가 자신에 대해 갖고 있는 이미지를 구성할 수 없고, 내 기억 속에 있는 나를 더 이상 구현시키지 못하게 되었다. 기억 속의 나는 몸이 주는 구속성에 저항하지만 또 그 기억은 교묘하게 과거로부터 나를 추상해 내 현재와 타협한다.

  나이가 들어가는 것은 몸의 기능의 변화를 동반하는 과거와의 불연속을 매일 생산하는 과정이다. 하지만 동시에 많은 사회적 장치들 속에서 과거와의 연속성을 끊임없이 경험하게 되는 정치적인 과정이기도 하다. 나이가 드는 것은 개인적으로는 매일의 일상에서 모호한 과정을 거친다. 그래서 분명하게 증명할 수 있는 그런 불편함이나 사건으로 획이 그어지는 것은 아니다. 나는 몸의 기능의 변화를 의식하고 느끼게 되면서 이러한 몸의 경험을 겪는 마흔이 넘은 사람들은 모두 어떤 비밀을 공유하는 공모 집단이 아닐까라는 생각을 한 적이 있다. 나이를 먹는다는 것, 늙어 간다는 것, 거기에 수반하는 많은 느낌들과 몸이 주는 부자유와 구속은 마흔이 넘어 그것을 경험한 사람들은 그 느낌이 무엇인지, 그리고 그 느낌은 사회적 실천에 어떠한 방식으로 영향을 주고 관련되는지를 안다. 하지만 사회적 언설이 되지 못하고, 개인의 몸에 갇혀 있는 이 나이듦의 느낌은 오직 개별적인 몸의 경험을 통해서만 알 수 있는 것이기 때문에 개별적 몸 밖에서는 절대 알 수 없는 그런 것처럼 보인다. 그렇기 때문에 나이듦이나 늙음을 재현하는 개별적인 보고서나 에세이들이 있지만 그것들은 개별적인 경험의 유무에 따라 그 진실성이 담보될 뿐이다. 나이듦의 경험과 앎, 경험하지 않음과 모름의 그 경계가 너무 인위적이고, 그 경계의 벽은 동시에 너무 높다고 느낀다. 또한 이러한 경계의 비공개성은 경계 안과 밖에 있는 사람들의 세상에 대한 앎, 사회적 자원, 그리고 권력에 대한 쾌락의 경험 등과 결합되면서 나이를 둘러싼 사유의 변화, 고통, 기능의 변화와 같은 여러 문제들을 침묵, 은폐하는 것처럼 보인다. 이것이 우리 사회의 무기력과 퇴행 그리고 소통 장애를 더욱 가중시키고 있는 것이 아닌가라는 의문을 가진 적이 있다.

나이듦이 갖는 가장 중요한 문제는 사회적인 것들과의 대면 속에서 발생한다. 더욱이 사람이 아니라, 여성이 나이 드는 것은 남성 중심의 사회 속에서 여자들은 누구와 어디서 어떠한 방식으로 만나고 살아갈 수 있는가 하는 문제와 심각하게 맞물린다.

지난해 본 가장 재미있던 영화 중 하나가 「와호장룡」이었다. 이 영화를 보고 나와서 자신이 수련, 용, 파란여우 중 누구와 동일시하는가 하는 이야기가 재미있게 회자된 적이 있다. 나와 영화를 본 학생은 내가 당연히 배움에 대한 강한 의지와 치열함, 그리고 강한 자아를 보여 주는 젊은 여자 주인공인 용과 동일시할 것이라고 생각했다. 그러나 나는 영화를 보면서 용에게 환호하고 그녀를 이뻐했지만, 패배하여 영화 내에서 버려지고 있는 파란여우를 주목하면서 그녀를 어떻게 재현하고 있는가를 살폈다. 나는 용이고 싶었지만, 파란여우였다. 우리 사회의 대학에서 여학생을 가르치고 있는 마흔이 넘은 여자, 나는 일정 정도 파란여우이다. 「와호장룡」에서 파란여우가 다루어지고 있는 방식은 나에게 남성 중심의 지식인 사회에서 나이가 들어가고 있는 여자 선생의 위상을 보여 주는 하나의 징후였다. 무술을 배우러 들어간 무당파의 사부는 여자 제자인 파란여우에게 무술을 가르치는 대신 성적 서비스를 요구했고, 그를 죽인 그녀는 무당파 제자들의 복수의 대상이 되고, 그녀는 나쁜 길로 들어선 잘못된 수련자가 된다. 그녀가 키운 유일하며 특별한 제자는 더 이상 배울 것이 없는 스승을 떠날 수밖에 없고, 그녀의 배움에 대한 욕망과 권력 의지는 최고의 검객인 무당파의 고수 리무바이를 만날 수밖에 없다. 영화에서는 리무바이의 검은 원하지만, 그의 제자가 되는 것을 머뭇거리는 용이 리무바이의 세계로 들어가는 것을 피하도록 하지만, 그 해결을 죽음으로 마무리한다. 그러나 역사의 한 계보 속에 위치하는 리무바이와 역사가 되지 못하는 하나의 사건인 파란여우의 죽음을 완전히 다른 정서로 배치한다. 파란여우가 여자이기 때문에 사도가 되고, 무당파의 제자들에게 쫓기게 되는 것은 하나의 서사가 되지 못한다. 정도로서의 지식은 무성적인 것이고, 객관적인 것이다. 여성으로서 파란여우가 겪은 어떤 경험도 용에게 지혜나 지식으로 전환되지 못한다. 훌륭한 검법을 배우기 위해서 당연히 주류가 되지 못하는, 더러운 여성 검객인 파란여우와의 결별은 용에게 불가피하다. 그래서 제자를 가질 수 없는 파란여우는 무림의 한 사건일 뿐이다. 절대로 자신들은 실패한 중년의 파란여우나 아줌마들의 삶에 도달하지 않을 거라는(그들의 두려움과 공포를 연민하지만 이해하지 못하는) 용 같은 여대생 혹은 여자 대학원생들을 가르치는 사십대 페미니스트인 나에게 파란여우는 많은 말을 하고 있었다.

나는 이 영화에 나온 여자들, 수련, 용, 파란여우를 서로가 배타적인 여성 인물 유형으로서가 아니라, 남성 사회에서 남성 지식이며 기술인 무술을 택했던 여성들이 삶의 여정 속에서 자신을 구성하는 경험, 그리고 남성 중심인 사회에서 자신의 주체성을 구성하는 방식의 징후로 읽어 보았다. 이 영화를 보면서 감독인 이안은 더 이상 과거의 방식으로 영화의 인물과 서사를 구성해서는 안 된다는 시대의 요청과 문법을 알고 있지만, 그가 선택한 여성이 무엇을 원하고 있는가 하는 것에는 관심이 없다고 본다. 그래서 남성의 배후에서 한 걸음 물러서서 자신을 위치시키는 수련 이외에 이안이 배치한 여성 인물들을 살아남는 인물로 만들어낼 수 없었다. 용과 파란여우를 살아남는 인물로 만들어 내는 것, 역사가 되지 못한 파란여우의 사건을 서사화하는 것, 이것이 여성주의자들의 의제이다.

5

나이의 차이가 만들어 내는 여성들간의 또 여성과 남성 간의 불평등한 권력 관계가 작동하는 방식은 단일하지 않다. 특히 최근 이미지가 중시되는 스펙터클의 사회에서 사회적 경제적 권력과 심리적 문화적 권력은 나이의 차이를 둘러싸고 새롭게 경합하고 충돌하고 결합한다. 많은 사람들은 이러한 느낌의 권력 관계가 획일적이고 단일하지 않은 중층적 구조를 갖고 있다는 것을 체험으로 알고 있다. 그러나 여기에 대한 논의는 일종의 터부이다. 이제까지 우리 사회에서 나이는 장유유서의 질서 속에 있는 규범이라고 간주되어 왔다. 물론 이 규범은 실제 사람들의 경험과 갈등을 일으키지만 갈등의 해결은 규범으로의 복귀이거나 어른들의 이해가 필요하다는 또다른 방식의 규범의 확인이다. 이 규범에 대한 느낌의 권력 관계를 드러낸 것이 섹슈얼리티라는 렌즈를 통한 뒤라스의 「연인」이나 나보코프의 「로리타」가 아닐까? 이 느낌의 권력 관계의 중층성을 해부해 보면 여자와 나이가 결합하는 권력 관계를 드러낼 수 있을 것이다.

나는 마흔이 넘으면서 나보다 어린 사람들, 그리고 나이가 많은 사람들과의 관계에서 차이가 발생시키는, 언어화되지 않은 다양한 방식의 권력 관계를 느끼곤 했다. 어렸을 때 어떤 순간에 나이든 사람들과의 관계에서 권력을 체험했다. 마흔이 넘으면서 다른 입장에 서 있는 자신을 발견하곤 했다. 이때의 마흔은 투명한 마흔이 아니다. 사회 경제적, 신체적, 문화적, 심리적 경험과 그 경험에 결합되어 있는 가치들이 함의되어 있고, 또 여자인 나의 마흔을 의미한다. 선배가 되면서, 학교 선생이 되면서, 또는 일종의 연애 감정 속에서 체험하는, 나이가 매개되는 권력 관계에는 어린애의 신체적 폭력 앞에서 무력했던 경험과 유사한 구조가 있음을 느낀다.

어린아이들과 놀면서 통제되지 않는 그들이 갖는 힘으로부터 받은 폭력, 얼굴의 상처와 피 등에서 느꼈던 당혹감을 생각해 보자. 겨우 두 살이나 세 살짜리 아이의 통제되지 않는 신체적인 힘으로부터 나온 폭력이 야기한 피와 얼굴의 상처를 경험한 적이 있는가? 이때 어른들은 순간적인 질서의 와해로 인한 무력감과 당황, 심지어 분노까지 느낀다. 그러나 그것을 폭력이나 고통, 아픔이라고 어른들이 공개할 수 없다. 하지만 어른들은 감정이 상한다. 어른들이 느낀 모독감, 그것을 표출할 수 없음, 그리고 이러한 것을 이해할 수 없는 어린 사람들의 무지가 만들어 내는 관계의 양상에서 무엇이 말해지고 무엇이 말해지지 않고 있을까? 말해지는 것과 말해지지 않은 것은 그것으로 끝일까? 여기서 특히 말해지지 않는 이유는 이런 상황에서 어른이 모독을 느낀다는 것 자체가 부끄러운 것인 동시에 위험한 것이기 때문이 아닐까? 동시에 그것은 순진성 이외에 아이의 무지를 다룰 수 없는 언어의 부재에서 기인하는가?

6

마흔 살이 넘으면서 다양한 일을 하는 여러 친구들이 마흔이 넘은 여성들에 대해 연구하고 글을 쓸 것을 내게 부탁한다. 그들의 부탁은 지금 자신들이 느끼고 있는 그리고 고통받고 있는 문제를 써달라는 것이고,

그것의 여성학적 해결을 말해 달라는 것이다. 지금 자신들이 느끼는 것, 그리고 행하는 것에 문제가 있다는 것은 아는데, 자신들은 개인적으로 해결 능력이 없다는 것이다. 그런데 문제는 시간이 갈수록 더 나빠질 것 같다는 것이다. 무엇을 해야 할지 모르기 때문에 순간순간 놀면서 공허하고 무의미한 느낌이 드는 시간을 죽이고 있다고 했다. 그리고 웬만큼 배웠고, 약한 자에 대한 세상의 태도에 대해서도 알고, 자존심이 웬만큼 있는 자신들은 곧 자기 정당화의 길로 들어서리라는 것이다. 그래서 "세상은 다 그런 거야" 하고 모든 것을 동질화시키면서 현실에 존재하는 다양한 차이와 차별을 은폐시키고 자신의 안위 외에 아무것도 지킬 것이 없는, 그래서 아무런 사건이 없는 무력한 "곱게 늙는" 미래를 맞이하게 될까봐 두렵다는 것이다. 바쁘고 해야 할 일이 없는 것은 아니지만, 이유없는 쓸쓸함과 외로움 그리고 허무함 등을 느끼면서 많은 시간이 개인적으로 처리가 안 되고 헤맨다는 것이다. 그러고 이러한 시간이 앞으로 더 많아지리라는 예감이 들고, 지금 이 시간이 지나면 이런 말도 더 이상 안하게 될 것 같다고 말한다.

이제까지 이런 중년 여성에 대한 비난은 먹고 살 만하니까 하는 소리다, 또는 여성들의 종교인 자녀들이 대학에 들어간 이후에 나타난 동공현상이라 비난한다. 그러나 문제는 비난이 여자들이 현실에서 느끼는 무의미성을 변화시키지는 못한다는 것이다. 이러한 느낌을 하소연하는 것은 여자들만이 아니다. 가끔은 마흔을 넘기는 남자 동료나 친구인 남자들로부터도 듣는다. 많은 남자들이 연애를 꿈꾸고 실제로 많이들 바람을 피우고 삶을 지루해 한다. 그리고 자신들이 조금씩 무너져 가고 있기 때문에, 좀 무너진 것들과 어울리고 싶고 너무 "고고한 것" "정신 바싹 차리게 하는 것"은 피곤하다는 것이다. 이들은 더 이상 하고 있는 일의 끝을 모르는 그래서 기대감을 갖게 하는 새로운 것이 자기 인생에 없다는 것을 알아 버렸다고 했다. 더 이상 새로운 것이 없다는 인생의 금기를 알아 버린 사람들이 할 수 있는 것이 무엇이겠는가? 대학의 역사학과 교수들간의 여러 이야기를 다룬, 캐나다 영화인 「아메리카 제국의 쇠퇴 *The Decline of the American Empire*」의 한 대사가 기억난다. 한때 예리하고 이상주의적이었고 사회 변화를 꿈꾸었던 한 남자 교수는 마흔을 지나면서 무엇인지를 분명히 알게 되면서 더 이상 토인비도 아무것도 될 수 없다는 것을 알게 되었고, 자기는 매일 똑같은 강의에 학생들의 시험지나 채점하고 있는데 무엇이 희망이냐고 묻는다. 예쁜 여자 아이를 만나 데이트하고 뭐 그런 것이 일상이 되어 버린다는 좌절을 이야기한다.

그렇다면 이제 문제는 한 인생을 알아 버린, 이제까지의 삶이 무엇인지가 느껴지는 사람들이 다시 살 수 있는 방법은 어떤 것일까 하는 것이다. 가정 주부이든 교사든 대학 선생이든 대학을 나와 어떤 일을 15년 혹은 20년 이상을 한 사람들은 이제 호기심과 기대감을 자극하는 다른 경력을 시작해야 되는 것이 아닌가? 삶에서 더 이상 새롭게 발견될 것이 없는 끝을 보아 버린 사람들에게 그 끝이 보이는 삶을 지속하라는 것은 고도로 조직화된 조용한 폭력이다. 그럴 때 남는 것은 무료함과 권태이고 일상의 무게로 인한 자연스런 타락이다. 아니면 소비 자본주의 문화 산업이 만들어 놓은 판타지를 향한 끝없는 여행을 떠나야 하는 것이 이 시대의 대안인가? 하나의 경력을 시작한 지 10-15년이 지났을 때 또다른 인생을 새롭게 시작할 수 있는, 하나가 아니라 두 개 혹은 세 개의 인생을 한 개인이 살 수 있는 방식으로 사회가 재조직되지 않는다면 이제 우리는 무섭게 지루한 무거운 시간을 살아내야만 한다. 그 무게를 더는 방법은 개인에게 내재되어 있는 다양한 측면들이 다른 국면에서 독립적인 퍼스널리티를 가질 수 있게 사회를 재조직해야 한다.

구체적인 현실에서 반복적인 몸의 수행적 과정을 통해 삶을 구성하는 개인들에게 몸은 그들이 누구인지를 드러내는 표상이다. 그러나 몸을 문제화하면서 근대의 기획을 비판하고 지식의 주체와 대상으로 몸이 어떠한 역할을 하는지에 대한 페미니즘의 문제 의식이 나의 세계 인식에 어떠한 역할을 하는지, 혹은 하고 있는지를 드러내는 것은 쉽지 않다. 그것은 몸을 인식론적으로 다루지 못하는 문제 이전에 내 몸의 체험을 언어화할 수 있는 언어의 부재와 나의 머리에서 작동하는 몸에 관한 많은 문화적 검열 장치 때문이다. 근대의 지식 체계에서뿐만 아니라 일상의 차원에서 몸에 관한 언어가 부재한 것, 그것이 지금 나와 몸의 체험을 달리하는 여성들과의 의사 소통을 어렵게 하는 조건이다. 서로가 몸으로 다르게 경험하지만 그것을 소통할 언어를 갖지 못한 채 모두 "여성"으로 살고 있다고 전제하는 것이다.

나/페미니스트는 몸 밖에 존재하는 사회적 권력에 대해서는 언설적으로 자유롭다. 여전히 우리/페미니스트들 모두는 낙태, 피임, 모성, 재생산, 외모, 성, 포르노그라피 등과 같은 주제들을 다루면서 여성의 몸에 가해지는 사회적 정치적 권력들이 여성이 몸을 통해 경험하는 여러 체험들을 부정하거나 침묵하게 한다는 페미니즘의 몸의 정치학을 공유하고 있다. 그리고 몸은 단순히 객관적이고 자연적인 주어진 생물학적 조건이라기보다는 특정 사회에서 이해할 수 있고 수용할 수 있는 담론들의 효과로서 존재하고 또 특권화된 몸(예를 들어 남성의 몸)의 체험이 여성의 몸의 체험까지도 규정하는 지배적인 지식과 진실의 인식 조건이 된다는 것을 알고 있다. 그러나 내 몸이 그 권력의 에이전트이고 또 권력의 희생자이며 또 저항하고 있다는 것을 개념화하는 것은 쉽지 않다.[3]

아드리안 리치는 몸에 대한 공포와 증오 때문에 여성들인 우리의 두뇌는 기형이 되고 있다고 했다. 그래서 우리 시대의 가장 뛰어난 여자들조차도 여성의 몸 밖에 있는 다른 지점에서부터 사고하려고 애쓰면서 여전히 낡은 형태의 지성을 생산하고 있다고 지적했다. 여자들이 자기를 부정하는 것은 이제까지 남성 중심 사회에서 성원권을 갖는 문제, 생존의 문제와 관련되어 왔다. 남성 중심의 사회에서 여성 존재의 모든 측면과 여성의 삶의 방식 간에는 냉혹한 상관 관계가 있다. 그래서 몸이 인식의 구성 요건이라는 측면들을 무시한 여성의 연구들은 여자들의 일상적 삶이나 여자의 몸에서 발생하는 많은 현실들을 부정한다.

그렇게 때문에 많은 경우 여성학적 앎이 우리 / 여자들의 욕망과 욕구, 몸의 변화로부터 기인하는 삶의 구체성을 서로 소통하게 하고 이해하게 하고, 그래서 여성 연대 속으로 묶어 주고 있지 못하다는 것을 여자들은 잘 알고 있다. 그러나 공개적으로 이 문제에 대해 우리는 논하지 않는다. 대신 우리는 크게 기능도 하지 않는 자매애라는 여성주의 규범 속에서 고독해 하고, 조금씩 황폐해 가고 있고, 개인화되어 가고 있다. 새로운 공동체가 필요하다고 인식하지만 그 공동체를 묶어 주는 준거들이 무엇이고, 이러한 공동체가 어떠한 것일 수 있을까에 대해서는 아직 아이디어가 없다.

근대의 이성에 기반한 통합된 개인을 만들어 내는 권력과 많은 타자성을 억압하면서 구성해 내는 일관된 자아라는 개념에 입각한 사회 제도와 질서 체계를 비판하는 푸코와 데리다, 들뢰즈 같은 소위 후기 구조주의자들은 과거를 부정하고, 새로운 주체를 만들라고 주장한다. 오랫동안 일관된 지배적인 역사 서사를 구성해온 남성들의 경험은 이제 억압적이고 규정적이어서 새로운 생각이나 경험을 의미 있게 만들고 인간들을 해방시키는 데 방해가 된다는 것이다. 그리고 이러한 주장은 이제까지 한 번도 축적된 계보적 서사들을 구성해 보지 않은 여성들의 경험에도 무차별로 적용되기도 한다. 그러나 이들의 주장에는 역사가 아닌 사건으로 존재하는 여성들을 포함하지 않는다. 여성과 남성의 경험이 지식/역사로 구성되는 것의 차이, 그리고 나이/시간이 결합되는 여성들의 경험이 갖는 정치성에 민감해지면서 과거의 자아가 현재의 몸의 가능성을 억압하지 않는 그러한 사회의 가능성, 그리고 한 개인이 전 인생을 통해 한 번 이상 새로운 주체로 다시 살 수 있는 그러한 사회를 만들 수는 없을까 하는 구상을 해본다. 나이가 들어가는 것은 과거의 몸이 수용했던 자아를 더 이상 실천할 수 없음을 포함한다. 여성과 몸의 화두에는 몸의 경험에 기반하는 불연속적 자아들을 수용할 수 있는, 그러한 자아들이 자유로운 그래서 변화된 현실을 부정하는 규범적 자아를 버릴 수 있는 새로운 공동체의 조직 원리에 대한 생각이 포함되어야 할 때라고 제안하고 싶다.

또 하나의 문화 초창기에 대학원생으로 참여했고,
현재 또문 소모임 「여성과 인권 연구회」를 꾸리고 있으며,
이화여대 여성학과에서 가르치고 있다.

몸과 쾌락

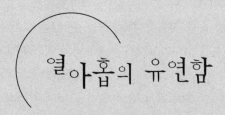

열아홉의 유연함

윤지효

1999년 6월 25일 전국 오락실에는 DDR이 깔리기 시작했다. 우리 동네 오락실에도 깔렸다. 26, 27일 이틀 동안 아무도 기계를 건드리지 않았다. 28일에 나는 용기를 내어, 떨리는 마음으로 500원을 넣고, 기계 위에 올라가 두 곡만에 게임 오버로 내려왔다. 교복 입은 학생들이 등뒤에 우루루 몰려서서 동물원의 원숭이 보듯 쳐다보고 있었다.

그러나 그 짧은 경험에는 잊을 수 없는 종류의 맛이 있었다. 강렬하고, 중독성이 있는.

나는 매일 해야겠다고 결심했다.

99년 여름 내 인생은 그때까지의 몇 년과 마찬가지로 별로 재미가 없었다. 2000년에 대학 신입생이 되려면 수능을 봐야 했고, 수능을 보려면 공부를 해야 했다. 수능은 참으로 바보 같은 시험이었지만, 그걸 잘 보기 위한 코스는 거의 다 거쳤다. 이런 건 내가 원하는 게 아닌데, 나는 다른 꿈을 갖고 있는데 등등의 비교적 초기 증상에 속하는 생각들은 이미 중학교 때 졸업했다. 고등학생이 된 이후의 화두는 어떻게 하면 좀더 많이 잘 수 있을까, 어떻게 하면 좀더 재미있어 볼 수 있을까, 이 두 가지였는데, 불행하게도 둘 다 언제나 잘 안 되는 문제들이었다.

　살벌한 입시 경쟁 속에 시들어 가는 젊음, 뭐 그런 얘기를 하는 게 아니다. 그런 얘기들은 틀렸다기보다는… 충분하지 못하다. 나는 고등학교 1학년 때의 기억이 거의 없다. 새벽 다섯 시에 일어나서 학교에 가면, 밤 열 시 반에 다시 한 시간 걸려서 집에 돌아올 때까지 언제나 졸고 있었던 기억뿐이다. 죽고 싶게 졸렸다. 계절이 바뀌면 제일 먼저 감기에 걸렸다. 어떤 어른도 내놓고 공부하라고 강요하지는 않았지만 알아서 얽매여 있는 게 당연한 거였다. 반항은 이미 촌스러운 행동이었다. 많은 친구들은 장래 얘기가 나오면 정색을 하고, 혹은 뭔가 간절히 바라는 얼굴을 하고 대학에 가서, 고시에 빨리빨리 붙어서… 대기업에 취직해서… 등등의 "현실론"을 이야기했다. 그게 내 환경이었다. 내가 그 현실적인 애들을 덜 좋아했다거나 나는 좀 다른 애였냐면 그런 건 아니다. 다만 내심 적응이 잘 안 되었을 뿐이다(아마 이렇게 "내심 적응이 잘 안 되었던" 친구들이 꽤 많았을 것 같다). 뜨악하면서도 나는 이게 현실인가 보다 싶어 재빨리 꼬리를 내렸고, 그래서 1년 반 동안 그렇게 살다가… 어느 순간 나사가 풀렸다. 마침 기회도 좋았다. 나는 도망쳐 나왔다.

　학교를 자퇴하고 재수 학원에 있는 자퇴생 반을 다니기 시작했는데, 아침마다 가야 한다거나 시험 보고 숙제해야 하는 건 학교하고 별로 다르지 않았다. 다만 집에서 가깝고, 강제되는 시간이 많이 줄어서 내 마음대로 쓸 수 있는 시간이 조금 늘어났다는 정도가 차이라면 차이였다. 99년 여름은, 넘쳐 나는 시간을 어디에다가 어떻게 써야 할지 몰라서, 내가 그 시간에 무엇을 하고 싶은지를 알지 못해서 무기력하고 재미없는 시간들을 보내고 있었을 때다.

　댄스 게임을 해본 적이 있는가? 그것은 상당히 "다른" 종류의 오락이다. 다른 오락들이 화면을 매체로 삼는다면, 댄스 게임은 그것을 하는 사람의 몸을 매체로 삼는다. 화면 속의 상대를 죽이거나, 점수를 많이 얻어

내는 것은 이 종류의 게임에서는 큰 문제가 되지 않는다. 물론 고득점을 목표로 하는 스테퍼stepper들이 있고, 이들을 위한 인터넷 랭킹도 마련되어 있으나, 많은 사람들의 관심은 퍼포머performer들에게 쏠리고, 큰 대회가 있을 때에도 퍼포머들이 각광을 받는 것이 사실이다. 다만 문제가 되는 것은 얼마나 재미있게 혹은 보기 좋게 움직일 수 있는가, 그리고 하는 사람이 자신의 움직임에서 얼마나 재미를 느낄 수 있는가 하는 점이다. 언제나 관건은, 리듬을 잘 타는 것이다. 기본적으로는, 그뿐이다.

물론 처음부터 그런 생각을 하고 DDR을 한 건 아니다. 사실 난 아무 생각이 없었다. 혹은 나를 아무 생각 없게 만들어줄 것이 필요했던 건지도 모르겠다. 친구 하나가 곧 내게 전염되었고, 우리는 하루에도 예닐곱 시간씩을 오락실에 갖다 바치기 시작했다. 어디에서 하면 더 재미있을지 알기 위해서 서울 시내 곳곳을 돌아다니기도 하고, 대회 나가서 예선 탈락하고 티셔츠 한 장 받아오기도 하고, 지나가다가 오락실 있으면 꼭 들어가서 확인하고. 그 더운 여름에 땀은 땀대로 흘리고 무릎은 무릎대로 망가져 가면서 열심히도 돌아다녔다. 사람들은 내 몸을 구경하고, 신기해했고, 때로는 웃었다. 외모는 (거의) 상관이 없었다. 거창한 기술 쓰지 않아도, 머리 아프게 말하지 않아도, 나를 모르는 그 많은 "남"들이 내게 반응해 왔다. 비웃음이든, 감탄이든 어쨌든 반응은 반응이었다. 새로운 소통 방법을 발견한 건지도 모르겠다는 생각을 했다. 취미라고는 컴퓨터 갖고 놀거나 음악 듣는 게 전부이던 내가 "시선"과 "몸"에 대해서 막연하게만 갖고 있던 생각들이 의식하지 못하는 새에 천천히 바뀌어 갔다. 내 몸을 타인에게 보이는 것에 대해서 좀더 개방적인 태도와 자신감을 갖는 것, 언어를 사용하는 소통들이 지극히 일부분에 지나지 않는다는 사실을 깨닫는 것, 그것은 스스로 폐쇄되어 있던 내게 제대로 된 나이를, 적어도 내 나이에 대한 완전히 새로운 이미지를 찾아준 일이었다.

DDR은 시작이었을 뿐이다. 많은 아류작들이 쏟아져 나왔고, 몇달 새에 하는 사람도 많이 늘어났다. 상상도 못하던 수준의 플레이를 보여 주는 사람이 많아졌다. 발판 위에서 묘기에 가까운 춤을 추어 대는 사람들을 따라갈 수는 없었고, 아류작들은 별로 재미가 없었다. 화면에서 시키는 대로, 제한된 공간 속에서 움직여야 한다는 한계도 점점 탐탁지 않게되었다. 반년이 지나 속편이 나왔으나, 난이도가 너무 높아 나같이 평범한 애들은 좌절할 수밖에 없었다. 그러나 나와 내 몸에 대해 새로 갖게된 이미지는 사라지지 않았다.

그리고 대학생이 되었다. 내 맘대로 채울 수 있는 시간은 더 많이 생겼다. 나는 모양이 좋든 안 좋든 일단 많이 움직이고 보기로 했다. 2000년 1월부터 1년 동안, 잘했든 못했든 내가 저질러 왔던 일들을 헤아리다 보면 정신이 없어진다. 스노보드를 배우고, 드럼을 배우고, 어린이 캠프를 시작하고, 해외 여행을 다녀오고, 안티 미스코리아 페스티벌에 나가고, 밴드를 만들었다. 소위 운동권 동아리라는 곳에 들어갔다가 어정쩡하게 도망쳐 나왔다. 좋은 사람들을 많이 만나게 되었다… 지금 생각하면 정말 잘못했다 싶은 일들도 많지만, 고민이나 반성은 되도록 줄이려고 했다. 철없이 짓찧고 까불다가 나중에 후회만 쌓이더라도, 미리 하는 걱정과 생각의 무게에 깔려 움직임이 둔해지고 싶지는 않았다. 제대로 움직이다 보면 많은 일들이 해결된다는 건, 그 여름에 새로 발견해낸 지혜였기 때문에.

사실 불안할 때도 많다. 새로이 갖게 된 내 몸의 이미지는, 사실 젊음과 젊은 몸에 대한 환상일 뿐일지도 모른다는 생각이 들어서. 그 환상이 지나치게 깊이 뿌리 박혀 있다면, 그건 이미 내게 해방의 기제가 아닌 또다른 억압의 기제로 작용하고 있는 건지도 모른다. 앞당겨서 걱정하지 말자는 새로운 구호 아래 내가 무시하고 있는 많은 "쓸데없는" 고민들은, 어쩌면 꼭 한번은 겪어야 할 과정일지도 모른다.

그러나 일단은 속지 않기로 한다. 적어도 내게, 십대를 망쳤다면 망쳤다고 할 수 있는 건 늘 너무 앞서 나간 걱정이었으니까. 눈앞에 문제의 조짐이 명확히 보일 때까지는 망설이고 싶지 않다. 어떤 문제가 발목을 잡을지 걱정하는 대신에, 그걸 감지할 수 있게 열린 머리를 유지하는 게 더 나은 것 같다. 어쨌든 문제가 되는 것은 "지금 이 순간"이고, 그런 "지금"에 얻을 수 있는 건 충분히 얻어내자, 라는 게 요즈음 내 생각이다.

지금의 나에 대해서 뭘 쓰는 건 언제나 겁나는 일이다. 나중에 보면 어딘가 도망쳐 버리고 싶을 게 틀림없다. 그 나중이 별로 오랜 후도 아니라는 걸 알아서 더 겁이 난다. 그래도 한번 이렇게 해보는 건, 이런 글쓰기가 그냥 먼지 덮인 낡은 사진처럼, "지금"을 못박아 두기만 하지는 않으리라는 기대 때문이다. 난 아직 말랑말랑해서 뭘 올려놓더라도 자국이 선명하게 남는다. 자국이 기대한 만큼 예쁘지 않으면 지울 수도 있다. 이 글쓰기가 내게 예쁜 자국을 남겨 주었으면 한다. 아니면 아닌 대로 할 수 없는 것이고.

이 모든 것들이 나의 "나이"라고 말할 수도 있을 것이다. 하지만 열아홉이니까 가능하지라는 식으로는 생각하지 않으려고 한다. 내 몸이 더 이상 유연하지 못하게 될 때, 이제는 그런 나이가 아니니까, 라고 변명할 핑계거리를 마련하는 일일 테니까. 나중에 이 시기를 되돌아봤을 때, 이 시기가 내게 어떤 위치를 차지하고 있어 줄지는 모르겠다. 그저 순간순간 지나쳐 갈 뿐.

1981년에 태어났다. 대학교 1학년. 1992년과
1993년에는 또또로, 지금은 노마로
또 하나의 문화 어린이 캠프에 참여하고 있다.
오만 잡다한 것에 관심이 흩어져 있어서
나름대로 정신없이 살고 있다.

슬픈 십대의 기억

이정주

살벌한 학교

내가 들어간 고등학교는 교육부 정책에 따라 급작스럽게 만들어진 학교
였다. 8차선 대로변에 위치한 학교에는 100m 달리기를 할 만한 운동장
도 없었다. 그래서 체력장을 하는 날에는 근처 남자 중학교로 옮겨 가야
했으며, 평상시에는 운동장을 대각선으로 가로질러 두 번을 왔다갔다 해
야 했다. 하얀색 콘크리트 건물만 두 동이 덩그러니 세워져 있는 삭막하
기 그지없는 학교. 이 곳에서 하루 14시간씩을 보내야만 했다. 학생들이
학교에 대한 애정이 전혀 없으니 선생님들의 마음도 마찬가지였으리라.
5년씩을 의무적으로 근무해야 하는 공립이지만, 선생님들도 열악한 환경
때문에 3년이면 바뀌었다. 한창 감수성이 예민할 때에 정서적 욕구들을
채워줄 수 있는 장치들이 턱없이 부족하니 당연히 학생들은 불만이 많을
수밖에 없었는데, 선생님들은 그저 학생들의 목소리를 죽이려고만 했고,
조용히 있다가 떠나기만을 바랐다.

　나는 입학한 다음날부터 무지막지한 체벌을 맛보아야 했다. 1학년인
주제에 3학년들이 공부하는 교실 복도를 지나갔다는 죄목으로 첫날부터

얼굴도 모르는 남자 선생님에게 뺨을 맞았다. 나중에 알고 보니 그 선생님은 상습적으로 성희롱을 저지르는 교사였다. 이과반 수학을 가르쳤는데, 2차 포물선을 그리고 나면 "유방"이라는 말을 절대 빠뜨리지 않았다. "이렇게 해도 '유방'하고 저렇게 해도 '무방'합니다." 학생들이 야유라도 할라치면 제물 만난 고기마냥 "유방"이란 단어로 10여 분을 끌었다. 자꾸만 솟아오르는 가슴과 그런 몸의 변화가 쑥스러워 어깨를 움츠려서라도 감추려는 우리들 앞에서, 칠판 가득히 W형의 그래프를 그려 놓고 말장난을 일삼는 선생님이 그렇게 미울 수 없었다. 나를 비롯한 친구들은 심한 모욕감을 느꼈지만 그 선생님은 전혀 개의치 않았다. 사춘기를 겪으며 때론 낯설게 때론 위태롭게 자신의 여성성과 섹슈얼리티를 받아들여 가던 우리와 우리의 몸이 몇몇 남선생님들에게 희롱되어 그들의 권력과 남성성을 재확인하는 도구로 취급되었다.

십대는 여성으로서 자신의 성별 정체성을 확립해 가는 시기이다. 우리가 태어나는 순간 생식기 모양에 따라 여성, 남성이라는 섹스가 정해졌다면 십대 시기에는 몸의 변화와 함께 여성으로서 나의 몸이, 나의 섹슈얼리티가 다른 이들에게 어떻게 받아들여지는지를 체험적으로 깨닫게 되는 때이다. 학교라는 닫힌 공간 안에서 매일매일 맞부딪히는 선생님들은 우리 사회가 여성에게 어떤 태도와 역할을 요구하는지 귀에 못이 박히도록 가르쳤다. 특히 선생과 학생이라는 위계 관계 속에서 남자 선생님들이 어린 여학생들을 대하는 태도는 우리 사회에서 십대 여성의 몸과 성이 어떻게 성적 대상으로 도구화되는지를 분명하게 보여 준다.

내가 속한 문과 반을 맡았던 수학 선생님은 교장 선생님께서 특별히 과학 고등학교에서 초빙해온 분이었다. 새 수학 선생님께서 오시기 전부터 교장 선생님은 그분을 모셔오기 위해 자신이 얼마나 애썼는지 조회 시간마다 강조하셨다. 아무튼 우리들은 모두 기대에 차서 그 선생님을 기다렸고, 그 선생님이 우리 반 부담임으로 오신다는 게 내심 기뻤다. 새로 오신 수학 선생님과 지리 선생님, 국어 선생님, 또다른 수학 선생님, 이렇게 네 명의 젊은 남자 선생님이 우리 학교에서 가장 인기 있는 분들 이었다. 이 선생님들의 책상에는 아침마다 꽃과 선물이 놓여 있었고, 아이들은 팬클럽을 만들어 서로 싸워댈 정도였다. 그런데 이 네 선생님들 중 한 분이 숙직을 하는 날이면, 다른 세 선생님들도 함께 교무실에 남아 계셨다. 그래서 아이들은 새 달이 되면 교무실에 들러 선생님들의 숙직 날짜를 체크하는 게 기본이었다. 그리고 그날은 대부분의 아이들이 늦게 까지 남아 야간 자율 학습을 자발적으로 했다.

어느 날 야간 자율 학습 시간에 한 학생이 날 교실 밖에서 불렀다. ○○ 선생님께서 교무실로 좀 오라고 했다는 것이다. 내가 좋아하는 선생님이 었기 때문에(물론 그 네 명 중 한 명) 설레는 마음으로 교무실로 내려갔다. 그런데 이게 웬일인가. 선생님 네 분이서 교무실에서 술판을 벌여놓으신 것이다. 그리고는 맘에 드는 학생들을 여러 명 불러내 옆에서 술시중을 시키고 있는 게 아닌가. 아이들은 자신들이 선택된 것이 마냥 기뻐 선생 님 옆에서 갖은 애교를 떨어대고 있었다. 선생님들은 빨개진 얼굴로 마냥 히죽해죽… 난 무척이나 자존심이 상했다. 내가 겨우 이런 대우를 받다니. 선생님에 대해 갖고 있던 환상이 조각나 버리는 순간이었다.

그 후로도 이런 술 파티는 여러 번 더 있었던 듯싶다. 그러면 다음날 아이들은 서로 누가 불려갔는지 확인하고는 그 아이를 왕따로 만들곤 했다. 자신이 불려가지 않고 그 애가 불려간 것이 도무지 자존심 상하는 일인 것이다. 여학교는 남자 선생님들이 학생들을 성희롱하기에 얼마나 만만한 곳인가. 수업 시간에 슬쩍 귓볼을 만져도, 가만히 다가와 겨드랑 이 아래 여린 살을 만져 대도 아무런 항변도 못하는 곳이다. 오히려 자신이 좋아하는 선생님의 그런 대우에 황송해 하는 곳이다. 그리고는 학생들끼리 서로 질투하게 만드는 그 살벌한 구조란…

그리고 몇 달 후 아주 황당한 일이 벌어졌다. 가을 소풍 때였는데, 술에 잔뜩 취한 수학 선생님(과학 고등학교에서 힘들게 초빙되어 왔던 바로 그분)께서 벌떡 일어나더니 학생들을 향해 지퍼를 내리고 노상 방뇨를 한 것이다! 감히 상상이나 할 수 있겠는가. 지금 생각해 봐도 참으로 어처구니가 없다. 아무튼 이 일로 수학 선생님은 다시 과학 고등학교로 돌아가셨고, 나머지 세 명의 젊은 남선생님들도 더 이상 붙어다니지 않으셨다.

피상적인 성교육

우리 학교에는 반마다 유난히 예체능계 학생들이 많았다. 실제로 음악, 미술에 재능이 있는 애들도 있었지만, 많은 경우 공부는 하기 싫고 대학은 가고 싶은 애들이었다. 특히 한 아이가 오리온 광고 모델이 된 후 모델을 지망하는 학생들이 부쩍 늘어나 화장을 하거나 퍼머를 한 아이들이 많아졌다. 그 나이에는 그런 것들이 얼마나 선망의 대상인가. 하지 못하게 하기 때문에 더욱 하고 싶기도 했지만 그보다도 여성으로 비치는, 예뻐 보이는 내 모습이 재미있고 좋았기 때문이었다. 그래서 나는 친구들과 함께 엄마 방에 몰래 들어가 화장을 하고 머리를 세팅하고 미팅을 나가기도 했다.

그런데 반 친구들 중에는 지금으로 치면 원조 교제를 하는 이들이 몇 명 있었다. 지금도 잊을 수 없는 친구, J와 M. J는 중학교 때까지는 모범생이었다. 변호사 아버지에 무남독녀. 그런데 어쩐 이유인지 J는 고등학교에 들어와 모든 생활에 부적응하기 시작했다. 학교 공부도, 학교 생활도. 수업 시간에는 그냥 잠만 잤고, 수업이 끝나면 화장을 하고 어느 술집으로 아르바이트를 나갔다. 내가 이런 J의 생활을 알게 된 것은 아주 우연한 기회였다. 당시 나는 공고를 다니는 남학생과 데이트를 하고 있었다. 별을 보고 집을 나와 별을 보며 집에 잠시 다니러 가는 생활 속에서 남자 친구와의 데이트는 일종의 청량제와 같이 숨통을 틔워 주었다. 어느 날 남자 친구와 시내에서 술을 마시며 놀고 있는데 J와 마주친 것이다. 서로의 비밀을 공유하기 때문인지 그날 이후 J와 난 매우 가까워졌다.

J는 시내의 작은 단란주점에서 저녁마다 아르바이트를 했다. 그 곳에서 알게 된, 어느 중소 기업 사장님이라는 사십대의 아저씨와 자주 만난다고 했다. 그 아저씨는 이런 생활 하지 말라며 만날 때마다 수표를 선물로 주곤 한다고 했다. 그 돈 때문에 J는 그 일을 계속하는 것이다. J는 갈수록 자포자기하는 것 같았다. 옆에서 도움을 주고 싶었지만, 내가 도울 수 있는 것은 아무것도 없었다. 그저 얘기를 들어주고, 내 이름을 팔아 집에서 나올 수 있게 해주는 것밖에는. 수업 시간에 피곤하고 지친 얼굴로 멍하니 창 밖을 바라보는 J를 보게 될 때면, 난 어젯밤 그녀가 겪었을 일들을 상상하며 혼자 분에 떨곤 했다. 그럴 때마다 우리 사회 기성 세대 남자들에 대한 불신과 적대감이 새록새록 자라났다.

또다른 친구 M. M은 고2 때 우리 반으로 전학을 왔다. 큰 키에 예쁘장한 용모를 가진 M을 선생님들은 편애했고, 그만큼 M은 다른 아이들로부터 질시를 받았다. M은 대학생 오빠를 만나 연애해 결혼하는 게 꿈인 아이였다. 내가 다닌 고등학교는 부산에 있는데, 부산은 여름철만 되면 피서지로 떠오르는 곳이다. 서울의 많은 대학생들이 여름이면 이곳으로 몰려와 "한여름 밤의 꿈"을 만들어 가기 위해 안간힘을 쏟는다. 그러면 M을 비롯한 내 친구들은 그 서울 오빠들을 사귀어 보기 위해 소위 말하는 물 좋은 나이트로 진출한다.

어느 날은 이런 일도 있었다. 복도에서 아이들끼리 서로 머리채를 잡아채고 욕을 하며 싸워 댔다. 그런데 싸우는 이유인즉슨 "어젯밤에 나이트에서 만난 그 Y대 오빠를 내가 찜했는데, 저년이 가로챘다는 것"이다. 참으로 황당하고 어처구니없는 얘기지만 우리 학교에서 이런 일은 빈번하게 일어났다. 그만큼 지역의 여고생들에게 서울의 명문 대학을 다니는 대학생 오빠와 연애를 한다는 것은 일종의 "신데렐라 되기"였던 것 같다.

M은 그 신데렐라가 되려고 했다. 그래서 나이트에서 만난 대학생 오빠와 연애를 하고 관계도 가졌는데 그게 임신이 되어 버렸다. 낙태할 수 술비를 빌려 달라는 M의 다급한 전화를 받고 참 당황스러웠던 기억이 난다. 그때 참 많이 갈등했었다. 돈을 빌려 주어야 할지, 말아야 할지. M이 필요로 한 돈 모두를 빌려 줄 형편은 못 되었고, 몇 만 원의 돈만 빌려 주었던 것 같다. 난 이 일을 까마득히 잊고 있었는데, 5년이 지난 뒤엔가 M이 내게 전화해서 그때 돈을 빌려 주어 고맙다며 통장으로 송금해 주었다.

낙태. 고교생인 우리들과는 전혀 어울릴 수 없는 단어이지만, 간혹 낙태를 하는 바람에 퇴학당하거나 가출해 버리는 애들이 있었다. "남자와의 비밀스런 관계". 그 당시와 현재 고등학교 분위기는 많이 다르겠지만, 지금의 아이들은 성경험이 없으면 "맹꽁이"라고 왕따를 당하기 때문에 남자친구와 성경험을 갖게 되는 이들이 많다고 들었다. 그런데 내가 다닌 학교에서는 그 당시부터 이런 분위기가 생겨나 있었다. 남자와 섹스 경험이 있는 애들은 그걸 무슨 영웅담처럼 각색해서 조용히 유포시켰고, 그걸 들은 나머지 아이들은 섹스에 대한 환상과 동경을 만들어 내며, 하이틴 로맨스에 자기를 동일시하는 경향이 있었다. 그래서일까. 우리 학교에는 유난히 낙태 사건이 많이 일어났다. M처럼 나이트에서 만난 대학생 오빠들과 사귀다가 그런 일들이 일어나기도 했고, 어떤 남자를 잡아두기 위해 고의로 임신하는 애들도 있었다. 지금도 그런 이야기들은 믿기 어렵지만 그 당시 나돌았던 소문들에 의하면 돈 많고 잘생긴 남자친구와 사귀다가 그 남자가 다른 여자애에게 맘을 둘까봐 붙들어 매기 위해 고의적으로 임신을 해서 협박한다는 것이었다.

한번은 아주 작은 체구의 아이가 임신을 했는데, 워낙 몸이 작았기 때문에 그 사실을 아무도 눈치채지 못했다. 결국 해산달이 가까와 통증 때문에 병원에 갔다가 임신이란 걸 알고 그 자리에서 낙태를 하고 온 경우도 있었다. 그 친구의 경우 내가 직접 병원까지 함께 갔기 때문에 사정을 비교적 잘 알고 있다. 남자친구와의 성관계 때문이었다. 사정이 이러한데도 학교에서는 단 한번도 피임을 비롯한 성교육을 행한 적이 없었다. 생물 시간에 생식기에 관해 피상적으로 배우는 것이 성교육의 전부였다. 그러니 어느 누구도 자신이 임신할 수 있다는 것을 예상하지 못했을 것이다.

학교를 다니지 않았더라면

내게 사춘기 고등학교 시절은 상흔으로 남아 있다. 이 글을 쓰기 위해 기억하고 싶지 않은 그 시절을 게어 내듯이 힘겹게 돌이켜보았다. 나와 내 친구들에게 일어났던 일들, 남자 선생님들이 우리를 대하던 태도들. 비록 우리들은 학교라는 콘크리트 벽에 둘러싸여 있었지만, 그 속에서 세상을 꿰뚫어 보고 있었다. 가끔씩 내가 그때 학교를 다니지 않았더라면 어떠했을까 상상해 보곤 한다. 그랬더라면 대학에서 젊음을 그렇게 대책 없이 소비하지도 않았을 것이고, 나 자신을 더 긍정적으로 받아들일 수 있었을 것이다. 아무튼 지금보다는 훨씬 더 행복하고 나은 모습으로 살아가고 있을 것이라는 막연한 확신을 갖는다. 십대 시절 내내 나는 내가 여자라는 사실에 한번도 만족해 본 적이 없었다. 내가 선택하지 않은 여성이라는 섹스가 끊임없이 내게 여성다움을 강요하였고, 차별과 공포와 모욕을 당하도록 했기 때문이다. 나의 여성성을 받아들이지 못함으로 인해 나는 늘 불만과 공격적인 분노에 휩싸여 있었고, 거기에서 벗어나기 위해 의도적으로 명예 남성처럼 굴었다. 그래서 다른 여성들의 삶이나 이야기에는 전혀 귀를 기울이지 않았다. 하지만 이런 분열적인 정체성을 가지고는 도무지 나 자신과 만날 수 없었다. 내가 무엇을 좋아하는지, 내가 무엇을 잘하는지, 난 대체 어떤 사람인지… 대학 4년 동안 자학하듯이 나를 괴롭히다가, 내가 누구인지를 찾기 위해 여성학과 대학원에 들어갔다. 그리고 그곳에서 비로소 여성인 나를 있는 그대로 자랑스럽게 받아들일 수 있었다.

가끔 일 때문에 혹은 인터뷰 때문에 십대 여성들을 만날 때가 있다. 그들과 이야기를 나누다 보면 그들의 관심을 온통 붙잡고 있는 것이 주로 소비와 관련된 것들이며, 이러한 소비는 주로 이성과의 낭만적 연애 코드에서 파생된 것들임을 보게 된다. 그들은 사랑을 위해, 돈을 위해 스스로를 성적 대상화하는 데 익숙해 있었다. 하지만 나의 십대 시절에 나와 친구들은 우리의 몸이 여성적인 섹슈얼리티를 드러내는 게 부끄럽고 수치스러웠다. 여성적인 몸은 곧 놀림과 차별의 대상이 되기 쉬웠다. 그래서 어떡하든지 그것을 감추려고만 했고 통나무와 같은 중성적인 몸이기를 간절히 바랐다. 이런 우리들에 비하면 요즘 십대 여성들은 자신들의 여성성과 섹슈얼리티를 적극적으로 받아들이는 것 같다. 이것이 그들의 삶에 긍정적인 에너지가 되었으면 좋겠다. 그래서 자신이 여성이라는 기본 인식 아래 다른 여성들의 삶에도 관심을 가지고 자신이 누구인지를 일찍 발견하게 되기를 기대한다.

1973년생으로 부산에서 자라다
서울로 유학와 교육학과 여성학을
전공한 후 여성이 존경받는
세상을 꿈꾸며 이를 위해 일하고 있다.

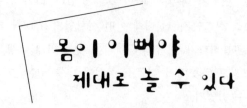

몸이 이뻐야
제대로 놀 수 있다

이효인

대화 1 2000년 7월 초. 대학로. 어떤 뮤지컬 첫 공연 쫑파티 중. 서른 살 먹은 음악 감독과 나.

"야, 너도 페미니즘 신봉자냐?"
"뭐… 신봉한다기보단 생활이죠."
"오… 하느님 이런 것까지…" — 황당해 하는 목소리.

대화 2 2000년 7월 초 집에서 전화 통화중. www.iloveschool.co.kr에서 만난 초등학교 동창과 나.

"야 너 혹시 페미니스트냐?"
"페미니즘은 나의 생활의 일부라구 할 수 있쥐."
"넌 그럴 줄 알았어. 그럴 성향이 초등학교 때부터 다분했다구." — 화난 목소리.

페미니스트, 그게 뭔데 이 사람들을 황당해 하게도 또 화가 나게도 하는 걸까? 그리고 난 초등학교 때랑 얼마나 변했길래 지금의 내가 페미니스트라고 하면 놀라며 황당해 하고, 어렸을 때의 나는 "그저 보기에 그냥 따악~"인 페미니스트였다고 회상할까?

아아… 생각해 보자. 우선 지금의 나는… 대학교 2학년이면서 랩을 하고, 춤을 추고, 나의 패션은 나이든 사람들이 보기엔 "좀 그렇고" 결론적으로 "좀 노는 딴따라"다.

초등학교 6학년일 때는 나는 부반장이었고 똑똑해 보였으며(실제로도 그랬는지는…흠) 발표 잘하고 남자애들을 "패기도 하며" 살았고 옷도 얌전히 입고 다니고 결론적으로 "말괄량이 기질이 있는 여자애치고는 똑똑한 범생"이었다.

무슨 말을 하고 싶은 거냐고? 에이 알면서. 이거다.

"노는 애는 페미니즘 따윈 모를 것이다."

그렇다. 난 노는 애다. 좋게 말해 "놀이"는 (진부하게 표현하자면) 나에게는 마치 산소와 같아서 그거 없이는 절대로 절대로 절대로 살 수가 없다. 나는 나를 즐겁게 하는 모든 것, 예를 들어 사람들과 노래하기, 춤추기, 그리고 나를 표현하기, 나를 꾸미기, 이런 것들을 통틀어 놀이라 부른다. 나를 즐겁게 하는 것, 구체적으로 여자인 나의 몸을 당당하게 즐기는 것, 이것이 나의 놀이이며, 페미니즘은 나의 "몸"을 내가 즐겁게 해주어 마땅하다는 생각을 하게 해준 고마운 것이라고 표현할 수 있겠다. 어떤 이는 내 생각에 대한 이해 없이 겉모습만 보고 판단하여 노는 것만 좋아하는 이 "머리 빈 양아치야 ~"라고 말할 수도 있겠다. 아니 내가 페미니스트라는 것을 알면, 여자가 자기 몸을 즐긴다는 것에 대하여 "울트라 변태 성향 색안경"을 쓴 채로 나를 이상하게 여길 것이다. 신경쓸 필요 있나. 다양성을 무시하는 사람의 말 따위야. 난 "머리 비지 않은 노는 애"를 추구한다.

또 잊지 않고 딱 집어 이야기해야 하는 것.

"노는 애는 외모가 다른 사람보다 멋지다."

하핫. 나의 외모가 남들보다 낫다는 것으로 들릴 수도 있겠다. 맞는 말이다.(아… 돌 맞겠다.) 요즘 자신을 변장하고 다니는 나의 모습은 노는 애 그 자체다. 다시 말해서 좀 특이하고 멋진 외모를 추구하는 사람들 중 하나가 바로 나다. 시대가 좋아져서 이제는 예쁜 아이가 아니어도 멋진 아이는 될 수 있다. 하하… 나는 멋진 외모를 추구함으로써 이제 노는 애 축에 낄 수 있고 진정한 "놀이er"에 다가갈 수 있었다. 반면에 어렸을 때의 나는 참으로 수수한 편이었다.

도대체 무슨 말을 하고 싶은 거냐고 물을 수도 있겠다. 아예 까발리고 시작하자. 이 원고의 주제는 "이십대의 몸과 놀이 정신"이다. 이 주제를 나는 어떻게 다룰 것인가? 몸과 놀이가 뭐 어떻다는 거지? 그게 관련이 있나? 관련 있다. 너무 심해서 문제다. 내가 지금까지 살아오면서 아니지 요즘에 이 원고를 쓰려고 고민하다 내린 결론을 먼저 이야기해 보자.

"그렇다. 몸이 예뻐야 제대로 놀 수 있다."

스무 해 동안 살면서 나의 패션, 성격, 하는 일, 다시 말해 나의 모든 삶을 지배해온 한마디가 바로 이것이다. 난 많이 변했다. 겉모습도… 그리고 생각들도. 지금의 나를 만드는 데 수많은 각각의 "내"가 있었다면 믿을까?

내가 "머리 덜 빈 노는 애"가 되기까지 그 기나긴 처절한 역사 속으로 들어가 볼까 하는데… 앞으로 무엇을 해야 할지 어떻게 살아야 할지 막

막한 지금 나에게 이 작업은 큰 의미가 될 수 있을 것 같다는 생각이 든다. 변화 무쌍했던 나의 몸, 놀이 정신, 그리고 주위 사람들의 눈.

세 살 – 여덟 살 바보뚱뚱이

유치원 졸업 사진 속의 난 뚱한 표정을 하고 빨간 나비 넥타이를 매고 있다. 아직도 기억이 생생한데, 그 사진을 찍고 며칠 후 친구들의 사진을 보게 되었는데 여자아이들은 아무도 빨간 넥타이를 하고 있지 않았다. 나비 넥타이는 남자아이들만 하는 것이었다. 유치원에 다닐 때의 난 사람들이 남자라고 착각할 정도로 덩치가 크고 온순하며 뚱뚱하기까지 한 아이였다. 엄마는 항상 여덟 살 때 열네 살짜리 아동복을 사서 입혀 주었고, 어쩔 수 없이 허리 사이즈 때문에 길이를 줄이든지 해서 입어야만 했다. 고백하건대, 초등학교 일학년 때 30kg이었다. 친구들이 18-20kg 나갈 때 말이다. 몸만 곰 같았을 뿐 아니라 학과 공부 따라가기도 힘겨워했다. 일화가 있다. 어디 가서 얘기하면 모두 날 바보로 보는.

1학년 때 산수 시간,

"여러분 사과 2개 더하기 배 3개는 뭐지요? 우선 식을 세워 봐야겠지요?"

엄마는 나에게 모르는 것이 있으면 손을 들고 선생님께 여쭈어 보아야 한다고 말씀하셨다.

"선생님~! 식이 뭐예요?"

그날 이후 아이들이 날 쳐다보는 눈이 심상치 않다는 것을 깨달았다.

그런 상태는 열 살이 될 때까지 계속되었다. 2학년 때 지금도 눈물이 나는 일화 또 한 가지.

내 짝 녀석은 동네에서 학원을 하는, 잘 나가는 집 아들놈이었다. 그놈과 나는 만날 싸우면서, 아니, 내가 일방적으로 당하는 짝꿍 관계를 유지하고 있었는데, 어느 날 그 애가 나에게 얘기했다.

"니 옷에서는 고기 냄새가 나."

아직도 잘 해석이 안 되는 문장이다. 하지만, 내가 그만큼 청결하고 똑똑하고 예쁜 여학생이 아니었다는 건 확실하다. 뚱뚱하고 고기 냄새 나는 옷 입고, 공부도 잘 못하고.

아… 주눅든 인생이여. 주눅든 아이가 놀기는 제대로 놀았겠는가? 고무줄할 때는 만날 줄만 잡고 있었고, 몸이 무거우니 잘 뛰지 못해서 "무궁화꽃이 피었습니다"나 "얼음땡"은 만날 술래였다. 어느 날 너무 화가 나신 우리 외할머니께서는 집에 식탁 다리와 탁자 다리에 고무줄을 연결해서 날 연습시키기까지 하셨더랬다. 노는 것도 못했다. 난 그때.

열 살 – 열네 살 제 1의 전성기

그러다 열 살이 되는 해에 나는 인생의 첫 전환점을 맞게 되었다. 그때 엄마가 무슨 생각이었는지, 소아 비만이었던 나의 다이어트가 목적이었는지 잘 알 수는 없지만, 수영장을 다니게 한 것이다. 집에서 버스를 타고 20분쯤 간 다음, 걸어서 20분을 가야 하는 먼 거리, 힘든 길이었지만 아홉 살짜리 나는 열심히 다녔다. 수영을 하면서 놀랍게도 나는 키가 쫙쫙 크고, 살이 팍팍 빠지는 놀라운 변화를 경험하게 되었다. 6개월도 채 지나기 전에 나는 고기 냄새 나서 애들이 피했던 효인이가 아니라 "어머, 너는 커서 미스 코리아 나가면 되겠다", "주말 연속극에 나온 아역 탤런트 아니야?"라는 소리를 듣는 효인이가 된 것이다. "외모가 변하면 생활이 변한다"는 작은 이론(패러다임?)이 처음으로 실현되는 순간들이었다. 뭐 그 나이 때 이런 것을 다 생각해서 그러지는 않았겠지만 키 크고 날씬해진 나는 학과 공부에도 자신감이 붙기 시작했다. 일년이 지나 3학년이 되자 난 부반장이 되었다. 공부를 잘해야 후보에 오를 수 있지만, 그것보다 더 중요한 사실인 "친구들이 직접 뽑아준" 부반장이 된 것이다.

또 5학년이 되어 처음 가본 "또 하나의 문화 어린이 캠프"에서 자유가 뭔지, 그리고 자신감이 뭔지 조금 더 알게 된 나는 학교를 날 듯이 헤집고 다녔다. 계속된 학급 임원 생활 그리고 공부, 가장 중요한 놀이, 이제 나는 고무줄을 잡고만 있지 않았다. 남자아이들과 건물 옥상에서 비비탄 총 쏘며 놀기, 얼음땡을 비롯한 모든 놀이에 적극적으로 참여했다. 그리고 날 매일 괴롭히던 학원집 남자애를 쥐어박으며 지냈다. 십 년쯤 지났지만 그 수영장에 정말 감사 드린다.

열다섯 살 – 열일곱 살 인생의 암흑기

지금 생각해 보면 초등학교 시절은 항상 재미있고 행복했다. 다시 과거로 돌아가라고 산신령께서 얘기하신다면 나는 그때로 돌아가고 싶다. 그러다 진학하게 된 중학교, 난 과거를 이야기하는 자리가 있으면 항상 그 시절을 나의 "암흑기"라고 표현한다. 외모의 변화가 일어나 제 2차 성징을 위한 호르몬의 영향으로 살이 엄청나게 쪘고 긴 머리마저 싹뚝 잘랐다. 환경의 변화 또한 만만치 않았는데, 동네에 있던 초등학교와는 달리 공부 잘하는 학교라는 이유로 엄마가 주소를 옮겨 나는 버스를 타고 20분이나 가야 했다. 물론 친한 친구들과는 거의 떨어졌다. 또 그 동네가 "강북의 강남"으로 불리우는 곳이었다는 게 큰 문제였는데 잘난 줄 알고 뛰어다니던 내가 훨씬 더 잘살고 잘난 아이들과 생활을 잘해 내는 데 전혀 문제가 없었다면 그것이 더 이상하리라. 내가 그곳에 적응하는 데는 문제가 많았다. 옛날 성격, 버릇대로 난 그 학교에서 지냈다. 공부도 꽤 해서, 얄밉상스레 공부 잘하고 돈 많은 친구들 보는 건 별로 어렵지 않았는데, 가장 큰 위기가 닥쳤다. 내가 "사춘기"를 맞은 것. 그리고 난생 처음으로 옆 반에 있는 남자애를 좋아하게 되었다. 원래 그 동네에서 이런 일이 생기면 보통 여자아이들은 자신을 많이 꾸미고 전화를 통해 연락을 시도한 이후 조금 괜찮아지면 친구들을 통해서 사귀고 싶다는 마음을 내비치고 그제야 사귀는 용의주도함을 보인다. 그러나 나는, 그 자신감에 차 있고 세상이 다 제 건 줄 알았던 나는, 무조건 돌진~.

나의 몸이 항상 멋져야 한다고 생각하는 강박 관념은 여기에서부터 시작되었던 것 같다. 나의 저돌적인 모습은 남자애들 사이에서 웃음거리(? 이렇게 쓰니까 너무 마음 아프지만…)가 되었고 그 결과로 내가 지나가면 날 막 놀렸다. 한 이 개월 간 그런 시간이 있었는데 그때 나는 쟤네들이 왜 저러나… 싶었다. 지금 생각하면 알 것 같다. "예쁘지도 않은 게 왜 저럴까"라는 생각이 아니었을까 하는데… 외모와 하는 일의 상관 관계는 자신에 대한 믿음을 주는 데 효과가 있지만 이런 식으로 같은 행동을 해도 다른 사람에게 비치는 정도에 아주 많은 영향을 준다. 정말이다. 다시… 생각하니까 열 받는다. 웃… 나쁜 인간들… 신기한 건 난 그때 다이어트를 할 생각도, 다른 아이들처럼 비싼 옷을 사 입을 생각도, 이만 원짜리 루즈삭스를 사서 신을 생각도 하지 않았다는 거다.

열일곱 살 – 스무 살 다시 중흥기

중학교 때 나는 탈출을 꿈꾸었다. 지긋지긋한 Y모 중학교에서 벗어나는 게 나의 가장 큰 소원이었다. 그냥 있다가는 분명히 나는 그 동네 고등학교로 바로 올라갈 거고 그렇게 되면 중학 생활의 연속일 수밖에 없었다. 차라리 특수 목적 고등학교에 가자, 남녀 합반인데다가 나를 모르는 아이들이 있는 곳, 그 곳에서 다시 시작하자. 4:1의 경쟁률을 뚫고 당당히 합격했고 새로운 생활이 시작되었다. 그 곳에서 나는 하루하루 얼마나 즐거웠는지, 그때의 나의 기분은 엄마와 통화할 때 한 말로 표현된다.

 "엄마, 만날만날 또문 캠프 하는 기분이야."

 자율 학습하느라고 밤 10시까지 친구들과 함께 있는 시간을 그런 식으로 표현했으니 나도 참 어지간하다. 물론 누군가가 학교가 싫다고 나가긴 했지만 나에게는 천국이었다. 중학교 때와 비교해서 나에게 주어진 자유와 나를 인정하는 눈빛, 사실 외모 면에서는 그다지 많이 좋아지지 않았지만 난 다시 자신감을 찾아가고 있었다.

 여기서 또 하나 짚고 넘어가야 할 것이 있다. 어떤 사람이 자신감에 넘쳐 어떤 일을 하게 될 때 그 사람의 외모가 다른 사람들의 반응에 어떠한 영향을 미치는지. 중학교 때 나는 거의 이상한 애로 비쳤지만 여기선 달랐다. 3학년이 될 때 나는 학교 합창 대회의 지휘를 맡게 되었다. 만날 앞에 나가서 노래 부르기 좋아하는 애에게 시키기에 딱 맞는 일이었다. 하여튼 그때 내 주위에는 적이 없었지만 그 울타리만 벗어나면 적들이 드글드글했다. 음… 뭐랄까. 나를 잘 아는 사람들은 나에 대한 평가를 몸뿐만이 아니라 능력과 자신감을 기준으로 하지만, 다른 이들은 보기 뭣하게 생긴 게 왜 저러나 싶어서 "쟨 뭘 믿고 저리 설친다냐?" 항상 이런 식이었다. 행동이 튀는 사람이 외모 또한 튀면 그 사람은 대중의 스타가 되지만, 그렇지 않을 경우 대중의 "껌"이 되어 버린다. 내 인생 철학은 여기서 틀을 갖춘 것 같다.

 다시 돌아가서 난 그때 대중의 껌이었지만, 그래도 행복한 편이었다. 그나마 날 펼칠 수 있어서. 이때부터 나의 "놀이"에 대한 생각이 바뀌었다. 친구들과 수다떨기, 노래방 가기도 놀이였지만 날 즐겁게 하는 것은 다 놀이라고 생각했다. 예를 들어 합창대회 지휘 같은.

스무 살 – 지금···현재

솔직히, 지금 상황을 말하자면, "너무나 답답해서 미치겠는" 상황이다. 난 멋도 모르고 주변 사람들 때문에 또, 내가 적성이 그쪽인 거 같아서 전공하고 싶었던 사회학.(어렸을 때 만난 사람들 – 노마들 – 대부분이 사회학과 학생들이었고 선생님들도 사회학과 선생님이 많았다. 그리고 사회 과목은 별로 어렵지 않게 공부했기 때문에···) 그런데 어쩌다 보니 지금 전공하고 있는 불문학. 뭐 내가 사회학 공부를 정 하고 싶다면야 부전공도 있고 전과도 있고 하려고만 하면 얼마든지 할 수 있다. 문.제.는. 내가 공부를 하고 싶지 않다는 거다. 공부는커녕 학교 수업 듣는 거조차 힘들 때가 있다는 거다, 주욱 커오면서 대학 가서는 이 공부 저 공부 하다가 할 수 있으면 대학원도 가고, 유학도 가고(왜? 주위 사람들이 다 그렇게 살더라고) 그럴 줄 알았는데 막상 들어오니 내 끼가 그 쪽은 아닌 것 같다는 생각에 머리가 지끈지끈 아파 온다. 이학년씩이나 되어 가지고는 부전공도 안 정하고 남들 다 하는 토익 토플도 안 하고 도대체 뭘 하고 있냐고?

다시 지금 상황을 말하자면 "솔직히 너무 행복해 미치겠는" 상황이다. 요즘에 난 랩한다. 랩이 뭔지는 다 아실 거고. 아··· 알아듣기 편하게 말하자면 랩으로 내가 하고 싶은 이야기를 남들에게 들려주고 날 표현한다. 올해 들어 랩, 음악을 좋아하는 친구들이 모여 만든 동아리에서 같이 생각을 나누고 음악을 만들고 하는 작업에 푹 빠져 있다. 원래 질투라는 게 지지리도 없어 누가 나보다 공부를 잘하건 말건 상관도 안 하던 내가 요즘엔 누가 나보다 랩을 더 잘하는지, 누가 앨범에 참여하는지에 대해서 관심 집중에 질투까지 한다. 나도 이런 내가 놀라울 뿐인데 이유를 곰곰이 생각해볼 것도 없이 내가 이걸 너무나 좋아하기 때문인 거 같다. 솔직히 말하자면 나는 랩을 계속하고 싶다. 정말 바라자면 "직업"으로까지 삼고 싶은 생각이 너무나 많은데 현실은 별로 받쳐 주지 못하는 것 같고… 당장 성적표에 나오는 학점, 그리고 토익 토플에 목숨 거는 과 친구들, 음악에 미쳐서 학교 공부 때려치우고 클럽에서 젊은 날을 보내는 랩퍼 친구들의 고단한 삶을 보는 것에서 오는 두려움… 주위를 둘러보면 이런 일들이 태산이다. 그리고 나의 열정이 단지 젊은 날의 객기일까, 과연 내게 재능이나 있는 걸까 하는 그런 고민들… 그런 고민들로 행복하기도, 답답하기도 하다. 사실 이런 문제는 나 자신의 문제고 이런 상황이 다른 사람에게는 어찌 보일까.

살펴보자. 나는 랩하고 공연하는 것을 "작업"이라고 부른다. 하지만 우리 엄마를 비롯한 많은 사람들은 "놀이"라고 부른다. 안티 미스 코리아 대회 나가서 우리 곡으로 공연했을 때도, 고 고정희 시인 추모 행사 때 공연했을 때도 사람들은 "어쩜 쟤네 진짜 잘 논다"고 표현하는 걸 들었다. 하긴, 해서 즐거운 게 "놀이"라면 나에게 랩은 "너무나 즐거운 놀이" 겠지. 남들이 보고 즐거울 수 있는 놀이를 나 스스로 즐겁게 해내는 일, 그게 너무 좋다. 그런 놀이를 평생 직업으로 할 수 있다면 그 사람은 신이 특별히 아끼는 사람일 것이다. 하지만 짚고 넘어가야 할 것이 있다. 바로 "노는 애들"의 개념이다. "쟤네 정말 잘 논다"에서 사람들이 가지고 있는 생각은 어떤 것일까?

그런데 "랩하는 여자" "여자 랩퍼" 하면 뭐가 생각나는지. 솔직히 여자 랩퍼 대단히 드물다. 언더 클럽에서조차 여자 랩퍼들이 드물고 가요계 활동을 하는 사람들도 거의 없다. 이런 상황에서 나, 여자가 랩을 하는 건 내가 쓴 가사와 내가 부르는 랩에 대한 평가 말고도 또다른 평가가 뒤따른다. 다시 말해서 몸이다. 다시 주제로 돌아왔다. 내가 나를 꾸미는 것, 나에 대해 자신감이 있는 것, 그 부분에 대한 평가가 엄청나다. 흑인 느낌으로 옷을 입고, 머리를 따는 것은 공연의 느낌을 위한 연출일 수도, 그리고 남들이 나를 보았을 때 "랩하게 생겼군"이라는 어찌 보면 어처구니없는 반응을 이끌어 내기 위해서일 수도 있다. 난 그 시선을 "저런,

실력을 볼 줄은 모르고 외모로만 평가하려는 무지몽매한 인간들아~"라고 무시하고 넘어가기보다 그런 시선들을 아예 거꾸로 이용해 버린다. 뭐라 토를 달지 못하게 아예 "정말 흑인 느낌, 랩퍼 느낌"으로 나를 치장해 버리고 랩을 하면 사람들은 "심지어 랩도 잘한다"고 나를 평가하기 시작한다. 이건 어렸을 때부터 갖가지 경험을 통해 익힌 삶의 지혜다. 물론 이런 나에게 "줏대 없이 대중에게 부합하려는 아직은 어린" 생각을 가지고 있다고 비판할 수도 있다. 하지만 난 줏대 없이 대중의 눈을 즐겁게만 하기 위해서 바보같이 구는 멋모르는 여자애가 아니다. 자신에게 애정을 가지고 나를 믿을 때 무엇을 하든 잘하게 된다는 사실, 그리고 자신에게 애정을 갖는 방식이 나의 외모에 애정을 갖는 것도 포함하는 것, 그뿐이다. 이렇게 될 때 사람들은 나를 인정하고 인정받으면 받을수록 난 또 발전한다. 그게 뭐 어때서, 그게 잘못된 생각일까? 그럼 할 수 없고.

정리해 보자. 내가 고등학교 때 그랬던 것처럼 내 인간 관계의 울타리 안에 있는 사람들은 나의 작업을 "바람직한 놀이"로 평가하며 대단히 긍정적인 시선으로 능력을 인정한다. 또 울타리 밖에 있는 사람들이 "랩이나 하며 노는 애들(!)"로 나를 치부해 버리기 전에 내 외모를 "기호화"(^^ 어렵지?)시켜, 모르는 사람들에게조차 긍정적인 시선을 유도해 낸다. 나의 정신이 나이듯 나의 몸도 나다. 나의 몸을 통해 자신감을 얻고 내 삶을 풍요롭게 만드는 거다. 휴우… 무슨 소리인지… 여하튼 요즘 나의 삶이 이 엄청 긴 문장처럼 복잡하다.

요즘에 나의 작업이자 놀이인 랩으로 돈을 번다. 세상에 이렇게 행복한 일이 있을 수가. 아줌마들이 랩을 하는 내용의 뮤지컬에서 랩을 만드는 일을 우리 팀 멤버들과 함께 맡은 것이다. 부족한 실력이지만 열심히 노력하고 또 즐겁게 하고 있다. 그 곳에서 느낀 것 한 가지. 뮤지컬 하나를 만들기 위해서는 여러 분야의 사람들이 엄청 많이 필요하다. 음악, 조명, 분장, 의상, 헤어, 연출, 조연출에 기획, 배우들까지. 그 사람들 모두 다 실력 있고 너무 멋졌다. 그리고 거의 대부분의 사람들이 자신의 몸을 아끼고 가꾸어서 다들 특이하고 멋진 외모를 가지고 있었다. 노란 머리, 특이한 옷들, 레게머리 등을 비롯해서 내가 봐도 정말 특이한 외모를 가진 사람들, 자신에 대해서 그만큼 자신감이 있다는 뜻이다. 일도 참 잘한다. 정말 멋지고 나도 그렇게 살고프다. 그리고 그런 사람들이 하는 일들은 "괜히 더 멋져"보인다.(^^ 진짜다.) 그리고 놀 때도 신나게 논다. 그런 사람들은.

친구 중에 옷을 입을 때도 "난 어디가 뚱뚱해서 그런 옷은 안돼," "내가 클럽에서 춤을 추면 사람들이 쳐다볼 거야," "내가 머리를 이런 식으로 묶으면 사람들이 욕할 거야," 하며 사람들, 사람들을 입에 달고 다니는 애가 있다. 그 놈의 사람들 한번 보고 지나칠 거 뭐 그리 생각하는지 알 수가 없다. 그런 젊은이들이 태반이다. 이놈의 세상엔, 다들 나처럼 살라고 하면 내가 미친 거겠지만 미친 거면 어때, 괜찮지 않을까? 자신감 있게 개성 있게 살구, 놀구, 아… 얼마나 좋아?

| 1980년생으로 할머니가 될 때까지
| 신나게 살고 싶은 아이.

몸과의 화해

박현주

쾌락과 금기, 폭력과 은폐

나의 어릴 적 성 경험은 사춘기 친척 오빠의 호기심에서 시작한다. 어린 나를 자기 방으로 데려가서 자신의 성적 상상력을 모두 펼치곤 했던 것이다. "기분 좋게 해줄게…" 오빠는 그 말로 나를 끌고 갔고, 난 어린 나이에 클리토리스의 쾌락을 알게 되었다. 이후 내가 사춘기에 접어들어 그것이 무엇인지 알게 되기 전까지 그 경험은 보지가 좀 아팠다거나, 역겨운 막대 사탕을 입에 물었던 정도의 기억으로 남아 있었다. 친척 오빠의 유희는 부모님의 발견으로 중단되었는데, 그 이후 난 남들보다 일찍 자위를 시작하게 되었다.

자위는 주로 잠이 잘 안 오거나 시험 스트레스에 시달리는 때에 하곤 했는데, 한 방을 쓰던 고모는 그것을 기겁하며 못하게 하였다. "추접스러운 짓"이라며 내 자세를 바로잡고 돌아눕는 고모의 모습에 뭔가 큰 죄책감이 생겼고, 그것은 누구에게 미안하다는 것이 아니라 내가 우리 집에 걸맞지 않는 "추접한 아이"일지도 모른다는 것이었다. 물론 그렇다고 자위가 중단되지는 않았다. 마음속 골이 패여 가고 있다는 느낌뿐…

사춘기가 되어 성에 대해 그나마 제대로 알게 되었을 때 이상한 불안 감 아니 패닉에 빠지게 되었다. "난 성폭력을 당했던 것일까? 거부하거나 어른에게 도움을 청하기는커녕, 그 경험 이후로 자위를 하게 된 나는?? 뭐지???" 그러나 그것을 얘기할 수 있는 사람이 아무도 없었다. 그때까지만 하더라도 나는 그 일을 나와 오빠 이외에 아는 사람이 없는 것으로 알고 있었기 때문이다. (가족들이 알고 있다는 것은 이십대 중반에 이모로부터 들은 얘기이고 아직까지도 서로 이야기해 본 적은 없다.) 그때부터였을 것이다. 쾌락에 대해 내가 분열적인 갈등에 빠지게 된 것은…

음란한 상상, 차가운 몸

여중, 여고 시절 한참 로맨스 소설이 유행을 했었다. 전체 스토리야 빤한 것이고, 거기에 묘사되는 성적 언어들에 빠져들어 열광하곤 했다.(물론 지금은 로맨스 소설도 나름의 장르성을 가지게 되었다고 듣긴 했지만 내가 읽을 때는 정말 빤한 내용들이었다.) 심지어 읽는 시간을 줄이기 위해 "야한 부분"에 형광펜으로 줄을 쳐서 돌려 읽곤 했다. 남자애들이 향유하는 포르노와 비교하자면(둘 다 뻥이라는 공통점이 있음에도 불구하고) 이 로맨스 소설의 성적 언어라는 것은 추상적이고 문학적이며 매우 낭만적이다. "쾌락의 물결이 휘몰아쳤다"거나 "그와 그녀는 쾌락의 늪으로 빠져들어 갔다"는 문장에서 여자애들은 성적 상상력을 키우고 몸이 반응하는 경험을 하곤 한다. 나의 경우에도 그러한 상상력과 호기심의 세계를 접했지만, 어느 순간 나는 그런 환상을 가질 자격(?)이 없다는 생각에 뒤통수를 맞아버리고 말았다. 정확하게 기억이 나지는 않지만 남자의 성기를 보았던 기억, 만졌던 기억, 입에 물었던 기억, 그 맛의 기억이 단편적으로 떠오르면서 로맨스의 환상이 주는 아련한 흥분은 패닉과 혐오의 고통으로 변질되어 갔다. 반복적으로 반복적으로…

몸의 흥분이 꺼지고 눌리는 것과는 반대로 사고는 또다른 방향으로 흘러가고 있었다. 가끔 남자 친구를 가진 애들을 볼 때, 나도 모르게 "쟤네 그렇게 만지고 섹스하겠지"라는 생각과 나도 모르게 떠올리게 되는 섹스 장면들. 그건 할리우드 영화에 나오는 그런 장면이라기보다는 「빨간 마후라」에 나오는 것과 같은 괴상한 리얼리티의 느낌이었다. 남자 선생들이 여자애들의 뒷목을 쓰다듬거나 상박(팔 위쪽) 안쪽 살을 주물럭거릴 때나 그에 관해 여자애들이 불만을 토로할 때도 그랬다. "말은 저렇게 해도 지들도 뭔가를 느끼겠지." 그것은 나의 경험에 대한 투영이었을지도 모르겠다. 또 한편으로는 "쟤네는 나랑은 다르니까 저런 걸 당당하게 혐오할 수 있구나"라는 우울함도 있었다. 정말 은밀하게 말을 걸었을 때도 자위가 뭔지 모르는 애들이 많았으니까… 그래서 나는 그런 상황에 대한 내 생각을 말하기는커녕 내색도 하지 않게 되었다. 가장 편리한 방법이 무관심한 표정을 연습하는 것이었다. 머리속에는 음란한 장면과 자기 혐오가 들끓고 있으면서 말이다.

대학에 가고 남자애들을 만나게 되면서 이런 분열은 더할 수 없이 나를 괴롭히게 되었다. 남자애들을 보면 자동으로 떠오르는 생각, "쟤는 자위를 하겠지?", "여자랑 잤을까? 쟨 무슨 짓을 할까?" 그러면서도 이 지긋지긋한 생각에서 벗어나고 싶은 마음. 하루 중 절반이 넘는 시간 동안 그 생각에 시달리는 게 내 대학교 1, 2학년 때였으니 말이다.

나름대로 그 집착적 생각에서 벗어나는 내 방식은 "절대 무감"이었다. 쾌락에 대한 욕구는 자위를 통해 해결(?)하고 만나는 모든 사람을 무성적으로 대하는 것. "남녀는 절대 친구가 될 수 있다"고 주장하며 아무것도 모르는 애처럼 행동하기. (그것 때문에 곤란했을 남자애들에게 약간의 미안함이 든다.) 많은 남자 친구들이 있었지만 연애는 한번도 하지 않았다. 실상 그럴 것이 의미 있는 스킨십이 있을 법한 분위기나 상황에 대해서 나보다 더 빠르게 감지하는 사람이 없었을 것이기 때문에 피하기도 쉬웠다. (그쪽으로 촉각이 곤두서 있는데 어떻게 모를 수 있겠는가?)

그러면서도 일년에 한두 번 "절대 무감"이 깨지는 경우가 있었으니 술먹고 맥락 없는 스킨십에 빠지는 것이 그것이다. 처음 만나는 남자거나 별로 친하지도 친할 일도 없는 남자랑 한 번씩 부적절한 관계에 빠지곤 했는데, 웬일인지 그 관계가 그렇게나 편하고 좋았다. 단, 섹스의 단계에 가면 모든 악몽이 되살아나면서 몸이 굳고 역겨움이 치솟아 올라 한 번도 성공(?)을 하지 못했다는 게 문제라면 문제일까… 그런 밤이 지나고 나면 일주일씩 앓아 눕곤 했다. 이유를 다 설명할 수 없는 "힘듦" 때문이었다. 물론 그렇게 만났던 사람을 두 번 볼 자신은 없었다.

이때까지는 이런 모든 것에 대해서 정말 생각하기도 싫었다. 이 기억을 이렇게 차례대로 정리해 본 것도 지금이 처음이니 말이다. 사실 지금도 빨리 얘기해 버리고 끝내고 싶은 느낌이 남아 있는 기억의 부분이다.

포기 → 편안함 → 과연??

밖에서 보기에는 "연애도 한 번 안 하고" 대학 시절을 보냈지만 마음은 성(性)에 닳고닳은 사람처럼 지쳐가고 있었다. 머리속의 분열도 더 이상 괴롭지 않고, 매년 치르던 홍역 같은 원나잇스탠드도 한두 해 건너뛰고 나니 조금씩 편안해지는 느낌이었다. 그때쯤 되고 나니 자위에 대한 꺼림칙함도 사라지고, 강박이 멀어지니 욕구도 적어져서 이러한 추세라면 3,4년 후엔 수녀원에 가도 좋을 것 같다는 생각이 드는 것이었다.

더구나 학교에서 "여성학"을 들으며 귀에 못이 박히도록 "성폭력"에 대해 듣고, 그 후유증에 대해 알다못해 "진부하다"는 느낌을 받게까지 되면서 마음 한편이 가벼워지는 느낌을 받을 수 있었다. "그런 경험을 가진 사람들이 다들 그러하다"는 얘기에 조금은 짜증이 나기도 했지만 (그 거대한 피해자의 무리에 나도 끼다니…라는 자존심 상함이라고 해야 하나??) 여하튼 내가 잘못한 건 없으니까… 그리고 그 문제를 내놓고 말하는 자리에 끼어서 말로 내뱉는 건 참 좋은 과정이었다는 생각도 든다. 그러면서 정말 잔잔한 호수가 되고 싶었다. 아니 될 것 같았다. 정말 생산적인 곳에 자신의 모든 에너지를 쏟아 부을 수 있는 담백하고 무욕적인(절대 금욕은 아니다) 사람…

그러나 과연? 그쪽의 강박이 옅어지면서 나는 성(性)이 아니면서 나의 정서적 욕구를 충족시킬 방법을 찾고 있었던 것 같다. 부쩍 친한 여자친구. 그녀는 감정적으로 나를 행복하게 해주었고, 밀접한 스킨십은 그간의 힘듦을 극복할 수 있는 힘이 되었다. 포옹이랑 팔짱 정도였지만 그 스킨십은 그 친구와의 관계에서 참 소중한 것이었다. 그 친구와 함께라면 마음과 육체 모두 행복하게 평생 살 수 있을 것 같았다.

그러던 중 시간이 지나면서 그 친구와 더 많은 스킨십을 하게 되었다. "레즈비언인가?" "남자랑 문제가 있었던 건 내가 레즈비언이라서일까?" "어려서의 경험이 날 레즈비언이 되게 한 것일까?" 머리속은 또다른 패닉에 빠지게 되었고, 나는 그 친구를 더 이상 만날 수 없었다.

그 후 또다시 "절대 무감"의 상태에 접어들었는데, 이번엔 레즈비언 강박이 머리를 쳐들고 있었다. 물론 이미 나이가 들었던 터라 이전처럼 많이 괴롭지는 않았지만, 주변의 레즈비언, 정치적 레즈비언, 페미니스트 레즈비언들을 보며 그녀들의 관계를 성으로 환원시키고, 꺼림칙해 하는 버릇은 여전했다. 나의 강박이라는 것은 "관계의 성적 환원"(난 사랑은 성욕과 소유욕의 결합태라고만 생각했다)과 "금기", 그리고 "통제하지 못하는 일탈 시도"로 반복되고 있었다.

여하튼 그렇게 시간이 지나면서 나는 이런 것들이 빨리 지나가고 편안해지는 나이를 꿈꾸고 있었다.

연애

그러던 중 우연히 지금 애인을 만나게 되었다. 1년 동안은 그냥 가끔 만나는 여자친구였다. 참 많이 좋아하고 스킨십을 하긴 했지만, 섹스를 하고 싶다는 생각은 꿈에도 해보지 못한 친구. 시간이 지나면서 그 친구가 레즈비언이라는 걸 알게 되었지만 별 감흥은 없었던 것 같다.

만난 지 1년이 지난 어느 때, 그녀의 집에 가게 되었고 예상치도 못하게 "첫 섹스"를 하게 되었다. 그날도 스킨십을 많이 하긴 했지만 나란 원래 거기서 끝인 사람이기 때문에 마음의 준비가 없던 차에 찾아온 일이었다. 너무 당황스러워서 기억도 잘 나지 않는 그날. 기억나는 건 매우 긴장했다는 것과 그녀가 날 사랑한다는 느낌을 받았다는 것 정도이다. 그리고 다음날 아침 그녀를 보는 것이 낯설거나 힘들지 않아서 놀랐던 것이 기억난다.

그녀와 "연애"를 하게 되면서 몸에 대해 내가 갖고 있던 강박과 그것이 내 몸에 어떻게 각인되어 있는지 알 수 있었다. 몸이 느끼는 쾌락과 함께 얼마나 머리속이 복잡해지는지… 엄청난 양의 생각이 파노라마처럼 펼쳐지고 몸의 느낌은 뱃속의 울렁거림이 되곤 했다. 그에 비해 그 애는 얼마나 편안해 보였는지… 그 애는 경험이 많지 않았지만, 몸과 마음으로 쾌락을 받아들이고 느낄 능력이 있었다.

물론 그 애가 "쾌락주의"라는 뜻은 아니다. 나른하게 밀려오는 잠에 솔솔 곯아떨어지듯이 자연스럽게 받아들이는 것 같다. "건강함이란 이런 것이었나?"하는 생각이 들었다. 몸의 느낌을 과장하지도 부끄러워하지도 않고 표현하는 것. 아무런 터부를 갖지 않는 것. 단 하나의 터부는 "폭력"과 "무배려"일 뿐이었다. 그런 모습을 눈물나게 부러워하면서 내 경험의 한 국면을 건너는 느낌을 받았다.

섹스와 쾌락, 몸과의 화해

그러고 6개월이 지났다. 우리는 서로의 몸을 관찰하고 만지며 느낀다. 내가 아닌 다른 사람에게 완전히 내 몸을 맡기고 그 느낌에 솔직해지려고 노력하고 있다. 생각해 보면 쾌락이란 게 조건 반사 같은 건 아닌 것 같다. 그것 자체로만 존재하는 쾌락도 없는 것 같고… 오히려 내가 그 동안 괴로워했던 건 사람들의 의식 속에 존재하는 "금기된 쾌락이라는 것" 때문이었던 듯… "레즈비언"이나 "죽이는 섹스"보다 중요한 건 내가 무엇을 느끼고 있는지, 내가 상대방과 공감하고 그 사람을 배려하고 있는지 하는 것이다. 그런 깨달음(?)을 얻어가며 아직도 내 삶은 진행중이다.

  "어릴 적 성폭력 피해의 경험이 있는 나는 그 경험을 인정하거나 극복하지 못하여 지쳐 갔었다." 그리고 "여성과 섹스를 하게 된 나는 레즈비언 정체성의 근본에 대해 고민하며 괴로워했다"는 과거가 있다. 지금 내 상황을 말하자면 "그래 그런 경험이 있었지…(끝~!)"이다. 그러한 경험들로부터 형성된 많은 부분들이 내게 아직 남아 있긴 하지만, 그것 때문에 괴롭지도 않고, 오히려 예전보다 그 문제에 대한 생각을 점점 더 안 하게 된다. 앞에 주저리주저리 문제 거리들을 고민하는 듯하더니 결말이 너무 시시하다는 생각도 든다. 누군가는 "뭐라구? 맘 맞는 애인 만나 오래오래 행복하게 살았습니다가 결말이라구?"하고 물어올지도 모른다. 하지만 나는 어린 시절의 기억을 성찰하는 데 에너지를 쏟고, 내 과거가 그것으로만 이루어진 것도 아닌데 그 생각에 집착하며 살 생각은 없다. 정면 돌파의 방식이 아닐 수도 있지만(딱히 아닌 건 또 뭐란 말인가?) 난 이미 행복해져 가고 있고, 시간이 날 때나 계기가 있을 때마다 이 경험을 되짚어 볼 의향은 있다. 그리고 계속 진행되는 삶의 과정에서 과거 경험을 반추해 볼 필요를 느끼는 시점들이 오지 않을 리가 없고 그때마다 머리 뽑으며 고민하고 성찰할 것이다.

어릴 때 이미 사는 게 비극이란 걸 알아버렸다.
나이를 먹으면서 다른 이들처럼 힘든 것들이
더 생겨나기는 해도, 나를 살게 해주는 사람들과
생각들이 체념하지 않게 해준다. 요즘은
살기 위해 요구되는 것들이 너무 복잡해서
생각을 곰곰이 정리할 수 없는 것이 가장 큰 고민이다.

나의 이십대,
뜨거운 여름 같았던 시절

정서연

긴 방황의 시작

지금 와서 생각해 보면 나의 이십대는 균형 감각을 회복하기 위해 내가 선택했던 반전의 기간이었다.

어린 시절부터 나는 내가 누구인가라는 질문에 약간 짓눌려 있었다. 몸이 허약한 편이던 나는 모두가 잠든 밤에 혼자 어둠 속을 바라보며 긴 시간들을 보내곤 했다. 나의 가장 오래된 기억은 부모님이 저녁에 어딘가로 외출하셨던 어느 날이다. 갓난아기인 동생은 손가락을 빨았는데 나는 왜인지 버릇처럼 발가락을 빨고 있었다. 그러다가 갑자기 내가 하는 행위가 무슨 의미가 있는지, 내가 왜 이러고 있는지, 무엇 때문에 이렇게 내 발가락을 빨아야 하는지에 대해 의문이 일기 시작했다. 그런데 겨우 두세 살밖에 안 된 아이로서 이러한 실존적인 고민은 너무나 용량에 벅찬 질문이었고, 이 질문의 거대함에 압도당한 나는 먼훗날 언젠가 이 문제를 다시 풀겠노라 생각하며 당장에 느껴지는 "짭짤한 맛"에 만족해야 했다.

열두 살 무렵에 일기를 쓰기 시작하면서 나의 자아 의식은 복잡하게 물음 투성이로 가득 찼다. 내가 왜 나인가… 내가 다른 사람일 수도 있었는데 왜 지금의 나인가… 나는 "생각하고 있는 나"에 대해 생각하고, 또다시 "생각하고 있는 나에 대해 생각하고 있는 나"에 대해 생각하고… 끝없이 이어지는 질문들, 내 몸 속에, 내 정신 속에 갇혀 있다는 답답함, 사고 작용을 멈추고 사라지고픈 충동… 유한한 것은 두렵게 느껴졌지만 영원한 것은 상상만 해도 끔찍했다. 살아간다는 것이 뜻하는 바가 무엇인지, 이 세상과 우주의 비밀을 알아내야겠다는 호기심이 나를 사로잡았다.

중학교 때 외국에서 돌아와 김포공항에서부터 집까지 오는 동안 자동차 안에서 내가 느낀 비애는 잊혀지지 않는 쇼크였다. 화사하고 깨끗한 나라에서 갑자기 화면이 바뀌어 초라한 서울의 거리와 몸뻬 차림의 옥수수 파는 아줌마들의 모습에서 삶은 너무나 부조리한 그 무엇으로 여겨졌다. 나는 궁극적인 해답을 줄 수 있다고 여겨지는 사람들을 찾아다니기 시작했다.

가장 가까운 곳에서, 나는 일단 할머니가 믿고 계셨던 종교(기독교)를 열심히 들여다보기 시작했다. 하나님의 인간 창조의 목적과 종말과 부활과 천년 왕국… 이 모든 것들은 나에게 세계를 해석하는 하나의 틀을 제공해 주었다. 나는 무엇이 어떻게 돌아가고 있는지에 대해 조금 알 것 같은 안도감을 느끼기 시작했다. 그런 안정감 속에서 나는 성실하고 열정적인 생활로 고등학교를 졸업했다.

그러나 나를 줄곧 괴롭힌 문제가 있었다. 기독교의 "옳음"은 내가 느끼기엔 정말로 공정한 것 같지 않았고, 소위 구원받지 못한 사람들의 문제가 늘 가슴을 답답하게 했다. 내 주위의 친구들, 가족들을 볼 때마다 나는 그들이 구원받을 수 있는 삶을 살고 있지 않다는 사실에 걱정했고 많은 경우 그럴 가능성조차 없어 보인다는 점에 절망했다. 그러면서도 나는 소위 "타락한" 이들의 삶을 사랑했다. 마치 단점으로 가득 찬 사람을 있는 그 모습대로 좋아하듯이.

불공평함에 대한 문제 의식은 외국 생활에서의 인종 차별로 시작되어 대학 생활에서의 남녀 불평등으로 더욱 민감해졌다. 남녀 공학에서 내가 "여자"로 규정되고 "성적 존재"로 취급되고 남의 나라(남성들의 나라)에 끼어서 주체적이지 못한 모습으로 살아가고 있음을 느꼈다. 내가 여성으로서 억압받고 있다는 느낌과 더불어 성서의 가부장적 논리들은 너무나 자존심 상해서 점점 받아들이는 데에 한계가 생겼다. 한마디로 말해서, 대학 생활의 시작은 긴 방황의 시작이었다.

많은 학생들은 대학 1학년 때 종교를 버리고 유물론자가 되곤 했다. 나에겐 이 과정이 4년이 걸렸다. 우선, 유물론의 논리들이 내겐 설득력이 약했고 신이 없는 세상은 너무나 공허해서 견딜 수가 없었다. 뿐만 아니라 커다란 확신의 경험은 나로 하여금 쉽게 '배반'할 수 없게 했다. 오래도록(십여 년간) 기도하는 습관이 있었던 만큼 종교를 통한 "의미화 과정"은 내 안에 너무나 깊이 뿌리 박혀 있었다.

치열하게 싸우며

종교에서 벗어나 "정처 없는" 사람이 되는 데에는 크게 두 가지 사건이 작용했다. 첫째로, 내가 가장 신뢰했던 남자 친구로부터 성적으로 괴롭힘을 당했고 내 신뢰가 남용되는 것을 경험했다. 그는 다른 모든 남자들은 다 "늑대"이지만 자기만은 절대로 믿을 수 있는 남자라는 사실을 나에게 끊임없이 되뇌었다. 같은 종교적인 신념을 공유하고 있었기 때문에 그를 썩 좋아하진 않았지만 적어도 신뢰할 수는 있다고 생각했다. 그런데 내가 종교적인 문제로 절망하고 있을 때 그는 끊임없이 성적인 방식으로 나를 "위로"(?)하곤 했고 고마움과 짜증이 뒤섞인 채 나는 명확하게 대응하는 것이 점점 힘들어졌다. 게다가 나의 종교적인 고민을 공유할 수 있는 사람이 달리 없었기 때문에 관계를 단호하게 끊을 수도 없었다.

한편, 나의 모범생적 분위기에 변화를 감지한 부모님은 그 어느 때보다도 나를 통제하기 시작했다. 여자는 "옥"이어서 조금만 흠이 나도 안 된다는 논리가 내게 제시되었는데 그것은 나를 너무 화나게 했다. 귀가 시간이라는 핸디캡은 나의 자아 실현을 가로막는 듯이 느껴졌고 순전히 내가 여자라는 이유로 그랬으니 부모님과 가부장제는 다를 바가 없었다. 사실 내가 딸이 아니라 아들이었더라면 훨씬 더 많은 자유와 후원을 받았으리라는 생각이 들면서 서운함과 분노가 뒤섞였고, 결과적으로 귀가 시간에 대한 스트레스는 절정에 달했다. 나는 너무나 자유롭고 싶었다. 무엇보다도 내가 느끼는 고뇌에 집중할 수 있는 최소한의 자유가 너무 필요했다. 집에서 행복한 척해야 하는 일이 너무 억압적이었기 때문이다. 그러나 자유의 대가는 믿는 도끼에 발등 찍히는 일이었다.

내 자유를 후원해 주리라 기대했던 그 사람은 평범한 늑대에 불과했던 것이다. 순결은 원래부터 내겐 우스꽝스러운 개념이었다(외국에서 처녀임을 부끄럽게 생각하는 친구들의 영향이 컸을 것이다). 그러나 불행히도 종교적 관점에서는 "죄"라는 개념이 내 구원(?)을 망가뜨리는 재앙처럼 다가왔다. 나는 내 몫의 책임을 가능한 한 따져 봄으로써 상황에 주체적으로 대응해 보려 했는데, 아무리 따져 보아도 나에게 일말의 책임이 있다는 생각을 할 수 없었다. 나에게 책임이 없다는 사실이 명백해지자 나는 피해 의식과 분노의 늪으로 빠져들기 시작했다. 나는 더 이상 책임 있는 행위자가 될 수 없었고 내가 얼마나 희생자인지를 보여 주어야만 했다.

이후부터 가부장제가 얼마나 나를 망가뜨리고 있는지를 끊임없이 증명하고자 했다. 내가 가부장제를 고발하기 위해서는 가부장제의 효과, 즉 이것으로 인해 여성인 내가 어떻게 "미쳐 버릴 수밖에 없는지"를 보여 주어야만 했다. 사실 유사한 환경에서 멀쩡하게 사는 여자들이 더 많았다. 그런데 내가 갖고 있던 최소한의 자유의 개념이 달랐던 건지, 하여간 여자라는 이유로 내게 가해지는 제약들, 그것이 담배이든 성적인 자유이든, 수업 시간에 또는 술자리에서 들어야만 하는 여성 비하적 언설들, 나의 피해 의식을 살지울 수 있는 계기들은 자석에 달라붙는 고철들처럼 수없이 등장했다. 나는 남자들을 좋아했고, 많은 남자들이 나를 좋아했지만, 나는 그들과 미친 듯이 싸울 수밖에 없었다. 이것은 내가 아버지를 무척 사랑함에도 불구하고 그와 나 사이에는 건널 수 없는 가부장제의 강이 있다고 느끼게 된 것과 유사했다. 나는 결혼으로 내몰리는 현실 속에서 주체적인 인생 계획을 세우는 것이 불가능하다는 무력감을 느꼈고 원대하고 아름다운 꿈으로 활짝 피어나야 할 내 삶이 한낱 좋은 사위감 얻어내는 수단으로 전락한다는 환멸을 느꼈다. 대학교 2학년 때부터 선을 보아야 했으니 말이다 (부모님은 내가 "가난한" 남자를 사귀게 될까봐 무척이나 "공포"스러워 했다).

마찬가지로, 나는 많은 남자들로부터 사랑 고백을 들었다. 그러나 종종 사랑의 고백조차 내겐 폭력적으로 다가왔다. 왜냐하면 내가 무엇을 원하는지에 대한 고려보다는 (남성) 주체의 욕망만이 존재했기 때문이다. 그리고 이것은 자녀에 대한 사랑(?)의 이름으로 부모가 행사하는 독재적 권력과 같은 맥락이었다.

그런데, 일단 "피해자"의 존재 상태로 전환되자 나는 피해자가 지닐 법한 약함들을 하나둘씩 경험하기 시작했다. 마음을 잡지 못하고, 내가 원하는 대로 나를 이끌어 가지 못하고, 의지가 약한 사람이 되고 또 바로 그 이유 때문에 더욱더 절망적이 되었다. 과거에 우습게 보았던, 경멸하기까지 했던, 그런 나약한 인간이 되었다. 나약한 인간이 되고 나서의 변화는, 내가 나약한 이들을 사랑할 수 있게 되었다는 점이다. 행복한 자들(가진 자들)은 역겹기만 했고 불행한 자들(못 가진 자들)만이 내 눈과 마음에 들어왔다.

두번째로, 분신 사건들은 진정한 사랑이 무엇인지에 대한 내 생각을 바꾸어 주었다. 분신을 직접 목격한 이후로 나는 종교를 붙잡고 있을 명분이 사라져 버렸다. 자기가 신의 아들인 줄 알면서 다시 말해 자신의 부활을 알고 있으면서 목숨을 내놓는 일은 차라리 쉬운 일 같아 보였다. 하지만 구원이나 영생에 대한 그 어떤 믿음도 없이 다른 사람들을 위해 자신을 희생할 수 있는 존재는 인간을 위대하게 만들어 주었다. 한낱 피조물에 불과한 인간이라 할지라도, 창조주 이상으로 위대하다는 생각이 들었다. 나는 이길 승산이 없다 할지라도 피조물의 편에 서기로 했다. "하나님의 영광"을 위해서가 아니라 "인간으로서의 자존심"을 위해 살기로 했다. 하나님 없이도 인간이 역사를 창조할 수 있음을 증명하고자 하는 이들의 편에 서기로 했다. 나는 어설픈 유물론자가 되기 시작했다.

회의와 절망감 속에서 머뭇거리다가 4學년이 되면서 나는 마침내 신과의 대화 즉 기도를 중단하였다. 이때부터 나는 전도사가 되고자 했던 꿈을 혁명가의 꿈으로 대체했고, 사탄이 있던 자리에 자본가와 가부장제가 대신 들어섰다. 사탄에게 싸움을 거는 사람은 사탄과 더 자주 마주치는 법이다. 가부장제에게 싸움을 건 나에겐 더 많은 여성 억압적 현실이 직간접으로 부딪쳐 왔다.

결혼에 대한 압력으로 집에서의 생활은 지옥이 되었다. 격렬하게 부딪친 어느 날 나는 아무하고나 결혼한 후에 이혼해야겠다는 생각을 했고, 격렬하게 부딪친 또다른 어느 날 6개월 이내로 집을 나가겠다고 결심했다. 그리고 실제로 6개월 후의 어느 날 나는 별로 사랑하지도 않는 사람과 결혼해서 집을 나와 있는 나를 발견했다. 결혼 이외에 집을 나올 수 있는 방법이 없다고 생각한 것은 내가 부모와 절교하게 되는 것을 두려워했기 때문이다. 하지만 이러한 결과가 가능했던 것은 인류의 절반(남성)은 더 이상 나에게 의미 없었기에(비록 많은 남자들과 끊임없이 무겁고도 심란한 연애를 했지만), 그리고 나 자신의 개인적 행복 역시도 나에게 아무 의미가 없었기에 그랬다. 무엇보다도, 한 여성에 대한 나의 사랑이 너무나 절망적이었기에 더 그랬을 것이다. 사회적으로, 상황적으로 가능하지 않은 행복, 마치 "노동자가 주인 되는 세상"이라는 구호의 빗물 떨어지는 소리 같은 그런 행복을 믿을 수 없었던 것처럼…

선택을 인정하기까지

절망에서 벗어나기 위해서는 절망이 지겨워야 하는 법이다. 절망을 지겨워하기 위해서는 그것의 달콤함을 충분히 만끽한 후라야 한다. 그런데 절망이 사랑이라는 관념으로 덧씌워져 있을 때는 빨아먹을 수 있는 단물이 많은 것 같다. 그리고, 절망은 이상하게도 자유의 느낌과 유사할 때가 있었다. 그것은 심리적 기득권이 강제적으로 버림을 당하는 것과도 같았으니까. 절망은 시를 쓰게 하고, 두려움 없이 살게 하고, 용감한 행동을 하게 하고… 때로는 꿈틀거리지도 못한 채 침묵하게 했다.

서른이 지난 어느 날 눈을 떠보니 나는 이혼해 있었고 돈이 한푼도 없었다. 아니, 늘 돈 없이 지내왔으나 처음으로 "돈이 없다"는 사실이 뜻하는 바가 무엇인지 체험하게 된 것이다. 오랫동안 기득권을 버리려고만 생각하며 살았던 자신이 너무나 우습게 느껴졌다. 나에겐 애당초 버릴 기득권이 없었는지도 모를 일이었다. 그리고 처음으로 내가 혹시 잘못 살아온 건 아니었을까에 대한 의심으로 근본적으로 흔들리기 시작했다. 종교의 정신적 기반이 흔들렸을 때만큼의 격렬한 대공황 상태는 아니었지만 그보다도 더 깊이 있게 침식 작용이 이루어졌다. 자신감이 조금씩 깎여 나가기 시작했는데 이것은 비상 연료가 줄어들기 시작함을 뜻했다. 비상벨이 울리자, 그제서야 나는 절망하는 일이 지겨워졌다.

서른이 된다는 것은 "젊은이" 영역에서 벗어나기 시작한다는 것을 의미한다. 여태까지는 죽느냐 사느냐의 문제로 씨름했기에 이십대라는 기득권이 있는 줄도 모르고 살다가, 어느 날 문득, 죽느냐 사느냐의 문제보다 더 살벌한 문제가 있을 수 있음을 알게 되었다. 그것은 바로 품위 있게 사느냐 초라하게 사느냐의 문제였다. "진정성"의 힘으로만 살아가는 일이 더 이상 효력을 갖지 못하게 된 것이다.

품위와 초라함을 결정짓는 요인에는 여러 가지가 있었다. 경제적 능력, 사회적 지위, 정신적 안정감, 관계적 풍요로움 등이다. 그런데 한마디로 말해서 나는 총체적 위기 상황에 처해 있었다. 고맙게도, 위기는 기회가 되었다. 그 무렵 윤회에 대한 책들을 접하면서 내 안에서 무언가가 조금씩 움직이기 시작했다. 꿈쩍도 하지 않을 법한 커다란 바위산이 조금씩 꿈틀대듯이, 그렇게 발상의 전환은 미풍처럼 날아들어 왔다. 오랫동안 억압적인 그 무언가와 싸워 왔는데, 그 무언가가 나의 창조물이었을 수도 있음을 처음으로 받아들이기 시작한 것이다. 다시, 문제는 사탄도, 자본주의도, 가부장제도 아니었다. 문제는 나였다.

사회 변혁, 억압, 해방… 이런 담론 속에서 "문제는 나"라는 생각은 오랫동안 금기였다. 하지만 "피해자 비난"의 맥락이 아니라 "에너지 끌어올리기"의 맥락에서 그것은 나에게 커다란 전환기가 되어주었다. 자기 삶에서 어떤 비슷한 상황이 계속 반복된다면 거기에는 배워야 할 어떤 교훈이 있다는 말은 마침내 나에게 가르침을 주었다. 그 무엇 하나라도 머리로 이해하는 것이 아니라, 삶으로, 체험으로 이해하는 데에는 이토록 많은 시간과 시행 착오가 필요하다는 사실이 놀라울 뿐이었다. 페미니스트로 거듭났던 경험의 깊이 이상으로, 나는 "주체적 영혼"으로서 거듭나는 경험을 하게 되었다. 내 삶의 여정과 사회적, 일상적 관계들을 이해할 수 있는 새로운 해석 틀을 지니게 되었기 때문이다. 이것은 억압과 해방에 대한 고정 관념들에서 벗어나서 아주 색다른 방식으로 마음을 여는 일이었고 나에 대한 참회이기도 했다. 나는 마음 수련과 정신 과학에 대한 책들을 탐독하게 되었고 다양한 프로그램과 단체 및 사람들과의 관계에서 실천의 장을 찾았다. 하지만 진정한 실천의 장은 내 마음속이라는 사실을 이해하기 위해서였다.

나의 생각과 행동의 파장이 보이지 않는 영역에서 어떻게 작동하는가를 이해하게 되자 그 동안 세상을 향해 내던졌던 무수한 공격과 비난을 철회할 필요성을 절감하게 되었다. 혼자만의 공간을 확보할 수 있었던 것은 그런 점에서 행운이었다. 내가 거부했던 하나님 대신에 내 안에서 새로운 하나님을 발견할 수 있었기 때문이다. 절망의 바다 밑바닥에는 편안히 웃고 있는 또다른 내가 있었다. 종교(깨달음)의 문제와 사회 과학(자본주의, 가부장제)의 문제는 마침내 별개의 것이 아니라는 걸 어렴풋이 이해하기 시작했다. 세상을 변화시키는 문제와 내 마음을 바꾸는 문제 역시도 동떨어져 있지 않다는 것도, 피해자로서의 나의 절대적 위치가 그렇게 단단한 게 아니었다는 것도. 여기서 이것을 자세히 설명하기에는 지면이 부족하다. 왜냐하면 "나의 삼십대"라는 또 하나의 글로 이어져야 할 것이므로, 그리고 아직 진행중이기 때문이다.

어쨌거나 그렇게, 나의 이십대는 지나갔다. 그렇게 세계의 비극도 지나갔다. 비극은 거기에 있었지만, 동시에 비극은 존재하지 않았다. 서른이 지나면서 피부는 늙기 시작했지만, 몸은 건강해지기 시작했다. 목숨을 걸고 싸울 대상은 없어졌지만, 내놓고 걸 수 있는 목숨 또한 사라졌는지도 모르겠다. 죽음의 문제를 풀기 위해서 살아왔던 과거에서, 죽음은 "문제"가 아니라는 것을 이해한 현재에, 삶을 어떻게 경험할 것인가에 대한 선택만이 남은 미래가 이어지고 있다.

자신이 또는 자신의 영혼이 하는 선택을 진실로 선택으로 인정하기까지 마음은 먼 길을 거쳐오는 것 같다. 나는 더욱 풍부한 경험과 성숙을 위해서 음지의 경험을 선택하였지만 음지에서 나의 이십대를 다 보내고 난 후에야 비로소 이 사실을 이해(기억)할 수 있었다.

십대에 나는 강철의 여인이 되는 것을 즐겼다. 그것은 물론 내가 너무나 여린 사람이었기 때문인지도 모른다. 그러나 어찌되었든 내가 세상을 향해 드러낸 모습은 자신감과 의지가 넘치는 그런 모습이었다. 나는 위대하고 고상한 사람이 되고 싶었다. 그래서 내게 행해진 엄청난 잘못에 대해 누군가를 진실로 용서하는 나의 고상함을 느끼고 싶어했지만, 용서할 거리가 없었다. 게다가, 내가 너무나도 양지 바른 곳에 살고 있다는 생각이 들면서 음지의 경험을 할 필요를 느꼈던 것이다. 나의 이십대를 주관적으로 살펴보면 무척 음울했음에도 불구하고 겉으로 드러나는 모습은 밝고 화사하기까지 했다. 그것은 아마도 나의 십대의 미소가 버릇처럼 얼굴에 남아 있었기 때문일 것이다. 하지만 이것은 자신의 영혼을 투명하게 바라보려고 노력하는 이들에겐 항상 살아 있는 그런 잠재력이 아닐까 싶다.

내 삶의 기획은 내 생각 속에 있고 그것은 어떻게 해서든지 삶 속에서 드러나게 된다. 그 기획의 일환으로 펼쳐졌던 일들을 이해함으로써 피해 의식에서 벗어날 수 있었던 점이 나에게는 큰 수확이었다. 하지만 죄의식까지도 다 벗어난 것은 아니다. 나에겐 세상을 구원해야 한다는 주입된(?) 강박 관념이 아직 좀 남아 있다. 삼십대가 다 가기 전에 이것을 해결하게 된다면, 나의 사십대에는 피해 의식도 죄의식도 없이 "순수하고 부드러운 의지"만으로 새로운 경험들을 창조할 수 있지 않을까 하는 희망을 가져본다. 피해 의식이나 죄의식을 다루는 데 들어가는 에너지 소모를 줄일 수 있다면 진정한 의미에서 생산적인 삶이 될 수 있을 테니까. 하지만 어쩌면 그때가 되면 "생산적인 것"의 의미 자체도 달라져 있을는지도 모르겠다.

> 1966년생으로 현재 여성학을 공부하고 있으며
> 요즘은 동물을 먹지 않기 위해 채식을 하고 있다.

몸과 일

◀ 정복생, 「얼굴 없는 날개들」, 바비인형·천·깃털, (35×23cm)×100개, 1999

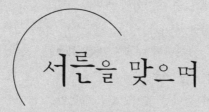

서른을 맞으며

이박혜화

스물아홉… 그 해는 눈부시게 가슴 가득 빛을 안고 발령을 받아 첫 소임지로 간 해였다. 앞가르마와 치마 저고리는 아직 어색했고, 하루에도 몇 번 거울을 보며 내 얼굴을 확인하곤 했다. 그래 나는 교무고 정녀고 성직자고 이젠 정말 확실하게 더 다르게 살아야 하는구나… 정말 잘할 수 있을까? 스스로 다짐하고 또 다짐하며 내 삶의 무게를 기도로 가다듬곤 했었다. 출가를 결심하고 수학을 시작한 지 3년만이었다. 마음으로만 준비하고 생각했던 현장의 여러 일들은 만만치 않았고, 대학 졸업 후 바로 공부를 시작하면서 교당 생활의 경험이 부족했던 내게는 굉장한 도전의 시간들이었다. 보란 듯이 그다지 좋지 않던 디스크가 재발했고, 그 해 여름 쓰러져 병원 신세를 지게 되었다. 잃는 것이 있으면 얻는 것도 있는 법, 다시 처음부터 그간의 시간을 되돌아볼 수 있었다. 출가는 내게 그 어떤 것보다 세상에 적극적으로 다가서는 존재 방식이었다. 내가 택한 종교에 대한 확신과 각성보다는 종교적 삶에 대한 믿음과 선택이었다. 대학에 와서 바라본 80년대 세상의 모습들에 대한 내 나름의 면죄부이기도 했다. 여러 가지 선택 앞에 가장 희미했던 색깔을 짚어 들고서도, 한없이 부족한 지금의 모습에도 불구하고, 그때의 눈 맑은 첫 마음의 기도와 다짐이 있었기에 나는 여기까지 왔다.

진통제를 맞고도 잠들 수 없던 밤들, 어슴푸레 오는 새벽을 보며 가까스로 눈을 감곤 했다. 그러면서 내게 다가온 화두는 몸이었다. 몸에 집중하지 않을 수 없었다. 통증으로 인해 처음에는 정신을 차릴 수 없었지만 점차 내 몸을 찬찬히 돌아볼 수 있었다. 그러면서 독신의 수도적 삶이 얼마나 무성(無性)적인지, 몸을 잊고 자칫 정신의 삶이나 영혼의 각성만을 중요시해서 영과 육이 뫼비우스의 띠 같다는 걸 망각했음을 떠올릴 수 있었다. 병원에서는 내 상황이 많이 좋지 않았기 때문에 수시로 와서 상태를 체크하곤 했다. 근데 그것도 잘 적응이 되지 않았다. 늘 내가 누군가를 챙기고 먼저 묻는 것에 익숙하다가 내 상태를 항상 물어오니 나의 느낌과 상황을 놓치지 않고 있다고 하면서도 많이 둔감해 있는 것을 알 수 있었다. 구체적인 언어로 표현하는 일도 말이다. 예를 들면 "아파요" 이게 다가 아니다. 통증을 구체적으로 표현하라는 거다. 찌르듯이 아픈지 먹먹한지… 등등. 언어의 부재라기보다는 구체적으로 몸을 관찰하는 것이 쉽지 않았다. 남을 돌보고 살피는 일과 함께 늘 나의 상태에 깨어 있고 직면해야 함도 절절이 다시 다가왔다. 나를 보살피는 일 가운데 우선시 되는 한 가지가 내 몸이 여성의 몸이라는 자각이었다. 잘못된 성교육 탓으로 돌리기엔 너무나 무지하게 지내온 것 같았다. 나에겐 별로 관계되지 않는 일이라고 치부했던 생리 주기를 비롯해서 구체적인 몸의 구조 등 아프지 않았으면 그냥 무심히 지나쳤을 몸의 순환의 문제를 알게 된 것이다.

여성의 몸 그러니까 수도자나 성직자 이전에 인간의 몸을 가진 여성을 얘기하는 일은 진진한 재미가 있을 것 같다. 특히 '성' 하면 성교만을 떠올리는 우리네 성문화 안에서 여성의 성 더불어 여성 성직자의 '성'은 더더욱 함부로 입에 담지 못하고 쉬쉬하는 얘깃거리이다. 그리고 보면 음담패설에 항상 등장하는 수녀님들에 대한 얘기들은 하나같이 성적인 욕구를 억누르는 것으로 희화되곤 한다. 그것은 꼭 폄하하는 얘기라기보다는 일반인들이 가지고 있는 성직자들에 대한 이미지와도 관계 있을 것이다. 성(性)적인 것, 즉 세속적인 것과는 뭔가 다른 성(聖)스러운 존재로 인식하는 역설의 미학이 담겨 있기도 하다.

성(性)과 성(聖)이 발음이 같은 것은 우연한 일치가 아닐 것이다. 어떻게 사람 안의 에너지가 각각 다른 램프 속에 들어 있겠는가? 결국 에너지의 흐름은 하나라고 본다. 어떤 상황에서 어떻게 발현되는가의 문제일 것이다. 램프 속에서 주인님을 기다리다가 "뿅" 하고 나타난 에너지는 그 자체가 쓰임을 가진 것이 아니라 주인의 명령대로 쓰이는 것이다. 다양한 에너지의 발현을 인정하지 않고, 그 에너지의 주인공이 자기라는 것을 부정하고, 일방적으로 자신을 미리 닫아 버리고 규정하는 두려움이 막히고 닫히게 하는 원인이다. 열림과 소통은 오히려 나를 통해 극과 극으로 나타나고 발현되는 자연스러움에 나를 맡기는 것이다. 내면의 힘과 관련되어 있으며 머리와 가슴이 너무 먼 당신이 되지 않는 것, 결국 그것이 부단한 수련의 과정이라고 본다.

스물아홉에 나는 아픔을 통해 내 몸과 만났고, 내 몸 안에 다양한 욕구와 소통의 문제를 고민하게 됐으며, 그때의 여러 체험과 기억은 내 삶의 중요한 계기가 되었다. 비로소 내 안의 여성과 화해하게 된 것이다. 수도자의 삶이란 명분 아래 내가 부정하고 거부하려고 한 에너지가 결국은 내 관념의 소산이고 몸은 오히려 아주 정직하다는 걸 알았다. 그 에너지를 인정하고 받아들이는 것이 큰 공부이고 과정이라는 것도 알았다. 내 안의 장벽은 내 것만이 아니며, 아주 오랜 세월 내 할머니, 어머니를 통해 세습되어온 기운이며 이 땅의 것만도 아니고 세상의 여인들의 몸과 마음에 아주 오래 전부터 가해져온 엄청난 권력의 산물이라는 것도 알았다.

서른을 넘기며 나는 페미니스트가 되었다. 이제 더 당당하고 자유로워
질 수 있을 것 같기도 하지만 더 힘들고 만만치 않은 여정이 되리란 것
도 잘 알고 있다. "사랑하면 알게 되고 알면 보이고 그때 보이는 것은 그
전과 다르다 했던가!!"

　　서른두 해를 살았고 1992년에 원불교로 출가했다.
　　현재 숙명여대에서 여성학을 공부하고 있으며
　　가족과 아줌마에 관심을 갖고 있다.

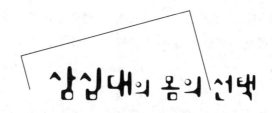

삼십대의 몸의 선택

서정애

여성으로 살기, 적응하기

하혈을 동반한 임신, 몸이 해체되는 경험, 진통이 고조되어 극점에 도달하면서 나는 무통 분만에 의존할 수밖에 없었다. 소리 쳐서 의사를 부르고 무통 분만에 동의한다는 서명을 급하게 하고 척추에 주사를 맞았다. 진통 시간이 길어지면서 시도한 불가피한 선택이었지만 이것은 나에게 색다른 경험을 갖게 했다. 주사약이 들어가자 하반신 마비가 시작되어서 양다리를 움직이기가 힘들었다. 그렇지만 상반신은 평상시대로 움직일 수 있어서 직접 아이를 낳는 내 모습을 그대로 볼 수 있었다. 분만실 전면이 거울로 되어 있었기 때문에 출산 과정이 그대로 들어왔다. 긴장되고 때로는 무섭고 낯설기도 해서 눈을 감았다 떴다 하면서 아이가 태어나는 과정을 지켜보았다. 엄청난 피가 흘러내리고 분만 시간이 지연되면서 의사가 겸자를 가지고 아이를 질 밖으로 꺼내는 모습도 보였다. 진통이 시작되는 순간부터 같이 있었던 남편도 안절부절못하면서 내가 지르는 비명이 커지면 서둘러 간호사를 찾았다. 이어진 분만의 장면을 그대로 응시하지 못하고 의식적으로 몸을 돌려서 외면하거나 내 표정을 살피거나 하면서 자리를 찾지 못하고 서 있었다. 아이의 탯줄을 잘라 달라고 의사가 남편에게 가위를 건네주자 도저히 못하겠다고 하면서 다시 건네 주기도 했다.

아이가 초등 학생인 지금도 출산 당시의 상황이 그대로 머리 속에 진하게 각인되어 있다. 출산을 위한 병원 환경은 객관적으로 양호한 편이었지만, 침대 위에 누워서 아이의 출산을 기다리는 내 모습은 여간 어색한 것이 아니었다. 모든 것이 수동적이고 의존적일 수밖에 없었다. 누워서 라마즈 호흡을 시도한 것을 제외하고는 내 자신을 능동적으로 느낄수 있는 상황이 전혀 부여되지 않았다. 모든 것이 의사가 개입해야 하는 상황으로 몸이 맡겨져 있었다. 분만을 위해 누워 있는 상태, 더구나 무통분만을 위해 척추 주사를 맞은 이후, 하체를 움직일 수 없는 상황에서는 이런 기분이 극에 달했다. 내 몸은 마치 병원에 맡겨진 물건 같은 느낌이었다. 그런데 이상한 것은 힘들게 아이가 태어나고 한편으로 마취에서 깨어나기 시작하면서 기분이 완전히 역전되었다는 것이다. 아이를 보면서 그 동안의 고통들이 사라지는 듯한 기쁨과 내 자신에 대한 존경심이 강하게 밀려들었다. 그리고 무엇이든 할 수 있을 것 같은 엄청난 자신감이 솟아나는 것을 몸으로 느낄 수 있었다.

이렇게 아이가 태어나자 나는 "새댁"에서 "아줌마", "아이 엄마"로 호칭이 변화되었다. 임신과 출산의 경험은 분명 낯선 경험이었지만, 그것은 사회가 나에게 요구하고 있는 여성으로 살아가는 과정이었기에 그냥 일상 속에 자연스럽게 흡수되었다. 나는 그다지 일탈적인 삶을 살 용기를 부린 적도 없었고 그런 대로 사회의 공식에 충실하게 여성성을 배워 가면서 살았다. 결혼을 계획한 적은 없었지만 나 때문에 동창회에 참석하지 못한다는 엄마의 말을 충격적으로 각인하면서, 결혼하지 않고 있는 나의 존재를 어색해 하는 주위의 시선을 변명 삼아서 쉽게 결혼을 했다.

별다른 준비도 없이 한 결혼은 감당해야 할 문제들이 많았지만 특별한 문제 의식을 가진 것도 아니었기에 출구를 찾기가 힘들었다. 오랜 하숙 생활로 얻어먹는 것에 익숙해 있던 나는 결혼 후 매일매일의 먹거리 준비가 당연한 내 임무로 여겨지는 일상과 타협이 되지 않았다. 설상가상으로 연애 기간도 별로 없이 한 결혼이라 상대 파악도 제대로 되지 않았고 나와는 너무 다른 사람이라는 사실만이 강하게 느껴져서 소통이 어려웠다. 결혼 후 2년간은 늘 불만으로 가득 찼고 즐거움이 없었다. 눈물만 흘리면서 뒤척거리며 세월을 보냈다. 후회와 고민, 방황하는 날들이 많아지면서 살이 빠졌고 아이가 태어나고 초기 양육이라는 역할이 추가되면서 일상은 더욱 버거워졌다.

이때 몸이 일상을 감당할 수 없다는 신호를 보내왔다. 무엇보다도 가장 크게 다가온 문제는 내 삶이 없다는 점이었다. 그렇지만 남편 직장도 안정적이지 않았고, 아이는 어렸고, 경제적인 형편도 별반 준비된 것이 없는 상황이었기에 어떤 변화, 구체적으로 내 자신을 위해서 투자하기에는 적절하지가 않았다. 그러나 나이가 주는 절박함, 즉 나를 놓아 버린다면 영원히 기회를 잃어 버릴지도 모른다는 운명적인 느낌이 밀려들면서 "일부터 치기"로 결심했다. 그런데 구체적인 고민 없이 20대를 살았기에 미처 깨닫지 못하는 사이에 현실과 욕망의 간격이 너무 커져 있었다. 그 공백을 메우는 일은 밀린 숙제를 하는 아이들의 마음처럼 급하기만 하였다.

우선적으로 나는 아이의 양육 문제를 해결해야 했다. 초기 양육기라 주변에서 마땅한 보육 기관을 발견하지 못해서 애를 태우다가 우연히 알게 된 비슷한 또래의 아이를 가진 이웃 아주머니와 협상(?)을 했다. 협상의 핵심 내용은 일주일에 3일을 한 사람이 두 아이를 맡아서 키운다는 원칙이었다. 그리고 한 사람은 그 시간을 자신을 위해 쓰기로 합의하면서 거의 1년 동안 1주일 중 3일을 나만의 시간으로 확보할 수 있었다.

다른 집 아이를 돌본다는 경험이 결코 쉬운 것은 아니었지만 다른 성향을 가진 아이에 대한 이해가 넓어졌다는 점과 무엇보다도 내가 하고 싶은 일을 위해서 시간이 확보되었다는 쾌감이 내가 그 시절에 건진 보석이었다. 그 이후로 일상이 아주 바쁘게 짜였고 축 늘어져 있었던 몸은 나를 듯이 가벼운 상태로 변해 갔다.

몸은 여러 가지 기능을 가지고 있다. 특히 여성들의 몸은 그 기능이 더욱 복잡하다. 임신을 할 수 있다는 생물학적인 기능은 여성을 양육을 책임져야 하는 존재로, 결혼한 여성들의 섹슈얼리티를 가정 안으로, 아이를 낳는 성으로 제한시켜 버린다. 내 몸이 그렇게 무거웠던 까닭도 이것과 무관하지 않다. 나는 욕망을 누르기만 하면서 출구를 닫은 채 답답한 가슴만 치고 있었기에 몸은 철저하게 나와 분리되어서 존재했다.

결혼하기 전 내 몸이 내 것이 아니라는 경험을 한 적이 있었다. 성장한 이후로 늘 일정한 몸무게를 유지하고 있었는데 어느 순간 급작스럽게 살이 쪘다. 생활이 관심 영역과 완전히 분리되면서 나타나는 갈등의 신호를 몸이 제일 먼저 보내온 것이다. 그것은 다이어트로 결코 해결될 수 없었다. 다르게 사는 것, 내 욕망에 애정을 갖고 사는 것만이 내 몸을 찾는 유일한 길이었다.

나는 초등학교 시절부터 유달리 키가 컸다. 마르고 삐쭉한 몸의 전형이었다. 팔도 남보다 길어서 윗몸 굽히기는 늘 상위권이었고 손가락도 길었다. 걸음걸이도 대충 마음대로 걷고, "깔끔을 떠는" 성질도 아니었다. 이런 내 모습은 늘 교정의 대상이었다. 초등학교 시절 나는 무용 연구소를 다녔다. 예술적 기질과 능력이 있어서 살려 보자는 차원이 아니라 몸을 조금 더 여성스럽게 만들고 싶은 엄마의 욕심 때문에 억지로 다녔다. 늘 내 몸이 뻣뻣하고 선머슴 같다는 것이 불만이던 엄마의 소개로 별로 재미도 느끼지 않은 채 습관적으로 학원을 다닌 기억이 지금도 강하게 남아 있다. 음악적 감각이 전혀 없던 내가 피아노 학원을 다닌 것도 유달리 뻣뻣한 손가락을 유연하게 하기 위함이었다.

이것뿐만이 아니었다. 치아에도 엄청난 신경을 쏟았다. 지금처럼 치아 교정이 일반화된 시절이 아니었기 때문에 "자연 교정"을 했다. 조금 비뚤어지게 이가 나오기 시작하면 혀를 이용해서 반복적으로 치아를 제자리로 위치시키는 운동을 수없이 했던 기억도 있다. 걸음걸이를 바로잡기 위해서 거리의 보도 블록을 나란히 밟으면서 걸어다녔던 일도 많았다. 이렇게 교정의 세월은 초등학교 시절에 끝난 것이 아니라 계속 이어졌다. 우리 집은 살이 찐다는 것에 유달리 민감하다. 대학 때 하숙하면서 살이 찌기 시작하자 엄청난 견제를 받았다. 임신을 해서도, 아이를 낳고서도 산후 조리 때 많이 먹지 말라는 주의를 여러 번 들었다. 지금 몸 관리하지 않으면 이전의 몸으로 돌아오지 않는다는 협박(?)을 받으면서 충분히 먹지 못했다. 미역국만 열심히 먹으면서 산후 조리를 한 것 같다. 아이가 자란 지금도 입가에 주름이 생기기 때문에 너무 크게 웃지 말고 적당히 웃으라는 엄마의 충고가 나를 따라다닌다. 남성적 몸, 태도에 대한 교정의 세월이 오랫동안 지속되어 오면서 "여자들의 몸은 이렇게 끊임없이 가꾸고 노력하여 변화시켜야 하는구나"라는 나름대로 여성적인 기준이 체화되었다는 생각을 하게 된다. 생각해 보면 이 모두가 몸의 외형적인 이미지에 맞춰 관리된 것 같다. 그래서인지 지금도 건강과 몸을 연결시키기가 그다지 쉽지 않고 건강 진단도 낯설고 몸이 아프다는 것에도 아주 민감한 편은 아니다.

한편 다행스러운 것은 내가 줄곧 "여성적인 몸을 가진 여자"가 되는 교육을 받아 왔지만, 끊임없이 여성다움에 대한 스트레스를 쏟아내고 "왜 여자만 그렇게 해야 하는가?"라는 질문을 수없이 던지면서 내가 가진 것, 나만의 몸, 개성, 기질에 대한 긍정을 잃지 않았다는 것이다. 또, 생활과 몸이 분리되어 있지 않은 경험들을 통하여 나는 이 두 가지가 어떻게 조화를 이룰 수 있을까 하는 전략을 짜는 것에 많은 시간을 투자하였다. 전략을 만들어 내는 것은 분명 내 몸을 위해 유익했지만 내가 살고 있는 상황에서는 이러한 전략을 적용시킨다는 것이 결코 쉬운 것이 아니었다. 아이를 키우는 문제만 해도 그렇다. 전략을 적용시켜서 양육을 하지만 그 다름에 대해서 내가 감당해야 하는 부분은 간단하지가 않았다.

유치원에 가는 아이를 배웅하는 일, 마중하는 일은 아이 자신의 일로 완전히 맡겨 놓고 있었던 터에 아이 혼자 집을 지키거나 공터에서 노는 광경이 자주 목격되면서 동네 사람들은 나를 "날라리 엄마"라고 불렀다. "혼자인 아이가 불쌍하지도 않느냐?", "대단히 이기적인 여자 아니냐?" "아이를 방목한다"는 말들을 여러 번 들을 수밖에 없었다. 아이를 가진 여자에게 요구되는 모성, 하나의 일정한 모습은 아니지만, 사람들 모두가 암묵적으로 동의하는 "어떤" 기준이 있다. 무엇보다도 사회적으로 요구되는 모성의 강도가 높아지는 현실, 자신이 가진 최대한의 자원을 이용해서 자식을 뒷바라지하는 현대적 모성의 요구는 자꾸만 내 나름대로의 양육 방식에 자신감을 잃게 했다. "나는 아이를 잘 키우는 것인가?" "아이에게 어느 정도의 배려를 해야 하는가?" 스스로 자유롭고자 했지만 남들을 따라갈 수 없다는 사실이 부담으로 느껴지기도 했다.

조금은 다르게 적응하기

상황에 질퍽거리지 않고 긍정적으로 현실을 간파해서 나를 위하는 방식으로 자원을 만들어 내는 것이 삼십대의 내 전략이었다. 일상의 흐름이 항상 동일해도 그것이 나를 중심에 두고 지나갈 때는 즐거움이 될 수 있다는 깨달음도 그런 전략을 뒷받침하기에 충분했다.

살아가면서 변할 것 같지 않던 남편도 양육적 인간형으로 조금씩 변화되었다. 이것은 아마도 임신과 출산의 과정에 같이 동참한 것과 연관이 있지 않을까 생각해 본다. 3명은 낳아야 한다고 농담처럼 강조하던 남편이 출산하는 과정에 동참하면서 "우리 아이는 하나만 갖자"고 미리 방어(?)를 했다. 나 혼자 아이를 낳았다는 느낌보다는 둘이 같이 경험했다는 것이 주는 감정은 무엇보다도 신선했다. 그리고 내 입장을 이해하는 정도가 도와준다는 차원에서 자신의 일로 수용하는 데까지 진보(?)했다.

"엄마, 우리 집은 좀 이상한 것 같아요. 아빠가 너무 일을 많이 하는 것 아닐까요?"
"엄마 일, 아빠 일 나누어진 게 아니잖아, 서로 바쁠 때 돕는 거지."
"그건 그렇지만, 그래도 아빠가 좀더 일을 많이 하는 것 같아요."
"너는 자라면 집안일 안 할 거니?"
"아뇨, 해야겠죠."

가끔씩 이런 질문을 하기도 하지만 아이는 집안일을 같이 분담해야 한다는 것을 수긍한다. 남편이 집안일을 하는 모습을 자주 목격하면서 자연스럽게 받아들이고 그다지 내 도움을 요청하지 않고도 스스로의 영역을 넓혀 가는 아이에게서 나는 많은 도움을 받고 있다. 어른들 편한 식의 양육으로 아이가 감당해야 하는 부담이 초과되지 않았는가 하는 우려가 있긴 하지만 초기 양육부터 일관된 방식에 아이도 적응하는 것 같다.
아이는 요리하기를 좋아한다. 나와 같이 요리하는 것을 무엇보다 좋아한다. 수학 시험 잘 치르면 뭐 사줄까? 하고 내가 "수준 낮은" 질문을 했을 때 아이가 이렇게 말했다. "엄마, 돈으로 사는 것 말고 음식을 만들어주면 안 돼요?"라고 하면서 학교에서 가져온 요리법 세 장을 주었다. 그 중에 하나를 해주면 좋겠다고 했다. 그래서 매운 볶음밥을 해먹었다. 어려운 것도 아니고 볶음밥에 고추장만 많이 넣으면 되는 손쉬운 요리였는데 아이가 그리워한 것은 바로 그것이었고 먹으면서 너무나 행복해 했다. 그런 아이를 보면서 그 동안 내 생각만, 내 자신에 대한 고민에 매몰되어서 살았다는 — 역할, 여성성 이런 것들에 대한 거부가 너무 아이에게 상처를 준 것이 아니었나 하는 — 반성이 들기도 했다.

최근에는 내가 구사한 전략들이 주효하다는 생각을 한다. 내가 삼십대 후반에 서 있다는 것이 그다지 당혹감으로 다가오지는 않는다. 나이에 부담감을 전혀 느끼지 않는다고 말할 수는 없지만, 부담감만큼 자유로움이 커져 간다는 것도 내 몸이 가벼워지는 이유라고 생각한다. 직장생활을 통해서 다양한 개성을 가진 사람들이 살아가는 여러 가지 양태를 보고, 적응하면서 또다른 나로 변화되고 있음을 확인한다. 세 사람이 같이 살고 있는 가족 안에서 각각의 개인으로 또한 더불어 사는 삶으로의 연습과 서로 기회와 자원을 공유하는 관계 형성을 시도하고 있다.

여성으로 산다는 것이 젊음, 아름다움, 욕망 등으로 표상되지만, 실제 나에게는 이러한 부분들이 구체적인 기준으로 설정되지 않기에 그다지 억압적인 것으로 다가오지는 않는다. 내 삶이 사회적으로 요구되는 여자로서의 삶을 떠나서 규정되지는 않겠지만, 내가 그 기준을 "치는" 일상을 만들어 내는 것이 더욱 중요하다고 생각한다. 여자로서 나이듦에 그렇게 당혹할 필요가 있을까? 성적인 욕망 역시도 마찬가지가 아닐까? 성적 즐거움은 내 몸에 대한 자신감, 나 자신에 대한 존경심과 더불어 비례하는 것이 아닐까? 내가 주인이 되는 성이 중요하고, 몸이 어떤 두려움을 가지게 되면 어떤 성적 행위도 의미를 갖지 못한다고 생각한다. 피임 실천도 성적 자유를 누릴 수 있는 중요한 부분이라고 생각한다. 피임을 하지 않으면 몸이 전혀 반응하지 않는다는 것도 내 경험이 가르쳐 준 부분이다. 성은 결국은 의사 소통의 문제가 아닌가? 섹슈얼리티는 누구의 욕망을 위해서 존재하기보다는 내 몸이 어떻게 느끼고 있는가의 문제이자 내가 누구이며 내가 어떻게 사는가의 문제가 아닌가?

결혼 생활을 시작하고, 아이를 출산하고 키우고, 공부하고 일을 하는 과정이 힘들었고 한편으로 낯설었지만 그래도 나를 놓을 수 없다는 집요함이, 내 자신에 대한 애정이 있었기에 지탱할 수 있었다. 수많은 선택의 기로에서 정말 "몸에 익지" 않은 일들도 많았고, 그래서 몸을 혹사시키는 일도 잦았다. 그렇지만 이제는 내가 이렇게 살아야 한다고 몸이 말을 하는 것 같다. 출산을 할 때와 마찬가지로 무력감과 자유로움이 상반된 감정으로 다가오지만 나는 몸이 반응하는 선택을 하면서 살 것이다.

1963년 가을, 진주에서 태어났다.
대학에서 법학을 공부했고 그림도 그렸다.
"나, 여자"라는 단어가 늘 삶의 화두였다.
그래서 다시 여성학을 시작했고 계속 그 그림자 안에
머물러 있다. 지금은 한국 성문화 연구소 연구원으로
일하고 있고, 남편, 초등학생 아이와 살고 있다.

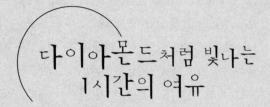

다이아몬드처럼 빛나는
1시간의 여유

이소희

창문을 통해 느껴지는 따스한 가을 햇살 사이로 누렇게 변해 가는 나무들, 유혹적일 만큼 그윽한 커피 향, 감미롭게 흘러나오는 조수미의 "I dreamt I dwelt in marble halls 나는 대리석 궁전에 사는 꿈을 꾸었네", 이러한 공간적 상황이 바로 일주일 중 내가 가장 사랑하는 일요일 오전 11시 "다이아몬드처럼 빛나는 1시간"이다. 그나마도 이러한 시공간적 상황은 대부분의 경우 집이 아니라 연구실에서 이루어진다. 아침 일찍 수영이라도 다녀왔다면 그야말로 금상첨화이다. 일요일 아침 시간이 온전히 나 자신을 위해서 쓰였다는 점에 행복해 하면서…

언제부터인가 나의 시간들이 내 자신의 통제 밖에 있는 것처럼 느껴졌다. 자신을 위한 시간을 확보한다는 것이 일종의 투쟁처럼 여겨질 정도이다. 이렇게 무시무시한 속도로 질주하는 한국 사회에서 나만을 위한 최소한의 시간과 공간의 확보가 요즈음 나의 일상에서 가장 중요한 화두가 되었다. 하지만 TV 드라마에 등장하는 전문직 여성들의 모습은 하나같이 화려하고 여유롭다. 며칠 전에 본 프로그램에서는 백화점의 여자 부사장이 근무 시간에 사우나 가는 모습이 나왔을 정도이다. 그렇지만 현실은 어떤가? 나의 경우 일주일 내내 미장원에 가는 2, 3시간조차 확보하기 어려워 몇 주를 그냥 넘기는 예도 허다하다. 나날이 그야말로 시간이 돈이라는 격언을 몸으로 체험하고 산다. 이는 나뿐만 아니라 현재 한국 사회에서 내 또래의 전문직 여성이 겪고 있는 일상의 현실이다. 외국 본사와의 회의 때문에 새벽 3시까지 사무실에서 일해야 하는 금융직에 종사하는 친구가 있는가 하면 매일 밤 12시까지 직원들과 함께 일하는 벤처업계 사장도 있다. 현장에서 요구하는 노동 강도와 그 기능이 예전과는 비교할 수 없을 만큼 변한 것이다. 소비 사회에서 권력을 창출하는 원천을 부의 축적이라고 한다면 요즈음에는 부의 축적이 곧 시간 관리라는 개념과 맞닿아 있다. 내 주위에서도 "그 일은 나에게 별 영양가가 없다"는 이유로 거절하는 예는 점점 흔해지고 있다. 4, 5년 전만 해도 나의 일상이 이렇게 무한 질주로 돌아가지는 않았던 것 같다. 또한 공간적인 이동도 그리 많지 않았다. 하지만 IMF 이후 연봉제와 성과급제가 일상화되고 다기능을 갖춘 노동력만을 선호하게 되면서 일상의 시계 바늘은 속도 제어가 거의 불가능해졌으며 활동 공간도 현실과 가상 공간 모두 거의 무한대로 확장되고 있다. 전문직 역시 다기능적인 업무 multi-functional task 능력을 요청받고 있으며 교수직 또한 예외가 아니다. 지식 정보 사회로의 진입이라는 장밋빛 미래는 나에게 결국 시간과의 싸움이라는 현실로 찾아왔다.

이렇게 시간과 싸우는 일상 속에서 내 자신이 고갈되고 있다는 느낌이 들 때 문득 생각난 것이 바로 고(故) 고정희 시인의 「사십대」라는 시이다. 내가 이 선배를 영국에서 처음으로 만났던 1988년은 바로 고정희 시인 자신이 만 사십 세가 되던 해였으며 올해 내가 바로 그 나이이다. 당시 나는 이십대 후반으로 혼자 외국에서 유학하는 여학생이 경험할 수 있는 온갖 혼란과 불안감에 싸여 있었다. 그런 내 앞에 나타난 고정희 시인의 모습 — 페미니스트로서의 이상과 신념에 대해 확신을 갖고 『여성신문』 창간 작업 구상에 몰두해 있던 단호한 모습이 바로 그의 시 「사십대」와 함께 떠오른다. 특히 일상의 바쁜 순간순간 생각나는 구절은 "쭉정이든 알곡이든 제 몸에서 스스로 추수하는 나이 사십대"라는 바로 그 구절이다. 이 시가 유고집에 발표되었던 십여 년 전만 해도 그 문구가 이렇게 눈에 화악 들어오지는 않았다. 하지만 이제는 "제 몸에서 스스로 추수하는 나이"라는 구절이 내 살갗에 와서 예리하게 꽂힌다. "나는 지금 내 몸에서 무엇을 스스로 추수할 만큼 되었는가?"를 자문하면서.

5년 전쯤 당시 또 하나의 문화에서 소모임을 같이 꾸렸던 한 친구는 자신이 사십 세가 된 감상을 이렇게 말했다. "삼십대에는 다른 사람들의 눈치를 보면서 일을 해야 했지만 사십대가 되어서는 이제 그럴 시간적 여유가 없어졌다"고. 또 "인생에서 가장 하고 싶은 일의 가장 큰 밑그림을 그려야 할 시기가 바로 사십 고개를 넘을 때인 것 같다"는 말도 덧붙였다. 15, 6년에 걸친 전문적 지식과 사회적 경험의 축적을 바탕으로 삶의 진화 과정에 부합하는 밑그림을 그려 추진해 나가는 것! 이 얼마나 가슴 벅찬 일인가? 하지만 내가, 또 우리가 처해 있는 현실은 그리 녹녹치 않다. 우선 이렇게 커다란 밑그림을 그릴 수 있을 만큼 지속적으로 전문적 지식과 사회적 경험을 축적해올 수 있을 만한 여건 조성이 어렵다. 설사 밑그림을 그릴 수 있는 능력을 갖추었다고 해도 이를 실제로 구현해낼 만한 자본과 인력을 엮어낼 수 있는 네트워크를 동원하기가 어렵다. 아직도 한국 사회에서 일하는 여성이 주체적으로 사업을 기획, 구현하는 과정을 지원해줄 만한 사회적 여건이 마련되어 있지 않고 문화적 자본도 축적되어 있지 않다는 이야기이다.

얼마 전 벤처업계에서 일하는 삼십대 남자 CEO와 만날 일이 있었다. 이런 저런 업무 관련 이야기를 하던 중에 예기치 않은 질문을 받고 깜짝 놀랐다. 그는 "교수님은 요즈음 무슨 운동을 하고 계십니까?"라고 물었다. 나는 순간적으로 "웬 사회 운동?"이라는 생각이 얼핏 스쳐 갔으나 그의 얼굴 표정을 보고 얼른 "수영"이라고 대답하였다. 그러자 그는 요즈음 회사 직원들의 체력 관리를 어떻게 할 것인가를 고민하고 있다며 직원들의 업무 능력 못지 않게 체력도 중요한 인적 자원이라고 말하였다. 특히 여직원들의 경우에 그렇다는 것이다. 일주일 사이에 이와 비슷한 질문을 2, 3번 받게 되자 "여성의 몸의 도구화라는 주제에 대한 접근이 이제 변해야 할 때가 왔나 보다"라는 생각이 들었다. 지금까지 이 주제에 대한 우리 사회의 담론은 남성 중심의 가부장제 사회에서 성적(性的)으로 도구화되고 대상화된 여성의 몸에 집중되어 있었다. 하지만 이제는 성 정체성에 관계없이 생산성에 유익한 도구로서 효율적 기능을 해낼 수 있는 몸에 대한 담론이 한 발짝씩 우리의 일상 영역에 들어오고 있다. 몸의 도구화에 대한 담론이 전자의 경우 외모에 치중된 것이었다면 후자의 경우 몸의 도구화에 대한 담론은 체력에 치중된 것이다. 즉 어떻게 몸을 기능적으로 유용하게 활용할 것인가가 관건이 되고 있다. 이런 상황에서 삼, 사십대 전문직 여성에게 있어서의 몸이란 이십대 여성들에게 요구되는 몸매나 외모의 개념보다는 몸의 효용성과 기능성을 강조한 체력이라는 개념이 더 강한 것 같다. 인터넷 벤처의 시대가 도래한 이후부터는 시간 싸움과 체력 관리를 어떻게 조화시키고 있는가가 몸에 대해 갖는 제1순위 관심이다. 특히 한국의 삼사십대 전문직 여성들에게는 "일 처리의 속도와 양"을 지탱해낼 수 있는 체력이 몸의 개념에서 우선 순위를 차지하고 있으며 그 밑에는 체력은 타고나는 것이 아니라 관리되는 대상이라는 생각이 깔려 있다. 10여 년 넘게 자신의 사업체를 운영하고 있는 사십대 중반의 한 여자 선배는 "경험과 네트워크를 가동시키는 추진력은 결국 체력에서 나오더라"고 고백하였다. 그러므로 이제 전문직 여성들에게는 지식, 경험뿐만 아니라 체력도 요구되고 있다. 이런 상황이니 나의 삶이, 또 우리의 삶이 고달플 수밖에…

결국 체력 관리가 나의 몸을 사랑하는 가장 확실한 방법인 것 같다.

1960년생으로 한양여자 대학에서 가르치고 있다.
아날로그에서 디지털로의 변환기에
문학/문화, 문자/영상, 영문학/여성학,
연구 교육/현장 운동 등 여러 종류의
경계선들 위에서 미래를 향한
다양한 호기심을 탐색하고 있다.

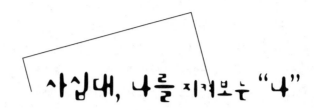

사십대, 나를 지켜보는 "나"

김정명신

내가 하고 싶은 일과 내가 해야 할 일이 조금씩 조화를 이루지 못하기 시작할 때, 행복한 '척'하는 것이 너무 피곤하여 더 이상 노력하거나 꾸미고 싶지 않을 때, 지금까지 살아낸 것처럼 앞으로 남은 시간을 그렇게 살아내야 하는지 등으로 마음이 어지러울 때, 내가 모르던 나를 조금씩 알아갈 때…

사추기…?

나이를 준비하다

어느 날, 지하철에서 "왜 점점 세월이 빠를까?" 곰곰이 생각해 보았다. 어렸을 때는 하루 24시간을 나를 위해 내 뜻대로 살 수 있었으므로 그만큼 가용 시간이 많았다. 때로는 시간이 남아돌아 시간을 죽여야 할 만큼… 그러나 점점 남에 의해 좌우되는 시간이 늘어났다. 특히 결혼 후 가족의 요구에 따라 항상 대기하고 있는 생활이 지속되고, 바깥일이 늘어나면서 내 시간이 많이 줄어들었다. 내 삶에서 나만의 시간이 거의 없으니 세월이 빠르다고 느껴지는 것은 당연했다.

　오래 전 이십대를 넘기면서 가끔 나이를 생각할 때가 있었는데 나이를 먹어가면서 나이를 너무 많이 의식할 것 같기도 하고 담담할 것도 같았다. 주변에서 들리는 이야기들과 목소리가 지나치게 커지고 기세가 사나워진 중년 여성들의 모습을 보는 것이 너무 쓸쓸했다. 일 때문에 만난 여성들이 갱년기 증상이라며 갑자기 열이 오르고 크고 작은 병 때문에 고통스러워하는 것을 지켜보며 미리 준비해서 방지하거나 미룰 수 있는 일이라면 피하고 싶었다. 간혹 빈 둥지 증후군, 갱년기, 사추기 등등의 단어를 접할 땐 "나는 그렇게 되지 말아야지"라는 각오를 새삼 마음속에 다지며 나이를 먹는 충격으로부터 벗어나기 위해 준비했다. 생각에 비해 별다른 노력을 기울이지는 못했지만 해마다 생일 무렵이면 치과 검진, 연말이면 암 검진을 갔다. 그리고 가족들로부터 정신적으로나 경제적으로 독립하고자 오랫동안 노력했다.

　이런 노력들이 내가 나이를 별로 의식하지 않고 사는 사람처럼 보이게 한 것 같다. 내가 여성과 나이를 주제로 글을 쓴다고 하자 주위 사람들은 "당신도 나이를 의식하냐?"고 물었다. "나이를 별로 의식하지 않고 사는 사람들도 있다는 것을 쓰라는 모양이다"라고 웃으며 대답했지만 쉽게 해답을 찾은 것은 아니었다.

나의 이십대 – 결혼한 나를 지켜보는 나

나는 유난히 "나"를 고민하며 산다. 나는 누구이고, 무엇을 하고 싶어하며, 지금 이렇게 사는 것이 옳은지?… 등등의 질문을 자신에게 시도 때도 없이 던진다. 나이를 먹어도 완성된 존재가 아닌 "되어 가는 나"로 사는데다가 일상 속의 나와 나를 지켜보는 나로 분리되어 있으니 항상

한자리에 멈추지 못하고 마음 편할 날이 별로 없다.

결혼 후 내 머리 속에는 결혼한 나와 결혼한 나를 지켜보는 나로 분리되어 있었다. 결혼 후 제법 편안한 날이 계속되었지만 생각은 항상 복잡했고 무엇엔가 쫓기는 것 같았다. 결혼 때문에 포기해야 할 것도 많았고 포기한 것에 대한 미련으로부터 자유롭지 못했다. 결혼 생활은 무엇인가를 오랫동안 생각하도록 나를 가만 두지도 않았고 가족에 대한 책임과 나의 욕구 사이에서 갈팡질팡했다. 생각을 하면서 산다는 것은 이중의 고통이었다. "이렇게 살아도 되나?"를 화두로 매일 매일을 갈등하다가 또다시 그 갈등을 수면 밑으로 가라앉혔다. 결혼한 상대를 실망시키지 않고 결혼 생활를 유지하려면 어쩔 수 없었다. 결국 나는 그 해답을 내리지 못하고 결혼을 평화롭게 유지하기 위해 갈등을 일단 접었다. 결혼 7년째이든가 서른세 살 때쯤 마음속의 혼란을 일단 수면 밑으로 가라앉히며 결혼 생활은 안정기로 접어들었다.

나의 삼십대 – 갈등과 전환

마음 속의 소란함 때문인지 결혼 초기, 주변에서는 나더러 "걱정 없어 보이는 여자가 이상하게 표정이 어둡다"는 말을 많이 했다. 결혼 6-7년으로 접어들며 생활은 점차 안정되었으나 두 아이가 엄마의 잔손에서 조금 벗어날 무렵 이번엔 취업이 화두가 되었다.

참 견디기 어려운 시기였다. 그러나 1-2시간 외출 때 애 봐줄 사람도 없는 상황에서 막상 취업이 된다 하면 나의 두 아이를 맡아줄 사람, 가사를 도울 사람은 어떻게 구하는가? 더욱이 오랫동안 일을 손에서 놓았던 사람으로서 곧 "어디에 취업을 할 것이며, 취업만이 과연 살 길인가"라는 현실적 고민에 빠졌다. 취업하더라도 직장과 가정 일 속에서 허우적

거릴 것 같았다. 오랫동안 고민하다 결혼 8-9년째가 되던 해가 되어서야 오랜 미련을 버렸다. 내가 속한 자리에서 할 수 있는 일을 찾자는 결론을 내렸다. 이제 그만 갈등하고 제자리를 찾고 싶었고 큰아이가 학교에 들어가면서 교육 운동의 필요성도 느꼈다. 방향을 선회하면서 마음도 편안해졌다.

일상 생활 속에서 대부분의 사람들이 외부에서 보는 자신의 이미지로부터 자유롭지 못하듯이 나 역시 그렇다. 외부의 시선으로부터 자유롭지 않기는 엄마라고 해서 예외는 아니다. 아이들은 모성과 외모가 적당히 조화된 것을 원한다. 아무렇게나 꾸며도 좋은 엄마가 아니라 적당히 세련되고 예쁜 엄마를 더욱 좋아한다. 특히 십대 여자아이들의 경우는 친구들의 엄마에 대한 평에 민감하다. 학부모 총회가 있는 날 아이들은 자기 학교에 올 때는 "옷을 잘입고 오라"고 특별 주문을 한다. 그러나 이것은 엄마인 내게만 국한된 것만은 아니다. 아이들은 자기 아버지가 학교에 가는 날도 등교길에 자기 아버지가 입고 갈 양복과 와이셔츠, 넥타이 등의 옷차림을 반드시 검사하고 마음에 안 들면 "구리다, 바꾸어 입어라", "웬만하다"는 등의 평을 붙이고 간다.

나는 내가 하는 일이 시민 운동이지만 너무 거센 인상으로 보이고 싶지 않았다. 십여 년 전만 해도 시민 운동하는 사람들의 모습은 화장기 없는 맨얼굴, 질끈 동여맨 머리, 운동화에 청바지로 대표되었다. 그러나 나는 예쁜 것도 좋아하고 반지와 귀걸이 등 장신구도 좋아하고 맨얼굴로 살아야 할 만큼 자신이 있지도, 인생이 심각하지도 못했다. 내가 되고 싶은 내 모습이 있었다. 일흔 살이 훨씬 넘은 지금까지 자신을 가꾸는 나의 어머니는 "모든 것은 때가 있으니 그것이 무엇이건 하고 싶을 때 하라"고 강조하셨다. 엄마는 예쁘장한 얼굴에 겉보기엔 매우 여성스러웠지만 큰 배포와 낙천적인 성격을 지니고 있었다. 엄마가 대청마루 밝은 곳에 앉아 화장하는 모습을 항상 보고 자란 나는 여자가 화장을 하는 것은 당연한 것으로 알았다. 화장을 한 얼굴로 약속 시간에 늦을 때는 너무 미안해 몸둘 바를 몰랐지만 화장을 멈추지 못했다. 어쩌다 용기를 내어 화장을 안 하고 나가는 날은 사람들이 이구동성으로 "어디 아프냐?"고 반드시 묻곤 했다. 이런 저런 압박으로 나는 얼굴 화장을 쉽게 포기하지 못했다. 또한 체형이 망가지지 않도록 주의하였다. 다이어트에 신경 쓸 필요도 없고 남의 시선으로부터도 자유로우므로 마음이 편했기 때문이다. 그렇게 내가 원하는 내 모습으로 나를 만들어 갔다. 최근에는 이런 이미지를 적절히 이용하려는 나 자신을 발견하고 속으로 놀라는 일도 있으나 더불어 조금씩 자유로워지고 있다. 그렇다고 나이보다 젊어 보이려고 애쓴 적은 없다. 나이는 내게 별로 구속이 되질 못했다.

그러나 나이와 함께 온 변화도 있다. 내가 꼭 어때야 한다는 강박 관념을 없애는 것, 인생을 좀 가볍게 생각하려고 애쓰는 것, 숨막힐 것만 같은 진지함에서 벗어나는 것, 그래서 나와 남을 자연스럽게 풀어주는 것, 그 동안 내가 지키려 애쓴 것을 이제 조금씩 놓으며 아쉬움이 많지만 나만의 세계에서 벗어나고 싶다.

나의 사십대 – 새로운 역할 속에서

내가 만나는 사십대 여성들은 나이를 별로 의식하지 않는다. 다만 나이보다 젊고 늙어 보임, 내 나이를 남이 어떻게 여기는지 등 남들의 반응에 예민하다. 나이 때문에 나이를 의식하는 것이 아니라 목가에 주름이, 유행이라 입고 싶은 디자인의 옷을 체형 때문에 못 입게 될 때 그때서야 나이를 생각한다. 여성들은 나이보다는 자기 외적 조건 — 자신이 속한 외적 환경에 따라 경험의 세계가 조금씩 달라지기 때문에 처음 만난 상대에게 나이를 묻기보다 눈치로 대충 짐작하거나 자녀가 몇 학년이냐고 묻는 일이 많다. 이는 여성들 스스로 나이를 기준으로 서열화할 생각이 없고, 나이에 따라 경험의 세계가 크게 달라지는 것도 아니기 때문이다.

나는 막상 사십대가 되고 보니 삼십대 때 사십대를 생각하며 불안해 했던 것보다 훨씬 담담하고 편안했다. 가정 생활도 안정되고 육아의 부담에서도 많이 벗어나 혼자만의 시간과 공간을 가질 수 있기 때문이었다. 가끔씩 어제 이맘때와 오늘 이맘때가 구별이 안 가는 일상 속에서 "이렇게 눈 깜짝할 사이에 삶이 마감되면 어쩌나?" 하고 당황스러운 적도 있지만 그래도 불안과 혼란스러움이 조금씩 줄어드는 것을 보니 나이도 먹을 만했다.

지난 십 년 동안은 가정과 일의 양립이라는 위태로운 줄타기와 거듭되는 교육 현안 관련 집회 머릿수를 채우며 시민 운동은 사회 노동이라는 결론을 내릴 정도로 몸과 마음이 바빴던 시간이었다. 나이가 먹고 한 분야에서 오래 활동하다 보니 일의 범위와 역할도 조금씩 변하게 되었다. 실무에 대한 부담은 여전한 속에서 새로운 역할이 추가된 것이다. 누구 앞서 간 선배가 있어 내게 친절히 가르쳐 주는 것도 아니고 조직이 나를 기다려 주는 것도 아니다. 시민 운동의 원칙을 지키며 주변 사람들과 관계를 만들어 가고 조화를 이루는 것은 쉬운 일은 아니다. 시민 운동 단체라는 비교적 자유로운 조직에서 일했지만 그곳에도 조직의 쓴맛과 단맛이 있기는 마찬가지이다. 항상 돌아갈 곳 ─ 평등하고 안락한 가정에 한 발을 담그고 있는 내가 조직에서 견디어 내기는 쉽지 않다. 최근 남성들과 함께 일할 기회가 많아지면서 전문적인 역량과 유연함을 지닌 여성으로 어떻게 나를 업그레이드시킬 것인지 그 방법은 무엇이며 과연 이것이 가능한지 등에 대해 심각하게 생각중이다.

오랫동안 내가 하고 싶은 일을 찾아내고 그 일을 즐겼지만 그렇다고 그 일이 나 자신은 아닌 것 같다. 일은 일 그 자체일 뿐 내가 될 수 없었다. 일에서 오는 즐거움도 있지만 일에 짓눌리는 적도 많아 실제 일 속에서 나는 원하든 원하지 않든 변형되어 존재한다. 어느새 내가 가꾸고 보호해야 할 나는 저기 한구석에서 나의 손길을 기다리고 있다는 것을 느낀다. 오래 전 직장 생활을 할 때는 나 자신과 직업을 당연히 분리했었는데 시민 운동은 그 분리가 쉽지 않았다. 내가 하는 일은 주로 교육 정책과 관련된 법과 제도에 대한 개선 요구와 주장일 때가 많은데 이것은 매우 지리하고 험난한 과정이고 부족한 인력과 역량 속에서 여유를 찾아가며 해야 하는 일이다. 그러다 보니 나와 일을 혼동하는 함정에 빠진 것 같다. 나 = 일로 생각하고 일에 대한 기대, 성취감 등에 나를 투사한 것 같다. 그러니 문제가 꼬일 수밖에 없었고 그런 이유로 일하면서 어려운 일도 많이 겪었다.

나와 함께 사는 두 아이는 내게 가끔 이런 질문을 한다.

"엄마, 내가 이렇게 살다가 무엇이 될까?" 아이들은 내게 심각하게 주문한다.

"엄마, 길을 보여줘, 그러면 잘할 수 있을 것 같아."

십대 두 아이의 사춘기는 그렇지 않아도 생각이 복잡한 나를 끊임없는 긴장 속으로 밀어 넣는다. 그러나 최근 나도 그 문제를 화두로 삼기 시작하면서 아이들의 미래에 대한 불안과 자기 정체성을 두고 하는 고민들이 내가 나 자신에게 던지는 질문과 맞닿아 있다는 것을 느낀다. 동병 상련이라고나 할까? 일상 속에서 아이들과 나는 불꽃이 튈 것같이 위태로운 상황을 맞을 때도 있지만 흔들리는 지금의 나를 돌아보며 그 애들의 불안정한 모습들을 자연스럽게 받아들이고 이해하는 일이 더 많아지고 있다.

내가 겪은 사추기

지난 초여름 이 글을 제안 받았을 때부터 지금에 이르기까지 내 속에서 일었던 변화는 여름과 겨울까지 해를 넘기는 계절의 변화 못지않게 심했다. 처음엔 "내가 무슨 사추기냐?"며 하찮게 받았지만 결국 나는 사추기를 심하게 겪은 것 같다. 글쎄, 이제는 사추기를 마감하고 제자리를 찾았는지 아직도 알 수 없지만 오랫동안 한구석에 미루어 놓았던 생각들을 끄집어 냈고 오랜만에 나 자신에게 솔직해졌다. 많은 것을 다시 생각해 보았으니까… 결론은 이미 나 있고 지금의 나로서는 일정하게 정해진 길을 갈 수밖에 없는 것을 잘 알고 있지만 그 와중에서 새롭게 정리되는 것들도 있었다.

오랫동안 내가 기획한 삶을 사면서, 때로는 나를 포장하면서, 가족으로부터 받는 일방적 사랑에 익숙해 하면서 (그것이 사랑 맞나?… 소유의 다른 표현이라는 말이 더 정확할 것이다) 나는 착하고 깊이 있는 사람, 따뜻하고 지혜로운 엄마로 살려고 했지만 까다롭고 자기만 아는 사람, 냉정하고 신경질 많은 엄마로 남았다는 것이 맞는 말일 것이다. 더불어 이제 와서 자기 삶에 회의를 느끼는, 더 이상 행복한 "척"하고 싶지 않은 그런 사람…

혹시 겉보기의 삶을 너무 오래 산 것이 아닐까? 내가 선택한 것에 충실하려고 노력했지만 그 무게에 짓눌린 것은 아닐까? 내 생을 내 욕구와 무관하게 모범생처럼, 무대에 오른 배우처럼, 남의 것처럼 이런 식으로 살아내도 좋은 것일까? 결국 내가 살려는 삶이 이런 것이었나? 그리고 지금에 와서 피곤해 하는 이유는? 삶은 이렇게 노력해야만 얻어지는 것일까? 만약 그런 노력들을 게을리했다면 지금쯤 어떻게 되었을까? 최근 2-3년 전부터 가끔 이런 생각들이 고개를 들었지만 내가 가진 조건들 속에서 나는 당연히 행복하다고 믿었다. 남들은 이런 나를 부러워하기도 하였다. 누군가 내게 "당신, 행복하냐?"고 물었을 때 나는 활짝 웃으며 "당연히 행복하다"고 대답했다. 내가 진짜 행복한 것이었을까? 단지 행복한 "척"하던 것이었을까?

그렇게 살았는데 이제 다시 인생이 심각해지려는 것은 왜일까? 오래전 내가 갈등하기를 멈추고 수면 밑으로 억지로 가라앉힌 것이 무엇이었을까? 이제 너무 멀리 온 것이 아닐까?

주위의 다양한 당부와 지원들 속에서 나는 나를 바라본다. 내가 이룬 것, 포기했던 것… 앞으로도 몸은 점점 분주하고 내가 원하는 사회를 향해 가는 발걸음은 그 분주함에 비해 항상 제자리 걸음을 면치 못할지도 모른다. 이제 사십대 중반, 일한다고 집을 나선 지 십 년, 지친 나를 일으켜 세우려는 여성들의 부드러운 목소리와 따뜻한 시선들.

교육 운동을 하며 하자센터에서
학부모웹진 〈같이하자〉 (www.haja.net/with)를 만든다.
두 아이와 함께 평등한 가족 문화를
만드는 데 관심 있다. 1956년 서울에서 태어났다.

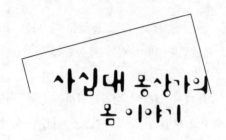

사십대 몽상가의 몸 이야기

이희도

몸과 정신을 분리시키는 이분법

말복의 태양은 무섭게 이글거리고 있었다. 멀리 보이는 큰길의 아스팔트
가 선팅한 유리처럼 번쩍번쩍 빛났다. 내 몸은 그 강렬한 햇살에 빨려들
어 곧 녹아버릴 것 같았다. 이런 느낌은 처음이 아니었다. 몇 살이었던
가? 나는 안방에서 혼자 장난감을 가지고 열심히 놀고 있었다. 문득 고개
를 들었는데 창문으로 환한 햇살이 비치고 있었다. 얼마나 밝았던지 햇
살 속에서 춤추고 있는 미세한 먼지 입자까지 보일 정도였다. 그때 내 몸
으로부터 내가 이탈하는 듯한 이상한 느낌을 받았다. 장난감과 놀고 있
는 나는 그대로였지만 내 영혼은 햇살을 따라 하늘로 붕 뜨는 것 같았다.
그리고 그 높이 솟아오른 영혼은 안방에서 놀고 있는 내 몸을 아주 낯설
게 바라보았다. 첫번째 유체 이탈의 체험이었는데, 아주 황홀하고 강렬하
며 즐거운 기억으로 남아 있다. 그 때문에 나는 몸과 정신을 분리시키는
이분법적 사고 방식을 은연중 갖게 되었는지도 몰랐다.

　전화 소리가 들렸다. 받아 보니 고등학교 동창이었다. 중산층으로 평탄
하게 살아왔고 평범한 결혼 생활을 하고 있는 H였다.

"애, 넌 어쩜 그렇게 무심하니? 아무리 바빠도 내가 죽을 고비를 넘기는 동안 아무 연락이 없니? 이러다 서로 죽어도 모르겠다."

H는 대뜸 불평부터 했다.

"왜 무슨 일 있었어?"

"무슨 일이라니? 나, 갑상선 암으로 수술 받고 간신히 살아났다. 너, 동창회에 좀 나와라. 애들 보고 싶지도 않니? 이제는 모두 늙고 아파서 살날도 얼마 안 남았어. J는 유방암 수술을 했고, Y는 관절염이 생겼고…"

H는 동창들이 모두 시름시름 앓는다는 소식을 전했다.

"우리 나이가 병 생길 때인가 보다. 벌써 오십이 가까워졌으니… 나도 몸이 엉망이야."

H와 나는 건강에 대해 한동안 얘기하다 우리의 늙음을 확인하고 전화를 끊었다.

돌이켜보면 우리 세대, 특히 우리 동창들은 몸의 중요성을 잘 몰랐고 몸 관리를 제대로 안 해왔다. 아마 영성을 강조하는 종교 재단에서 운영하는 학교를 다녔기 때문인지도 몰랐다. 언젠가 동창회에 갔을 때였다. 누군가 여성 잡지가 너무 난하다는 얘기를 꺼냈다. 맞아, 맞아. 남편이랑 살 맞대고 자면 그냥 따뜻하고 푸근해서 좋은 거지, 뭐 그렇게 굉장한 쾌락을 찾고 난리를 피우는지 알 수가 없어. 동창들은 이구동성으로 섹스가 별거 아님을, 그저 일상의 한 부분임을 얘기했고, 쾌락을 강조하는 세태를 못마땅해 했다. 그러다가 시선이 나에게 쏠렸다.

"쟤 봐. 쟤는 평생 섹스 안 하고도 잘 살잖아?"

"하는지 안 하는지 어떻게 알아?"

"애, 넌 쟤를 몰라서 그러니? 우리 중에서도 유달리 몸에는 관심 없던 앤데…"

맞는 말이었다. 사춘기 시절에는 한마디로 내 몸의 변화가 번거로웠다. 몸이 가지고 있는 구체적 현실성이 버거웠던 것이다. 그래서 남들이 입시 공부에 몰두할 때 나는 교리 선생님과 종교적인 문답을 즐겼다. 친구들이 비틀즈에 열광하고 사이먼과 가펑클을 따라부를 때, 나는 레마르크와 헤밍웨이, 까뮈와 도스토예프스키에 몰두했고 남성 소설가들이 쓴 책들을 읽으면서 남성들의 이분법적인 사고 방식에 공감하고 지성의 비밀을 알아차린 양 잘난 척했다. 그리고 틈만 있으면 상상과 허구의 세계를 날아다니는 몽상가가 되었다. 사춘기 친구들의 몸치장은 나와는 별개의 세계였다.

육체는 슬프다

퇴근 후에 시내로 나갈 일이 있었다. 종로 3가를 걸어가던 나는 엄청난 인파에 휩쓸려 들었다. 극장이 몰려 있는 거리로 들어선 것이다. 수많은 남녀가 한결같이 쌍쌍이 밀려가고 있었다. 마치 어떤 연출자가 의도적으로 시킨 것처럼 젊은 남녀들이 팔짱을 끼고, 손을 잡고, 어깨동무를 하고, 허리를 서로 얼싸안는 등 연애중임을 과시하는 무수한 군중이 지나가고 있었다. 이 굉장한 이성애의 힘에 새삼스럽게 놀라지 않을 수 없었다.

하긴 젊은 시절에는 대부분 연애를 한다. 나같이 무심한 사람도 연애라는 시행착오를 겪어 봤으니까… 대학 시절이었다. 여학생의 수가 적어서 그런지 남학생들은 힐끔힐끔 여학생들을 쳐다보고 다녔다. 나는 남학생들, 타인의 시선을 의식하지 않을 수 없었고 내 몸에 관심을 갖기 시작했다. 그래서 신입생 때 몸치장도 꽤 해봤고, 비교적 인기 있는 여학생으로 부상했다. 아마 그 상태가 유지됐다면 나는 평범한 중산층 전업 주부가 됐을지도 몰랐다.

대학교 이학년 때였다. 우리 집안은 사업을 하다 파산하고 말았다. 중산층에서 빈민으로 몰락한 나는 학교를 계속 다니고 생활비를 벌기 위해

아르바이트를 하며 몹시 힘겨운 생활을 해야 했다. 계급의 변화와 함께 종전의 관계들도 깨져서 외롭고 고단한 상황이었다. 그때 꽤 재밌는 남자 친구가 다가왔다. 그 친구는 나를 사랑한다고 주장했고 몹시 나와 자고 싶어했다. 내가 그 친구를 사랑했던 건지 물에 빠진 사람이 무작정 매달리는 심정이었는지 불확실하지만 어쨌든 성관계를 해보기로 했다.

같이 자는 순간에 그 친구는 몹시 흥분했는데, 나는 예의 그 유체 이탈이 일어났다. 내 영혼은 천장 위에서 그 친구가 열심히 애쓰는 모양과 그와 반대로 무감각하게 누워 있는 내 몸을 딱한 듯 내려다보고 있었다. 그뿐 아니라 나는 "육체는 슬프다"라는 시 구절을 떠올리며 가장 구체적인 순간에 가장 추상적인 생각을 하고 있었다. 괴롭고 재미없는 경험이었다. 그 후 그 친구와 결혼 이야기까지 나왔지만 나는 관계를 제도화시키는 결혼이라는 과정이 몹시 버겁고 귀찮고 짜증났다.

결국 나는 타인과의 섹스는 골치 아픈 갈등을 일으키는 재미없는 것이라 결론지었다. 섹스보다는 책 읽기나 글쓰기에 몰두하는 것이 훨씬 재밌었다. 그러면 사람들은 물을지도 모른다. 성욕이 없냐고. 그럴 리야 있나. 분명히 성충동은 있다. 다만 타인과 육체적으로 교감하는 구체적인 현실을 즐기기보다 상상의 유희를 더 재밌어 하는 것뿐이다. 그리고 모든 사람이 결혼해서 쌍쌍이 살아야 한다는 강박관념에 휩쓸리지 않고, 자기 생긴대로, 자아가 형성된 방식에 따라, 자신의 조건, 취향에 맞춰 혼자 살 수도 있다고 생각했을 뿐이다.

종로에서 일을 마치고 집에 가는 버스를 탔다. 버스는 타는 시간에 따라 승객들의 부류가 달라진다. 새벽에는 부지런한 장사꾼들, 낮에는 아줌마와 실업자들, 오후 네다섯 시 경에는 학생들, 러시 아워에는 직장인들, 밤에는 취객들이 압도적으로 많다. 지금 이 시간에는 느지막이 퇴근하는 사람들이 보인다. 내 옆자리에는 사무직으로 보이는 여성이 꾸벅꾸벅 졸고 있다. 화장을 곱게 하고 얌전한 정장에 요란하지 않은 장신구를 했는데, 자세히 보면 몸 전체에 고단함이 배어 있어 복장조차 후줄그레해 보인다. 그 여자의 조는 모양을 안쓰럽게 바라보던 나는 따라서 가물가물 졸기 시작했다.

지하실이다. 동굴같이 어두컴컴한 단칸방에 우리 가족들이 오글거린다. 조그만 창문으로 햇살이 조금 비쳐든다. 어머니가 늘어져 자고 있는 나를 깨운다. 해 떴다. 일하러 가라. 그리고 돌아올 때 쌀을 팔아 오너라. 쌀이 없다. 나는 졸린 눈을 비비며 지상으로 올라간다. 몸이 물 먹은 솜처럼 무거워서 계단을 오르는 일이 매우 힘들다. 널찍한 햇빛 잘 드는 사무실이다. 사장이 소리를 지른다. 양서 따위를 누가 읽어! 팔릴 책을 만들어야지, 팔릴 책을! 사장은 내게 원고 뭉치를 던진다. 나는 황급히 그 원고를 받아 레이아웃하고 다른 직원에게 넘긴다. 직원들은 자동적으로 교정을 보고 제작을 한다. 사장은 계속 원고를 던진다. 모두들 허겁지겁 일한다. 사무실을 한바퀴 돈 원고는 책이 되어 쏟아진다. 애정 소설, 추리 소설, 역사 소설, 무협지… 한번 읽고 버리는 통속 소설들이 무더기로 쏟아져 나온다. 해가 떨어졌다. 그래도 사장은 버티고 서 있다. 아무도 퇴근하지 못하고 열심히 일한다. 자정이 가까워 온다. 사장은 슬며시 사라진다. 모두들 한숨을 몰아 쉬고 주섬주섬 밖으로 나온다. 부장님, 술 사줘요. 직원들이 소리친다. 맥주집이다. 고단해 쓰러질 것 같은 몸에 술을 들이붓는다. 부장님같이 계급 문제와 여성 문제에 민감하고 사회 의식이 높은 분이 왜 이렇게 참고 살아요. 이건 책 공장에서 혹사당하는 거예요. 사장한테 뭐라고 항의 좀 해보세요. 남자 직원이 말한다. 부장님, 우리 모두 결혼해 버려요. 데이트할 시간을 가져요. 여자 직원이 말한다. 나는 묵묵히 직원들의 하소연을 듣다가 쌀을 사가지고 지하로 내려간다. 단칸방에 들어서기가 무섭게 잠에 곯아떨어진다.

해떴다 일 나가라. 어머니가 깨운다. 지상으로 올라가는 계단은 높고 가파르다. 억지로 억지로 올라가던 나는 사무실 앞에서 쓰러진다. 사장이 소리친다. 잠을 줄이고 적당한 운동을 해줘야지. 자기 몸을 관리하지 못하는 사람은 우리 회사에 필요없어. 나가! 나는 지하로 옮겨진다. 나를 옮긴 여직원이 울며 말한다. 부장님, 부자한테 시집 가세요. 나는 그 소리가 들리지 않는다. 단칸방에 축 늘어져 죽은 사람처럼 꼼짝 않는다. 내 영혼은 이미 유체 이탈을 했다. 그러나 어릴 때처럼 황홀한 느낌을 주는 즐거운 유체 이탈이 아니다. 내 영혼은 몹시 목마르고 공허하며 혼란스럽다. 내 혼은 훠이훠이 날아올라 햇살 사이로 사라지고 싶지만 아픈 몸을 바라보며 떠나지 못한다. 어머니가 내 몸을 일으켜 죽을 먹이고 당근 주스를 먹이고 깨끗이 씻기고 툭툭 털어 햇빛에 내건다. 시들었던 식물이 생기를 되찾듯 나는 원기를 회복한다. 어머니가 말한다. 몇백만 있으면 햇빛 드는 작은 아파트를 구할 수 있다. 그래서 나는 다시 지상으로 올라가 다른 책 공장에 다닌다. 소설을 쓸 시간도 몽상에 빠질 틈도 없이 열심히 일한다. 드디어 직장 생활 십여 년 만에 어머니와 나는 지하 단칸방에서 벗어나 햇빛이 드는 아파트로 이사한다.

변화를 일으킨 몸

버스가 집 앞에 도착했다. 나는 반쯤 졸다가 황급히 내린다. 십오 년 전에 이 아파트를 장만했을 즈음 나는 생리가 불규칙해지고 하혈을 자주 했다. 동네 산부인과에 가보니 스트레스 때문이라고 쉬라고 했다. 여자들의 스트레스는 제일 먼저 자궁에 영향을 준다는 것이었다. 하지만 어떻게 쉰단 말인가? 그냥 강행군을 했던 나는 서른여덟 살 때 기어코 쓰러져 병원 응급실로 실려갔다.

내 몸은 종합 병원 응급실에 널부러져 있었다. 내과 의사들이 번갈아 내 배를 꾹꾹 눌러보고 초음파 촬영을 했다. 다음에는 산부인과 젊은 여자 의사가 내진을 했다. 그때 무슨 일인지 남자 의사가 호통을 치며 그 여자 의사를 나무랐다. 나는 배가 아픔에도 불구하고 의사들 사이에서 벌어지고 있는 일들을 열심히 관찰하지 않을 수 없었다. 특히 남자 의사 가 여자 의사를 지배하는 권력 관계를 흥미 있게 보았다. 그러는 사이 내 병명은 우측 난소 종양으로 판명 났다. 나는 입원실로 옮겨졌다. 그 때만 해도 나는 몸에 대해 너무 무지해서 난소 한쪽을 잘라내고 몸을 "고치면" 곧 괜찮아지겠거니 하고, 몸을 수리하면 되는 기계 장치처럼 생각했다. 물론 의사들은 치명적인 난소암일 수도 있고, 수술하다 죽을 수도 있다고 무시무시한 경고를 했다. 하지만 나는 조금도 걱정이 안 됐 다. 문병하러 온 남자 동료들과는 논쟁도 벌였다.

"독신 생활을 오래 하니까 이런 병에 걸리잖아요. 얼른 결혼하세요. 결 혼하기 싫으면 성관계라도 가지세요."

나는 옆의 환자들을 가리키며 반박했다.

"저 여자분은 결혼했는데도 자궁암에 걸렸는데요? 또 이 산부인과에 입원한 환자들 대부분이 결혼했지만 병에 걸린 걸요. 독신 생활을 하면 병이 생긴다는 건 근거 없는 주장이예요. 또 우리나라처럼 성이 제도화 된 사회에서 독신이라고 해서 자유로운 성관계를 즐길 수 있다고 상상한 다면 착각이에요. 독신이 자유롭게 살면 남자들의 노리개가 되어 처참하 게 매장되는 경우가 많잖아요."

뭐, 이런 식으로 남자들의 말문을 막았고 여자들이 문병 오면 같이 일 얘기도 하면서 여유작작 놀았다. 그리고 가벼운 마음으로 수술실에 실 려가 의사들과 농담을 몇 마디 주고받다가 마취 주사를 맞고 잠들어 버 렸다.

깨어났을 때는 정말 수술이 장난이 아니구나 실감하지 않을 수 없었다. 배를 과감히 가른 상처는 매우 아팠고, 오줌줄을 낀 클리토리스 부근은 불편하기 짝이 없었고, 링겔을 꽂은 팔은 뻐근했다. 무엇보다 내 몸을 내 마음대로 움직일 수 없다는 건 답답하기 짝이 없었다. 나는 장애자나 노인들의 심경을 절감했다. 며칠 후 무사히 퇴원한 나는 어머니의 극진한 간호를 받으며 집에서 요양했다. 그 동안 못 읽었던 소설들을 읽고 빈둥거리며 몽상에 빠지기도 했다. 모처럼의 휴식을 즐기다가 문득 "죽을 수도 있다"는 사실을 새삼 심각하게 생각해 보았다. 그러자 앞으로 어떻게 살 것인가 고민이 되었고, 고민 끝에 생각을 정리했다.

첫째, 죽기 전에 하고 싶은 일을 하자.

둘째, 하고 싶은 일을 하다 보면 돈을 못 벌 수도 있다. 따라서 조금 벌고 조금 쓰자.

이후 나는 이러한 생각을 실천할 수 있는 직장에 나가게 되었고 소설을 틈틈이 썼으며 물질에 대한 욕망을 절제하고 비교적 청빈한 생활을 할 수 있었다.

이제 마흔여덟이 된 내 몸은 날씬하지 않았다. 수술 후 이스트를 넣은 찐빵처럼 걷잡을 수 없이 부풀어올랐다. 그렇다. 문제는 몸이었다. 몸은 고장난 부분을 잘라 내고 수리만 하면 되는 기계 장치가 아니었다. 정교한 유기체로서의 몸은 맑은 마음을 담기 위해 수양을 하고 적당한 운동을 하면서 돌봐줘야 하는 생명이었다. 그러나 나는 몸을 움직이는 일을 극도로 싫어했고 직장에서나 집에서나 책상에 붙어 있기를 즐겼다. 학식 많은 사람들처럼 연구를 하는 것도 아니었고, 그냥 관심이 가는 대로 책을 읽거나 책을 만들고, 소설을 읽거나 쓰고, 하여튼 짱구만 굴리면서 살았다.

그런 생활은 나름대로 만족스러워서 유체 이탈하는 일도 거의 없어졌다. 그리고 남들이 너무 뚱뚱해졌다고 걱정해도 나는 천하 태평이었다. 오히려 뚱뚱한 걸 즐기기까지 했다. 이를테면 길거리를 지날 때 말랐던 시절처럼 지나가는 남자들이 힐끔힐끔 쳐다보지 않는다는 걸 깨닫게 되었다. 이제 나는 타인들의 시선 밖으로 벗어난 것이다. 열외의 존재. 그것은 묘한 해방감을 가져왔다. 남자들의 시선이라는 빗줄기 사이를 살살 빠져 돌아다니는 듯한 통쾌함까지 있었다.

그런데 문제는 여자들도 나를 무시한다는 거였다. 자기 몸을 가꾸지 않는 여자에 대한 여자들의 비난은 격렬하기까지 했다. 그래서 살을 좀 뺐다. 솔직히 말하면 의도적으로 살을 뺐다기보다 집안에 나쁜 일이 하도 연달아 터지는 바람에 저절로 마를 수밖에 없었다. 다니던 직장을 쉬고 가족 문제를 해결해야 했는데, 어찌나 힘들었던지 또다시 두번째 수술을 받게 되었다.

이번에는 자궁 근종이었다. 물혹은 한번 떼어내면 그만이 아니라 자꾸 번지는 모양이었다. 두번째 수술은 훨씬 힘들었고 후유증도 컸다. 그리고 간호해줄 어머니도 돌아가시고 안 계셨다. 간신히 몸을 추스르고 다시 직장에 나왔지만 몸은 예전 같지 않았다. 다시 살이 엄청나게 쪘으며 쉽게 지치고 아파서 이제는 완연히 늙었다는 것을 실감했다.

막다른 골목이었다. 운동을 시작했는데, 몸을 움직이고 나면 개운하긴 했지만 운동하러 가기까지가 영 싫었다. 싫은 걸 억지로 참고 운동을 하다 보니 허리도 삐고 발도 다쳤다. 규칙적으로 운동을 한다는 게 오히려 스트레스를 준 것이다. 나는 운동을 하느니 종교 서적을 읽고 마음을 닦는 방법을 택했다. 그리고 보니 사람들은 복잡하고 과중한 현대 생활의 스트레스를 해소하기 위해 영성에 빠지거나 몸에 몰두하거나 아니면 영성과 몸 모두를 돌보겠다고 에너지를 쏟는 경우가 많았다.

어떻게 늙어갈 것인가?

나는 다른 사람들의 사는 방식을 유심히 보았다. 다른 사람들은 나처럼 몸을 극도로 무시하고 머리만 굴리다 아파 버리는 경우는 드물었고 몸의 움직임을 즐기며 적당히 긴장을 풀어 주고 사는 것 같았다. 그뿐 아니라 몸에만 몰두하는 사람도 꽤 많았다. 몸과 쾌락에 대한 담론이 활발해지고 몸을 마음껏 즐기려는 젊은 세대들이 늘어나는 것을 보면서, 나처럼 몸과 정신을 가르고 살아온 사람은 구시대의 골동품처럼 여겨졌다.

자꾸 아픔으로 해서, 사람은 몸을 떠나 살 수 없는 존재임을 확인하고 몸을 위해 줘야겠다고 결심하지만, 오랜 습관에 의해 몸을 활발히 움직이지 못한다. 그러면서 몸은 점점 나빠지고 늙어간다. 얼마 전에는 하도 몸이 안 좋아 종합 검진을 받았는데, 검사할 때마다 병명이 하나씩 붙어서 내 몸에 성인병이 몇 가지 진행되고 있다는 사실을 확인하게 되었다. 유쾌한 일은 아니었다. 사실은 꽤 우울했다. 점점 소멸해 가는 몸, 늙음과 죽음을 생각하니 모든 일이 시들해졌고, 삶에 아득바득 집착하는 마음에서 확 놓여 나는 것을 느낄 수 있었다. 구체적으로 만나는 사람마다, 부자건 가난하건 돈 벌어야 된다고 말하는 것이 듣기 싫어졌고, 업적을 남기려고 애쓰는 것도 부질없이 느껴졌다. 어떻게 죽어갈 것인가? 나는 죽음에 대해 좀더 진지하게 명상하고 싶었다. 그러나 나의 실존은 지금, 이 순간, 현실적인 일과 생존 조건에 얽매어 있었다. 어디 조용한 시골로 내려가 몸과 마음을 닦으면서 건강 관리를 하고 소박하고 청빈하게 살면서 다가올 죽음을 현자처럼 맞아 볼까? 아니면 죽음을 의식하지 말고 좀더 도전적으로 현실 속에 몸을 던져 마지막 에너지를 불태우다가 사라질까? 몸이 아플 때마다 드는 생각이다.

어느 날 일을 마치고 집으로 가는데 버스 차창에 비친 저녁 노을이 너무나 아름답게 보였다. 마치 곱게 늙은 사람의 잔잔한 노년을 보는 것 같았다. 나도 저처럼 아름답고 평안하게 늙을 수 있을까? 그때 씁쓸한 생각이 가슴을 파고들었다. 그래, 계급과 경제적인 기반의 문제도 있어. 노후 대책을 확실히 하고 안정된 생활 기반을 닦을 수 있다면, 그리고 몸을 잘 관리한다면 아름다운 노년이 가능할 수도 있겠지. 그러나 나같이 불안한 노동자 계급의 노후가, 더구나 몸 관리도 제대로 안 해온 게으름뱅이 몽상가의 노년이 아름다울 수 있을까? 아니 도대체 내게 노년의 시간이 길게 주어지기나 할까?

노을이 서서히 사라지고 있었다. 나는 최근에 나를 괴롭히던 갈등이 가라앉으며 생각이 정리되어 가는 것을 느꼈다. 그래, 내게는 아직도 많은 문제가 있어. 그리고 그 문제들을 해결하고 싶다는 욕망이 있는 한, 그리고 그 펄펄 뛰는 욕망으로 인해 갈등과 고뇌를 끊임없이 겪는다는 건 아직은 젊고 더 살아갈 에너지가 있다는 얘기야. 크리스티안 노스럽이 쓴 『여성의 몸, 여성의 지혜』를 보니까 모든 병은 해소하지 못한 마음의 갈등으로부터 시작되고, 중년이라는 과도기는 사춘기에 시작한 과제를 완수해야 하는 시기라고 했더군. 그런 의미에서 난 아직 내가 설정한 인생의 과제를 다하지 못했고, 그 숙제 때문에 간혹 병을 앓았던 건지도 몰라. 그렇다면 숙제를 마저 하기 위해서 좀더 노력해야 해.

나는 버스에서 내려 아파트 주변을 산책하기 시작했다. 이렇게 매일 운동을 해야지. 아직은 할 일이 많으니까 몸을 아껴 주어야 해. 따지고 보면 늙음과 죽음은 그렇게 두려운 것이 아니다. 열심히 하고 싶은 일을 하다가 문득 햇살 속으로 사라지는 것. 물론, 몸이 늙고 병들고 죽는 과정은 매우 힘들지도 모른다. 그러나 햇살이 내 이마를 비춰 주는 한 내 몸과 영혼은 분리할 수 없는 생명체로 이 땅 위에서 호흡할 것이다.

1954년생으로 책 만드는 일과
소설 쓰기를 하면서 열심히 살고 있다.
하나님과 싸우지 않고
사이좋게 지내는 것이 소원이다.

나를 받아들이기

◀ 윤석남, 「까르마」, 나무에 아크릴, (6×21×5㎝)×37개, 1999
▲ 박영숙 사진

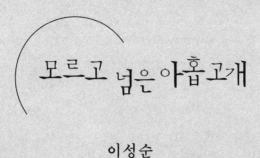

모르고 넘은 아홉고개

이성순

    나의 어머니. 마흔아홉도 못 채우고 돌아가신 어머니는 아홉수에 대한 미신을 안고 짧은 인생을 사셨던 분이다. 나이가 아홉수가 드는 해에는 뭔가 불길한 일이 생긴다는 것이었다. 할머니가 돌아가신 것도 일흔아홉이 되시던 해 겨울이었다. 어머니는 아홉수에 대한 당신의 생각이 편견이나 고정 관념이 아니라는 것을 입증해 보이고자 무진 애를 쓰셨던 것 같다. 할머니의 죽음뿐만 아니라 아홉수에 대한 다양한 알리바이를 주술처럼 외우고 계셨기 때문이다.

    지금은 닭갈비로 유명한 춘천에서 나는 유년을 보냈다. 내가 초등학교 5학년이 되던 해였다. 우리집 골목 부근 춘천 이발소가 있던 자리에 "부화장"이라는 것이 생겼다. 병아리는 어미 닭이 품어 준 알에서 태어나는 것으로 알고 있던 당시로서 기계에서 병아리가 대량으로 쏟아져 나온다는 것은 충격적인 사건이었다. 요술의 집 같던 그 부화장에는 서울에서 대학을 다니다 내려왔다는 청년이 하나 있었다. 그 집 아들이라고도 하고 조카라고도 했는데 출입 금지 팻말이 걸려 있는 부화장 유리문 안을 들여다보면 그 청년이 기계 앞 작은 나무 의자에 앉아서 늘 책을 읽는 모습이 보였다. 얼굴이 희고 차가워 보이는 게 강원도 사람(?) 같지가 않왔다.

부화장이 들어선 다음해 겨울, "제니스 새댁"과 이 청년이 함께 사라진 사건이 일어났다. 제니스 새댁이란 군인 소령이었던 남편을 따라서 서울에서 춘천으로 내려온 여자였는데, 상당한 미인이었다. 라디오가 귀하던 시절에 그 집에는 미국산 대형 제니스 라디오가 있다고 해서 동네 사람들은 그녀를 제니스 새댁이라고 불렀던 것이다. 그 새댁이 자주 매를 맞는 소리를 들을 수 있었는데 동네 어른들은 아이를 낳지 못하는 죄 때문이라고들 했다. 어린 내가 보기에 저렇게 예쁜 부인을 왜 때리나, 군인이란 참 무서운 사람이구나 그런 생각을 했었다.

제니스 새댁이 사라진 다음날 부화장은 박살이 났다. 어머니는 할머니께 이 모든 불상사는 제니스 새댁의 나이가 스물아홉이었기 때문에 당하는 액운이라고 설명하셨다. 아홉수 넘기기가 쉽지 않다는 미신 같은 신념을 가지고 일생을 사신 분을 어머니로 둔 나 또한 아홉수라는 나이에 결코 자유로울 수는 없었다.

오십을 넘긴 지금 돌이켜보니 아홉수와 나의 삶이 그리 무관하지만은 않았구나 하는 생각이 들 때가 많다. 나의 미래가 결정되는 전환기 turning point는 대체로 아홉수에 찾아왔던 것만 같다. 그러나 고통스럽고 곤욕스러운 일들만 있었던 것은 아니다. 일본 문학에서 여성학으로 전공을 바꿀 계획을 세운 것도 오십을 바라보면서였다. 현재는 여성학이라는 충격적(?)이고도 신선한(?) 학문에 입문해서 악전고투중이지만 "네 선택은 옳았어" 하고 스스로를 격려하며 여성학 연구에 몰두하고 있다. 주위 사람들은 신세대도 아닌 쉰세대에 너 대단하다고 욕인지 칭찬인지 모를 소리를 내게 하고 있지만, 나는 이보다 더 적절한 선택은 있을 수 없다고 믿고 있다. 이런 와중에 흔히들 말하는 갱년기 장애라는 증상이 무엇인지 모른 채 오십대에 진입한 것이다.

서른아홉을 바라보는 초겨울에 아버지께서 돌아가셨다. 그리고 의지가 되던 여동생네마저 이민 길에 올랐다. 매일 매일의 피로가 앙금처럼 가라앉아서 그 앙금의 무게에 눌리어 사는 것 같은 일상이 지속되었다. 불면과 짜증이 쌓이면서 마음도 지글지글 끓기 시작했다.

그렇게 나는 서른아홉을 맞고 있었다. 외국 유학이라도 떠나서 이 모든 상황, 혹은 관계로부터 절연하고 싶다는 생각이 꾸역꾸역 들었다. 떠나 보고 싶다고 남편에게 말했다. 아이들이 문제였다. 초등학교 4학년과 유치원생인 두 아이들을 누가 돌볼 것인가. 남편이 아이들은 내가 맡을 테니 잘해 보라고 격려를 해주었다. 그 무렵 남편은 인도로 가고 싶다고 자주 말해 왔다. 나보다 더 떠나고 싶었던 사람은 그였는지도 모른다. 떠나고 싶어했기에 나를 보내줄 수 있었던 건 아니었을까, 그런 생각을 하면서 결혼해서 처음으로 남편이 고맙다는 마음이 들었다.

마흔을 바라보는 전업 주부가 유학을 가겠다고 나서니까 비자는커녕 여권을 만들기조차 여간 까다롭지가 않았다. 신원을 보장받을 수 있는 어떤 직장도, 소속되어 있는 무슨 협회도 없는 나였으니 더욱 어려울 수밖에 없었다. 더구나 유학을 빙자해서 돈벌러 일본 가는 여자쯤으로 보는 데는 참을 수가 없었다. 시간이 걸리더라도 적법하고 당당하게 절차를 밟아 떠나자고 마음을 먹고, 당시 문교부에서 시행하는 자비 유학생 선발 고사라는 유학 시험 준비에 들어갔다. 유학을 위한 워밍업이 시작된 것이다. 그때가 아홉수의 정점, 서른아홉이었다.

사십대에 떠난 유학이었지만 즐겁고 행복했다. 대학에서도 한국에 관심을 가진 분을 지도 교수로 만날 수 있어서 다른 유학생보다 운이 좋았다고나 할까. 소설가이기도 한 지도 교수 덕분에 일본 근세 문학에 접근하기도 수월했다.

이미 대학에 들어오기 전에 인권이나 전쟁 책임 같은 문제 의식을 가지고 있던 일본 학생들이 한국에서 온 아줌마 학생 곁으로 모여들었다. 김치찌개를 가운데 놓고 소주잔을 기울이며 히로시마 나가사키 원폭 피해, 남경 대학살, 종군 위안부(일본군 위안부), 천안문 사건 같은 역사적 진실에 관한 논쟁과 열띤 토론으로 밤을 새우는 날이 많았다. 누구도 나에게 나이를 묻지 않았다. 나 자신도 나이를 잊고 5년 반을 보냈다. 그 후로 나는 몇 살인지 잊고 사는 편리한 버릇이 생겼다.

졸업 논문을 쓸 때 폐경이 왔다. 마흔다섯이었다. 월경이 없으니 차라리 홀가분했다. 졸업 논문을 제출하고 서울 집으로 돌아왔을 때 6개월만에 다시 월경이 시작되었다. 좀더 솔직히 고백하자면 내가 언제 폐경기 여성이 되었는지 모른다. 월경이 완전히 사라진 때가 몇 년 몇 월인지 모르기 때문이다. 폐경 전 단계에 상당수 여성이 경험한다는 홍조 현상이나 질 건조증, 두통, 집중력 감퇴 같은 증세를 거의 느끼지 못했다. 내 몸의 변화에 대하여 민감하지 못한 아둔한 성격과 힘든 공부 덕분에 갱년기 증상을 미처 깨닫지 못하고 산 것은 아닐까?

요즈음 나에게 갱년기 증상이 가장 심한 부분은 모발이다. 머리 속이 훤히 들여다보이는 손상된 듯 부스스한 백색의 모발은 내가 이미 갱년기를 지나 노년기에 들어간 여성임을 입증해 주고 있다. 그러나 정성을 다해 물을 들이고 갈색 브리지라도 두어 가닥쯤 집어 넣고 헤어크림이라도 발라 주는 날은 갱년기 여성의 모발에서 대학원생의 모발로 변신이 가능하다. 교수님이나 동료 학생들에 대한 예의상 늙은이 티는 내지 말아야 한다는 핑계를 대고 있지만 검불 같은 백발로 당당히 살지 못하는 내가 비겁해 보일 때가 있다.

여성의 평균 수명이 오십을 조금 넘었던 시절 마흔아홉이라는 나이에서 느끼는 공포나 거부감이 "죽음"에 대한 것이었다면 오늘날 여성의 공포는 "외모"와 "건강"이 아닐까. 늙는다는 것은 삶의 한 도정에서 피해 갈 수 없는 과정이다. 갱년기 박사라는 별명을 가진 친구가 있었다. 갱년기 증상과 장애 현상뿐만 아니라 호르몬 치료 요법 등 모든 게 박사였다. 그녀의 이야기를 듣고 있자면 여성은 모두가 갱년기 장애로 생을 마감할 것만 같다. 최근에 그 친구가 심한 우울증으로 병원에 다니고 있다는 소식을 들었다. 늙을 것을 두려워한 나머지 마음이 먼저 병들고 드디어 몸까지 병든 친구들이 늘고 있다. 어떤 의미에서 여성의 몸의 변화를 가져오는 변수는 나이보다 마음이나 정신에 있는 게 아닌가 생각해 본다. 아홉수 또한.

1946년생으로 아홉고개에 재충전을 위해
다시 공부를 시작했으며,
지금 한국정신대연구소 연구원으로
일하고 있다. 1남 1녀가 있다.

박혜란

늙기 전에 죽을 거야

한창 개똥철학에 빠졌던 십대 시절, 유난히 시건방졌던 난 서른세 살까
지만 살아도 무지 오래 사는 거라고 믿었다. 교회에 다녔던 것도 아니건
만 공자님이나 부처님이 몇 살에 돌아가셨는지는 몰라도 예수님이 십자
가에 못 박혀 돌아가신 게 서른세 살 때였다는 건 일찍부터 머리 속에
박혀 있었던 모양이다. 예수님처럼 훌륭하신 분도 서른세 살 밖에 못(안)
살고 돌아가셨는데 나 같은 미물이 그보다 오래 산다는 건 어쩐지 도리
가 아닌 것 같다는 엉뚱한 겸손 때문이었을까. 아니 그보다는 도대체 이
세상이라는 게 33년보다 더 길게 살 만큼 재미있을까 지레 걱정이 컸던
때였다.

당시에는 나의 부모님을 빼놓고 서른세 살보다 더 나이 들었음직한 사
람들을 보면 참 한심해 보였다. 내가 보기에 그들은 무능하거나 탐욕스
럽거나 둘 중의 하나였다. 주위에 나이 든 친척들이 거의 없었기 때문에
내가 어른들을 만날 수 있는 장소는 학교밖에 없었다. 그런데 초등학교
부터 중고등학교에 이르기까지 12년 동안 내 눈에 비치는 학교 선생님

들은 남자인 경우 즐거움이라는 건 먼 세상일이라도 된다는 듯한 시들한 표정에 어깨가 구부정한, 하나같이 무기력해 보이는 어른들로, 저러고 왜 사나 싶었고 여자들은 신경질적인 표정에 탐욕스런 눈빛을 갖고 있었다. (물론 예외 없는 법은 없다는 말처럼 멋진 여선생님이 한 분 계시긴 했지만.)

그나마 멋지게 보이는 어른들은 영화나 소설 속에서 간혹 찾아낼 수 있었는데 그들도 아무리 훌륭해 봤자 주인공인 젊은이들의 들러리에 지나지 않았다. 또 학생 시절 의무적으로 읽어야 했던 위인전 속의 어른들은 숨막힐 만큼 너무 완벽해서 현실 속의 사람들이 아닌 것 같았다. 그렇게 이 세상은 젊은이들에게나 살 만한 곳이고 나이 든 이들은 "죽지 못해" 삶을 이어가는 곳으로 보였다. 그러니 서른세 살이 넘으면 가능한 한 빨리 죽어 주는 게 나를 위해서나 세상을 위해서 도움이 되리라고 생각했다.

대학 4년 그리고 직장 생활 6년의 이십대를 그토록 발광하듯 살아냈던 건 이 시기가 지나면 내 인생은 더 이상 없다는 절박감 때문이었던 것 같다. 내가 사회 생활을 하면서 만났던 사람들은 대부분 "저렇게 늙어 가면 안 되는데…"라는 결심을 굳혀 주는 모델들이었다. 당시 패기만만한 신입 기자였던 나는 얼마나 뾰족한 심성을 가졌던지 언젠가는 평소 꽤 괜찮은 사람이라고 생각했던 어떤 여성 소설가가 자신의 일제 핸드백이 얼마짜린 줄 아느냐고 자랑하는 말을 듣고 정나미가 뚝 떨어진 적도 있었다. 나이 든 여성들에 대해서 칼같이 비판하던 것에 비하면 나이 든 남성들에 대해선 비교적 관대하게 봐주었으니 젊은 시절의 나는 갈데 없는 여성 혐오주의자였다.

비판하기는 쉬워도 대안을 찾기는 어렵다고 어떻게 사는 게 괜찮게 늙어가는 모습인지를 그릴 수 없었기에 무조건 나이 드는 것이 싫고 두려웠다. 그렇다고 천재도 아닌 터에 요절하기를 바랄 수도 없으니 그냥 미래에 대해선 아무 생각도 안 하고 사는 게 제일 속편한 일 같았다. 한마디로 나는 인생을 길게 볼 줄 몰랐고 따라서 내 앞의 그 긴 삶을 어떻게 요리해 나갈 것인지에 대한 밑그림이 없었다. 핑계 같지만 그렇게 된 데에는 내가 모자란 탓도 있지만 우리 사회가 젊은 여성들에게 인생을 길게 보고 설계해 나가야 한다고 가르치지 않았기 때문이 아닐까.

내가 한창 기자 생활에 물이 오를 즈음이었던 스물다섯에 서둘러 결혼을 한 까닭은 어쩌면 겉으론 아닌 척하면서도 나 역시 무의식중에 공주병을 앓고 있었기 때문인 것 같다. 나이 든 후의 삶에 대해 구체적이고 주체적인 설계를 하지 못하던 내게 결혼만 하면 "영원히 행복하게 살았습니다"라는 동화책의 결말은 손쉬운 탈출구로 다가왔다. 어떤 동화도 멋진 왕자와 결혼한 공주가 아이 낳고 살림하고 싸우면서 나이 들어가는 모습은 한 글자도 비춰 주지 않는다. 솔직히 그 예쁘고 착한 공주가 생활에 지쳐 지지고 볶는 모습을 보여 주면 어떤 여자가 감히 결혼이란 걸 하고 싶어 할까마는.

앞으로도 한참 남았구나

그리고 드디어 서른세 살에 다다랐을 때 나는 일곱 살, 다섯 살, 세 살짜리 아이들의 엄마가 되어 있었고 물질에 대한 상승 의지로 무장된 중산층 주부 역할에 전력 투구하느라고 사춘기적 생각은 까맣게 잊고 있었다. 아이들과 씨름하며 좁은 아파트를 맴도는 것만으로도 하루는 후딱후딱 지나가 버렸다. 아이들의 나이가 한 살 한 살 늘어감에 따라 내 나이도 더불어 든다는 사실에는 전혀 생각이 미치지 않았다. 마치 치열한 전쟁터와 같던 삼십대였다. 이윽고 큰애가 십대에 들어서면서 생활에 자그마한 짬이 나기 시작하자 나는 어느새 중년기의 문턱을 훌쩍 넘어선 자신을 발견하곤 깜짝 놀랐다.

한때 예상했던 것보다 참 오래 살았구나 싶은 생각이 듦과 동시에 그럼에도 불구하고 남아 있는 삶이 아직도 한참이구나 하는 깨달음에 겁이 더럭 났다. 서른세 살이 훨씬 넘은 나는 아직도 너무 젊다 못해 어린 것 같았다. 이제까지는 아무 준비 없어도 저절로 나이를 먹었지만 앞으로는 제대로 준비를 하지 않으면 남은 삶이 아주 추례해질 게 뻔하다는 새로운 걱정이 나를 사로잡았다.

사실 그 동안에도 간혹 노후에 대해 전혀 생각해 보지 않은 것은 아니었다. 하지만 대부분은 돈, 즉 노후의 생활 자금에 관한 것이었다. 또래들끼리 만나면 "눈감기 전엔 자식들에게 절대로 재산을 물려주지 말아야 한다"는 게 일종의 맹세처럼 되풀이되곤 했다. 가난한 부모 세대의 초라한 노후를 보면서 또래들은 더욱더 돈에 집착했다. 우리 세대는 아마 돈을 거머쥔 첫 노인 세대로 기록될 게 틀림없다.

하지만 30년 후의 품위 있는 노후도 중요하지만 앞으로 30년 동안 돈만 생각하면서 지낼 순 없는 노릇이다. 이미 지나가 버린 청춘과 앞으로 다가올 노년의 사이에 낀 이 시기를 과연 어떻게 살아야 좋을까.

마흔이 다 되어서야 나의 인생에 대해서 처음으로 진지하게 생각해 보았다. 아이들을 워낙 좋아했던 나였지만 앞으로도 아이들 자라는 것만 보고 살고 싶지는 않았다. 나는 나만의 일을 갖고 싶었다. 그 일과 더불어 나이 들고 싶었다.

중년기의 초입에서 한동안 심리적 갈등을 겪던 나는 결국 내가 꼭 하고 싶고 또 내게 꼭 맞는 일을 찾기 위한 방법으로 당시 막 등장했던 여성학 공부를 시작했다. 내가 여성이면서도 스스로 여성이라는 사실을 그렇게 싫어했고 여성들을 그렇게 미워했던 이유를 알고 싶었던 것도 큰 이유 중의 하나였다.

"그 나이에 왜 사서 고생이냐"는 주위의 비아냥도 내겐 아무런 상처를 주지 못했다. 서른아홉이 어때서. 서른아홉이라는 나이는 새로 시작하기에 아주 적합한 나이였다. 앞으로 살아갈 날들을 생각한다면 서른아홉은 너무 이른 나이일지는 몰라도 남들이 걱정하듯 결코 늦은 나이는 아니었다. 나는 혹시 나보다 젊은 여성들이라면 또 몰라도 나보다 한참을 더 산 여성들이 나이에 대해서 틀에 박힌 생각을 하는 게 잘 이해가 되지 않았다. 열아홉 살이 생각하기엔 서른아홉은 늙은 나이이겠지만 쉰아홉이 보기에 그 나이는 한창 청춘이 아닐까.

하고 싶어서 시작한 일은 재미있었다. 비록 그 동안 살림만 하느라고 삼지사방으로 분산된 머리 속은 한 갈래로 다잡기에 힘이 들었지만 몸에는 힘이 넘쳤다. 살림이 보통 노동인가? 결혼 전 깡말랐던 몸은 십 년여의 가사 노동으로 탄탄하게 단련되어 있었다. 육아와 살림을 병행해야 했기에 문제는 항상 시간이었지 몸이 말을 듣지 않아 괴로웠던 적은 없었다. 새로운 도전은 정신과 몸에 새로운 에너지를 불어넣는 것 같았다.

중년기의 가운데 토막이라고 할 수 있는 사십대를 난 그 어느 때보다 활기차게 살았다. 주위를 둘러보아도 에너지가 넘치는 사십대 여성들을 수없이 만날 수 있었다. 많은 자녀를 낳고 기른 윗세대에서는 불가능한 일이었다. 처음 학교에 갈 때는 지하철 타기도 겁이 나서 다리가 후들거리던 내가 천 명이 넘는 대중 앞에서 강연을 하기도 하고 단신으로 중국 땅에 가서 1년 동안이나 휘젓고 다니다니 정말 대단한 발전 아닌가.

그냥 이대로 나이 들어가도 괜찮다는 생각이 들 만큼 정신은 풍요로웠다. 하지만 심리적 만족을 추구하느라 몸을 돌보지 않은 건 큰 실수였다. 정신의 젊음만으로 몸의 노화를 막지는 못한다는 것을 난 잊고 있었다.

몸, 반란을 일으키다

난 오십이 넘도록 잔병치레와는 거리가 멀었다. 간혹 치통과 무좀이 괴롭히긴 했지만 몸이 내 생활을 방해한 적은 한 번도 없었다. 그 흔한 생리통조차 겪은 적이 없었고 생리중에는 오히려 기분이 더 밝아지고 기운이 솟구치는 것 같았다. 이렇게 건강하다 보니 사춘기 때는 스스로가 원시 동물같이 느껴져 조회 때마다 픽픽 쓰러져 양호실로 실려 가는 가냘픈 아이들이 부러울 지경이었다.

세 아이 모두 심한 입덧 없이 자연 분만으로 낳았고 아이들도 예방 접종 때 말고는 병원에 간 적이 거의 없을 정도로 튼튼하게 자랐다. 입버릇처럼 나는 "다른 건 몰라도 건강 하나는 자신 있다"며 큰소리를 치고 살아왔다.

그러면서도 "건강한 육체에 건강한 정신"이라는 구호는 마음에 들지 않았다. 나는 내 몸이 튼튼한 걸 부모님 덕분이라고 고맙게 생각하면서도 그보다 더 내 정신이 건강하다는 증거로 내세우고 싶었다. 몸은 마음 먹기 나름이 아닌가.

쉰 고개로 넘어가던 무렵부터 나는 자주 몸이 피곤해지는 걸 느꼈다. 사실 그때 병원에 가서 검사를 받아야 했는데 나는 너무 과로해서 그러니 일을 조금만 줄이면 괜찮아지겠지 하고 넘겨 버렸다. 남편과 아이들도 병원에 가보라고들 야단했지만 난 짜증까지 내면서 막무가내였다. 병원에 자주 다니지 않던 사람들이 겪는 병원 공포증이 발목을 잡고 있었다.

그때쯤 언제나 그런 대로 굴러갈 것만 같던 남편의 일에 브레이크가 걸렸다. 어느 날 남편은 사업이 실패했다는 사실과 그 후에 겪어야 할 일들을 알려 주었다. 나는 남편이 크게 성공하려는 욕심이 원초적으로 결여된 사람인 만큼 크게 실패할 리도 없다는 믿음 속에서 살아왔기 때문에 심한 충격을 받았다. 많이 갖고 있었던 것도 없는데 그것조차 빼앗긴다는 게 참을 수 없을 만큼 속상했다.

처음엔 꽤 의연했다. 내가 이런데 본인은 얼마나 괴로울까 싶어 마음을 달래라고 남편에게 미국 여행을 권할 정도였다. 그리고 난 더욱더 많은 강연과 글을 맡아 생각할 틈이 없을 정도로 바쁘게 살았다. 아이들 키운 이야기를 책으로 써서 이십 만 부 가까이 팔리자 전국에서 강연 요청이 쇄도했고 난 생애 가장 바쁜 몇 해를 보냈다. 평소의 자녀 교육관을 마음껏 펼칠 수 있다는 보람과 더불어 나도 이렇게 큰 돈을 벌 수 있구나 하는 경제적 자신감도 한껏 커갔다. 몸에 대한 걱정도 한동안 잊혀져 갔다.

하지만 정신력으로 버티는 데도 드디어 한계가 왔다. 몸은 자꾸 마르고 피로감은 날이 갈수록 심해졌다. 일을 대폭 줄였는데도 마찬가지였다. 남들은 폐경한 지 오래라는데 생리 때 출혈량이 갑자기 많아지기 시작하더니 기간 내내 큰 몸살을 앓곤 했다. 시시때때로 이러다가 죽을 지도 모른다는 두려움이 엄습하는데도 병원 가기는 죽기보다 싫었다. 나는 몸의 경고를 겸허히 받아들이기보다 그 동안 순종적이기만 했던 내 몸이 내가 어려울 때 반란을 일으킨다는 사실이 괘씸했다. 결국 나의 정신이 나의 몸에 패배했다는 사실도 수긍하기 싫었다. 아니 어쩌면 몸이 망가질 만큼 스트레스를 받는 삶을 살아왔다는 사실을 인정하고 싶지 않았는지도 모른다.

그러나 그냥 이대로 죽을래 하고 버텼던 것은 순전히 허풍이었나 보았다. 쉰네 살의 봄, 열흘도 더 넘게 생리가 그치지 않아 얼굴이 백짓장이 된 채 나는 병원에 가자고 남편을 불렀고 응급실을 통해 들어간 병원에서 엄청난 양의 피를 수혈한 후 자궁 수술을 받았다. 의사는 극심한 빈혈에 혈당치도 높다며 이런 몸으로 어떻게 움직였느냐고 기가 막히다는 표정을 감추지 않았다. 관록이 붙어 보이는 간호사는 알 만한 사람이 이렇게 무식할 수 있느냐며 노골적으로 핀잔을 줬다.

최악의 상태에서 간신히 건져낸 내 몸은 당연히 회복 속도가 느릴 수밖에 없었다. 그러나 몸보다 더 회복이 더딘 건 내 마음이었다.

마음대로 안 되는 마음

몸이 늘 피로하고 매사에 짜증이 나고 웃을 일이 점점 줄어들면서 나는 이게 늙어 가는 신호라고 생각했다. 이제까지 그토록 열심히 매달려온 일들이 새삼 시큰둥하게 여겨지기 시작하고 성공하겠다고 아등바등하는 인간들이 가엾게 보이기 시작하는 것을 난 갱년기에 누구나 겪는 심리적 과정이라고 생각했을 뿐 그것을 꿈에도 우울증과 연결시키지 못했다. 이런 게 바로 중년에서 노년으로 들어가는 길의 한 단계려니 싶었다.

한동안의 심리적 혼란을 거친 후 나는 여자들이 나이 들어가는 모습을 그 단계에서 기록해 보는 것도 꽤 재미있을 것 같다는 생각이 들었고 자발적으로 다른 글들은 모두 끊고 여성신문에 「나이 듦에 대하여」라는 제목으로 글을 쓰기 시작했다. 직접적으로 노인 문제를 다루는 게 아니라 오십대 여자인 내가 일상에서 느끼는 것들을 마음 내키는 대로 풀어대는 글이었다. 읽는 이들에게 어떤 재미를 줄지는 나도 잘 모르겠지만 적어도 이렇게 글쓰기를 통해 자신의 삶을 정리해 나가다 보면 이제 더 이상 마음의 혼란은 없으리라고 믿었다.

그러나 웬걸, 수술 후 1년이 지나도록 나는 극심한 우울증에 빠져 허우적거렸다. 아니 지금도 완전히 빠져 나오지 못하고 발을 담그고 있다. 단순히 여자들이 흔히 자궁 수술을 한 후 앓는다는 우울증이 아니라 갱년기에 온다는 심각한 우울증이다. 가끔씩 신문에 실리는 우울증에 대한 기사를 보면 우울증을 진단하는 열 가지 또는 열두 가지의 지표가 나오는데 난 그 모든 증세에 해당되었다.

무엇보다 이제까지 살아온 삶이 모두 헛것이었다는 무기력감에서 빠져 나오기 힘들었다. 제 몸 하나 건강하게 지키지도 못하면서 무얼 한다고 그리 설쳐댔나 싶었고 살림은 엉망으로 하면서 무슨 영광을 보겠다고 바깥으로만 돌았나 싶은 게 바보 같은 자신이 밉고 싫었다. 아이들 잘 키웠다고 책까지 쓸 때는 또 언제인지 아이들에게 소홀했던 일들이 새록 새록 후회스러웠다.

남편은 당신이 다 잘못 살았다고 쳐도 아이들 잘 자란 것만으로도 고 맙고 자랑스럽지 않느냐고 위로했지만 난 엄마의 도움 없이 스스로 자라 느라고 얼마나 힘들었을까 미안하기만 했다. 심지어 어렸을 때 중국 음식을 시키면서 탕수육은 비싸니 자장면만 시켜 먹자고 했던 일조차 가슴이 아파 눈물이 났다.

그냥 죽으면 됐지 누가 날 필요로 한다고 병원에 가자고 했나 스스로 가 징그러웠다. 아이들도 다 컸는데 내가 더 살면 뭐하나 싶었다. 지금껏 살아오면서 씩씩하고 쾌활했던 아내가 딴판으로 변하자 남편은 꽤 괴로운 기색이었다. 남편이 미안해 하면 당신은 미안할 것 없어, 당신과 결혼한 내가 바보지, 라는 식으로 가슴에 못을 박았다. 따뜻하게 위로하는 친구들에게도 말이 곱게 나가지 않았다. 친구들이 너만 그런 게 아니다, 자신도 육체적으로나 정신적으로 지쳐서 힘들다고 푸념하면 다 엄살로 들렸다.

아침마다 눈을 뜰 때면, 오늘은 제발 다른 사람들에게 짜증을 내지 않도록 도와주십시오, 내가 갖고 있는 모든 것에 고마움을 잊지 않게 해주십시오라고 누군가에게 기도했지만 기돗발은 한 시간도 지속되지 못했다.

일도 싫고 사람 만나는 것도 싫었다. 정기 검진차 할 수 없이 병원에 자주 가지만 앞으로 죽을 때까지 건강을 되찾을 수 없으리라는 생각 때문에 갈 때마다 마음이 무거웠다. 갑자기 죽을지도 모른다는 두려움에 떨다가도 살 날이 아득하게 느껴지기도 했다.

이렇게 사는 게 얼마나 어리석은 일인지 한심했지만 내 마음은 이미 내게서 벗어나 버렸다. 살아오면서 처음으로 종교의 필요성을 강하게 느꼈다. 하지만 정작 교회나 절을 찾는 일은 여전히 번거롭게 여겨지기만 했다.

이 나이가 되도록 몸과 마음을 다스리지 못하고 혼란에 빠진 자신이 측은하고 바보 같았다. 이 정도로 살았으면 사는 데 어느 정도 노하우가 쌓였어야 하는 것 아닌가.

나를 속인 인생에 대한 분노, 앞날에 대한 불안, 그리고 의욕 상실이라는 갱년기 우울증의 수렁에서 나를 끌어내는 데 가장 큰 힘을 발휘한 건 무엇보다 시간이었다. 그런데 시간은 곧 나이를 뜻한다. 결국 수렁에 빠진 것도 나이 때문이었고 수렁에서 건진 것도 나이인 셈이니 나이는 거저 먹는 게 아닌가 보다.

노년을 향하여 : 세상 다시 보기

"아파 보셨으니까 이젠 좀 인간다워지시겠네요." 자주 만나진 못하지만 마음으로 늘 이어져 있는 한 후배가 그 동안 너무 힘들었다고 주저리주저리 엄살을 떠는 내게 산뜻하게 한방 먹였다. 그는 너무 건강한 사람들은 비인간적으로 보여 약이 오른다고 했다. 전 같으면 말도 안 되는 소리라고 반박했을 테지만 이젠 수긋하게 웃으며 받아들일 수 있다. 주위를 둘러보니 내 또래엔 건강한 사람들보다 아픈 사람들이 훨씬 많다는 걸 알았다. 또 모두들 자기 몫의 즐거움만큼이나 괴로움을 안고 산다는 것도 알았다.

중년의 끝부분에 서니 저만치 보이던 노년이 성큼 다가왔다. 어느새 추슬러진 몸만큼이나 마음도 푸근해지는 걸 느낀다. 전에도 마음의 상처를 받고 도움을 청하는 사람들에게 모든 걸 다 이해하고 있다는 듯이 "산다는 건 정말 만만치 않은 일"이라고 읊어 댔지만 솔직히 난 이제 겨우 산다는 게 뭔지 알 것 같은 기분이다. 세상엔 공짜가 없다. 값을 치른 만큼 얻는 게 있다. 지난 몇 년 간의 시련은 준비 없이 그냥 공짜로 나이만 먹던 내가 부담해야 했던 정당한 수업료였다.

이젠 노년을 준비하면서 살자고 결심할 필요도 없이 세상이 아주 다른 모습으로 보인다. 난 그 동안 내 앞길에는 함정이 없다고 터무니없이 낙관하고 살아왔다. 하지만 살아가는 길은 생각했던 것보다 훨씬 길고 따라서 요소요소에 함정이 숨어 있다. 살다 보면 일이 잘 안 풀릴 때도 있고 몸이 나빠질 때도 있다. 함정을 피해 가려고만 애쓸 것이 아니라 더 중요한 것은 그 함정도 내 삶으로 받아들이고 대처하는 것이다. 성공도 실패도 건강도 병도 내가 끌어안아야 하는 나의 몫이다.

나이 들어가면서 해야 할 준비란 어쩌면 아주 간단한 일일지도 모른다. "누구에게나 무슨 일이든 일어날 수 있다"는 걸 받아들일 마음을 갖추는 일이다. 남에게 일어난 일은 내게도 일어날 수 있는 일이며 내가 겪은 일은 남도 겪을 수 있는 일이다. 그러니 어떻게 남이 남으로만 남을 수 있을까. 남은 곧 나이다.

드디어 노년의 초입에 이르러 나는 남을 경쟁이나 미움의 대상으로 밀치지 않고 더불어 살아가야 할 사랑의 대상으로 볼 수 있게 됐다. 무슨 이념이나 구호에 의해서가 아니라 그냥 마음으로 남의 아픔을 나의 아픔으로 느낄 수 있게 됐나.

아직은 어림없다. 앞으로 좀더 열린 마음으로 세상을 보고 아주 자그맣게라도 좋은 일을 하면서 살고 싶다면서도 오늘도 여전히 스스로에게 불만이고 남편이 못마땅해서 속앓이를 한다. 나이 들어가면서 마음 다스리기에 못지않게 내 몸도 사랑하며 살자고 다짐했지만 몸 돌보는 일에는 익숙하지 못하다. 하지만 사는 게 뭔지 감이 잡힌다. 이제 겨우.

중년의 끝머리에서 다가오는 노년을 근심스럽게
그러나 호기심을 갖고 맞을 준비를 하고 있다.
오랫동안 병석에 누워 계신 시어머니와 친정 어머니를 보면서
어떻게 살 것인가보다 어떻게 죽을 것인가에 골몰하고 있다.

팔십대의 시어머니를 모시는 오십대 며느리

김 태 현

육 남매의 맏며느리로 산다는 것이 내 삶에서 무엇을 얻을 것이고, 잃을 것인지를 곰곰이 생각해 보지도 않고 겁없이 결혼한 지 26년이라는 시간이 흘렀다. 그리고 나는 오십대에 들어서 버렸다. 이 정도의 세월이면 지금까지 꾸려온 가족 생활이 앞으로도 이런 모습으로 지속되겠지 하는 확신이 서야 하는데 그렇지 못하다. 이는 시어머니 부양과 두 남매 양육과 남편의 뒷바라지에 에너지를 너무 많이 써버려서 지쳤기 때문이다. 이제 하나씩 되돌아보고 정리하며 쉼표를 찍어 나가면서 새로운 가족 관계를 정립해 보는 것이 앞으로의 노년기의 삶의 질을 높이는 일이라 생각한다.

고부간의 인연 : 악연인가? 업보인가?

시어머니와 며느리의 관계는 누구나 운명으로 맺어졌으리라 생각하고 호의적으로 출발한다. 나도 그렇게 출발했고 큰 응어리 맺지 않으려고 노력해 왔다. 시어머니는 열여덟에 결혼해서 10년 간 아이를 낳지 못하시다가 많은 정성을 들인 끝에 위로 세 딸(딸 한 명은 잃으셨다)을 낳고 아래로 아들 넷을 낳으셨다. 그 당시 시대적인 배경을 생각하면 결혼 후 오랫동안 아들을 낳지 못한 세월은 시어머니로서는 힘들고 고통스러운 나날이었으리라는 것은 짐작이 간다. 회한의 세월을 보내다가 낳은 큰아들에 대한 정성과 기대는 너무나 컸었다. 그렇게 하여 키운 아들을 결혼시켜 맏며느리를 본 시어머니의 기쁨은 사뿐사뿐 날아가듯이 걷는 걸음걸이에서도 느낄 정도였다. 이 느낌은 나로 하여금 시어머니와 좋은 인연이라는 선입감을 심어 주었다. 그러나 여러 가지의 변수들이 나의 결혼 생활에 파고들면서 좋은 느낌으로 시작한 고부 관계가 이제는 좋은 인연도 악연도 아닌 내가 치러야 할 업보라는 생각에 이르게끔 하였다. 기쁨, 만족, 고마움, 고통, 원망, 미움이 씨줄과 날줄처럼 짜여진 내 삶의 업보일 뿐이다. 내가 그 동안 시어머니와 함께 사는 것이 힘들었던 것은 시어머니 자체의 특성뿐 아니라 남편 및 시댁 친척들의 특성들이 복잡하게 맞물렸기 때문이었다.

의존적인 시어머니

시어머니는 전형적으로 삼종지의를 철학으로 삼고 계시는 분이다. 어릴 적에는 친정 아버지에게 의존하셨고 결혼 후에는 남편에게, 늙어서는 아들에게 의존하시고 사시는 분이다. 시아버님이 14년 전에 여든하나에 돌아가시고 난 후에 시어머니는 전적으로 우리 부부에게 의존하셨다. 흔히 평균 수명이 길어지면서(2000년 현재 남성은 70.6세, 여성은 78.1세) 긴 노년기를 3단계로 나누어 분석한다. 60-74세를 노년기 초기로, 75-84세를 노년기 중기로, 85세 이상을 노년기 후기로 분류할 때 노년기 초기와 노년기 후기의 가장 큰 차이는 의존성의 정도이다. 여든아홉이신 시어머니는 경제적, 심리적, 정신적, 신체적 모든 면에서 완전 의존기에 접어들었다. 이러한 의존성이 다른 노인에 비해 심한 이유는 시어머니의 비활동적, 비사교적인 성격 때문이라고 본다.

시어머니의 비사교성 및 비활동성

지금도 궁금한 것은 어떻게 친구가 한 명도 없이 한평생을 살 수 있을까? 외부 활동을 하지 않고 어떻게 사회 속에 존재한다는 느낌을 가질 수 있을까? 하는 의문이다. 내가 결혼 후 한동안 시어머니가 친구와 만나서 영화를 보거나 여행을 하시는 것을 본 적이 없었다. 항상 가족이나 친척들이 그녀의 유일한 사교 활동 범위였다. 시아버지가 돌아가시기 전에 하신 일 중에 내가 높이 평가하는 일은 어떤 할머니 한 분을 집에 데리고 오셔서 시어머니의 친구로 만들어 주신 일이다. 동네 아파트에 사시는 분인데 버스 안에서 오며가며 만나다가 하루는 시아버지가 이 할머니에게 부인이 친구가 하나도 없으니 친구가 되어 달라고 사정하여 모시고 왔었다. 그 이후 시어머니는 이 친구와 시장이나 노인 대학에 가시거나 우리 집에 오셔서 하루종일 두 분이 이야기를 나누곤 하셨다. 내가 가끔 노인 대학이나 절에 모시고 가던 일을 이 할머니가 대신해 주어서 참으로 고마웠고 특히 시아버지가 운명하신 후 시어머니가 우울감에서 빠져 나오는 데 큰 힘이 되어주신 분이었다. 그러나 5년 전에 이 할머님이 미국에 사는 둘째 아들 집으로 가신 후 시어머니는 또 혼자서 하루종일 집안에서만 계신다. 근처에 사는 딸이나 아들 집에도 식사 시간을 피해서 잠시 다녀올 뿐 거의 외출을 하지 않으시기 때문에 사회와 점점 더 고립되고 우리 가족에게만 의존하는 생활을 하고 계신다.

손자녀에 대한 차별

시어머니는 당신의 아들과 딸에 대한 구별이 심하실 뿐 아니라 손자와 손녀에 대한 차별도 심하시다. 물론 현재 대부분의 노인들은 남녀 차별이 심한 사회 속에서 성장하였기 때문에 이 부분이 내면화되어 있다. 특히 시어머니는 오랫동안 아들을 낳지 못해 받았던 고통이 컸었기 때문에 더욱 아들 선호 사상이 강하다. 내가 첫아들을 낳았을 때 기뻐하시던 모습과 그 이후 손자에게 쏟은 정성은 엄마인 내가 보인 사랑과는 또다른 강렬한 사랑이었다. 그래서 지금도 그 아이가 안정된 성품을 지니게 된 것은 시어머니의 지극한 사랑이 큰 몫을 하고 있다고 고마워하고 있다. 그러나 둘째인 딸을 낳았을 때는 병원에도 와 보시지 않고 퇴원 후에도 손녀에 대한 태도는 무관심으로 일관하였다. 맛있는 초콜릿을 감춰 놓고 손자에게만 주다가 손녀에게 들킨 적도 가끔 있었다. 그런 일을 당한 내 딸은 처음에는 화를 냈지만 이제는 체념하였고 그 대신 내가 항상 상처가 깊게 남지 않도록 세심하게 신경을 썼다. 할머니로부터 차별 받은 경험이 내 딸의 성격을 오히려 강하게 만든 긍정적 효과를 가져오기도 하였다.

왕자병 남편

남편은 시어머니가 오랫동안 아들을 낳지 못하다가 늦게 얻은 아들이라 얼마나 정성을 들여서 키웠는지 이 세상에 있는 모든 사람들은 자신을 위해 존재해야 되는 줄 알고 있는 왕자병 유형이다. 남편의 이 왕자병은 사랑을 받아만 왔지 주는 방법을 모르기 때문에 가족에게 다정다감하게 세심한 배려를 하지 못하였다. 이런 남편 때문에 고통받는 사람은 바로 아들을 그렇게 키운 시어머니였다. 시어머니의 쇠약해진 건강, 노인으로서 가지는 서글픔, 어린아이처럼 의존하고 싶은 마음을 헤아려 주는 자녀는 귀하게 키운 아들이 아니라 여자라고 하찮게 여기고 키운 딸이니 시어머니의 마음은 항상 상해 있었다. 그리고 많은 부분은 내가 떠맡았으니 며느리에게 모든 것을 의지하고 하소연해야 하는 시어머니의 삶이 기가 막혔을 것이다. 왕자병을 가지도록 아들을 키운 대부분의 어머니들이 노후에 겪어야 하는 한 장면이다.

며느리의 노동력 제공을 당연히 생각하고
슈퍼우먼을 기대하는 친척들

시부모와 함께 사는 것 자체보다 더 힘든 것은 빈번히 드나들고 전화하는 주변 친척들과의 관계이다. 명절과 제삿날이 가까워지면 나는 항상 시장을 세 번쯤 들락날락하게 된다. 제사 음식은 워낙 갖추어야 할 품목이 많아서 물품 목록을 메모한 것을 항상 들고 다녀도 한꺼번에 다 사지 못하는 경우가 많다. 바쁜 학교 생활에 틈을 내서(시어머니는 제사 준비 시간을 가장 우선 순위로 생각하도록 바라시지만) 쥐방울 들락거리듯이 시장을 다녀서 준비한 명절과 제사 음식을 시댁 식구들은 당연하다고 생각한다. 큰며느리의 금전적, 시간적 에너지 소모를 당연하다고 생각하는 것은 비단 우리 집의 경우만이 아니다. 최근 이러한 경험을 바탕으로 며느리로서의 억울함과 과잉 노동을 해소해 보려고 노인 부양과 관련된 모든 정보를 제공해 주는 스윗케어 sweetcare.com를 공동 대표로 개설하였다. 이 사이트에서 "제사가 싫다"라는 커뮤니티가 형성되었는데 많은 며느리들이 남성 위주의 제사를 준비하기 위한 여성의 일방적인 노동력 제공에 분통을 하소연하는 글을 많이 올렸다.

어떠한 대처 전략을 사용하여 적응하고 있는가?

시어머니와 며느리의 세대 차이에 따른 가치관, 생활 태도, 행동의 차이
와 시어머니의 의존성, 한국 특유의 가부장적 가족 문화 때문에 3세대가
함께 산다는 것은 힘들지만 이러한 어려움을 극복하려는 쌍방의 노력은
중요하다고 생각한다.

서로의 생활 세계의 존중

시어머니는 지극히 비사교적이고 비활동적이신 분이지만 화초와 채소
가꾸는 데는 타의 추종을 불허할 정도로 탁월하시다. 내가 연구실에서
키우다 너무 시들어 더 이상 두었다가는 말라죽을 지경에 이른 난초라도
시어머니의 손을 거치면 다시 생생하게 살아난다. 그래서 하루의 많은
시간을 화초를 들여다보시고 잎사귀를 반짝반짝 윤이 돌게 계란 흰자위
로 닦아내신다. 봄이 되면 집 앞에 있는 공터에 고추, 상추, 호박씨를 뿌
리고 가꾸어서 먹을 만하면 따서 아들과 딸들에게 싸주시는 재미로 사신
다. 일년에 한두 번 사람을 사서 전지를 하고 나무에 살충제를 잊지 않
고 뿌려서 나무를 튼튼하고 아름답게 가꾸신다. 이러한 일들에 나는 아
낌없이 칭찬을 해드리고 격려해 드린다. 한편 시어머니는 바쁜 학교 생
활에 절대 간섭하지 않으시고 힘들겠다고 위로해 주신다. 서로의 생활에
대해서 지지해 주고 위로를 해준다.

회피 전략 사용

나는 가끔 일벌레라는 소리를 듣는다. 이렇게 일에 파묻혀 사는 것이 어
쩌면 시어머니와 보내는 시간을 피하는 나름대로의 생존 전략이라는 생
각이 든다. 시어머니와 마주치면 옛이야기를 되풀이해서 들어야 하고 몸
이 아프시다는 이야기를 끊임없이 들어야 하기 때문에 연구실에서 보내

는 시간과 외부 활동이 점점 많아지고 있다.

역할 분담

결혼 생활이 길어지면서 점점 나의 책임을 다른 사람들과 나누어 가지는 요령과 용기를 얻었다. 시어머니가 병원 가실 때는 시누이들에게, 명절과 제사에 쓸 음식 요리는 두 동서에게, 시어머니의 말벗과 시중은 가정부에게, 화초와 야채 씨앗 사는 것은 남편에게 부탁하기 시작했고 지금은 하나의 규칙으로 모두 받아들이고 있다.

습관적인 생활 깨기

결혼 생활 10년 동안 항상 아침, 저녁으로 문안 인사를 드렸다. 어느 날 출근 준비에 바쁜데 학교에서 긴급 상황이 발생하여 시어머니에게 아침 인사를 못하고 정신 없이 학교로 달려왔다. 퇴근 후 시누이가 전화해서 "왜 아침에 인사 안 하고 출근해서 어머니를 하루종일 심란하게 보내게 하느냐"는 전화를 받고 생각해 보았다. 나의 습관적인 생활이 깨어졌을 때 그로 인해 시어머니는 상처를 받고 나는 지켜야 한다는 스트레스를 안고 살게 됨으로 차라리 가끔 깰 수 있다는 생각을 심어 주는 것이 서로가 편안한 관계가 될 수도 있다는 생각이 들었다. 그래서 그 이후에 몇 번 더 문안 인사 드리는 일을 걸렀더니 이제는 이에 대해 연연해 하지 않게 되어 서로가 자유로워졌다.

나 홀로 시간 갖기

옛 속담에는 시어미에게 화난 며느리가 개 옆구리를 찬다고 한다. 살면서 시어머니와 시댁 친척으로 인해 생긴 응어리가 너무 커져서 나 자신이 감당하기 어려울 때는 개 옆구리를 차는 대신 음악회, 미술 전시회, 연극을 보러 간다. 이에 투자하는 시간이나 돈은 아끼지 않는다. 자주 이용하는 장소가 예술의 전당인데 지리적으로 가깝기 때문에 어느 날은 아침에도 들른다. 음악당이 있는 큰 건물에 들어서서 아무도 없는 텅 빈 웅장한 건물을 바라보면서 화난 숨을 고른다. 10시 30분쯤 되면 로비에서 커피의 은은한 향기가 나기 시작하므로 위가 나쁘지 않은 날은 커피를 마시면서 30분 정도 머물러 나 혼자만의 시간을 가진다. 그리고 분노를 삭히고 다시 에너지를 충전시킨 후 일터로 가곤 한다.

사랑과 미움으로 짜여진 연대감

내가 태어나서 25년 간 아무런 관계가 없이 지내던 분이 결혼과 더불어 내 삶의 한 부분으로 크게 자리잡기 시작하면서 감정도 생활도 복잡해지기 시작했다. 결혼 전에 시어머니의 존재에 대해서 생각해 보지 못한 채 결혼이라는 전쟁터에서 생생하고 다양한 경험을 겪었다. 시어머니가 구십대를 바라보고 내가 오십대에 접어들면서 사랑과 미움으로 섞여진 감정들이 어느덧 다함께 늙어 가는 여성으로서의 연민의 정을 느끼게 한다. 40년의 나이 차이로 인해 시어머니가 사신 세월과 내가 살아온 세월은 역사적, 경제적, 정치적, 문화적 경험이 다르기는 해도 여성이 살기에는 힘든 가부장 사회라는 것은 마찬가지이다. 그래서 이러한 시대를 살아온 힘없는 여성으로서 느끼는 가엾은 마음은 서로 의지하며 이해하는 연대감으로 발전하고 있다.

고부간의 삶을 돌아보면서 나름대로 내가 원하는 노후의 진정한 모습을 그려 보게 된다. 나는 인간은 죽을 때까지 성장하는 존재라는 것을 확신하기 때문에 죽는 날까지 노력하면서 노후를 아름답게 만들어 가고 싶다. 우선 가능한 한 자녀와 사회에 짐이 되지 않도록 신체적, 경제적, 심리적으로 의존성을 줄여 나가는 노력을 하고자 한다. 둘째는 급격한 사회 변화를 이해하기 위해서 눈, 귀와 마음을 활짝 열어야겠다. 그리고 정보화 사회에서 노후를 위한 정보를 가능한 한 많이 접하고자 한다. 셋째는 내 마음을 다 털어 내고 서로 아낄 수 있는 노후 친구를 위해 투자를 해야겠다. 넷째, 남편에게 무조건적으로 주는 일방적 관계가 아니라 서로 주고받는 우애적인 관계로 발전해야겠고, 시어머니와 시댁 친척들로부터 나의 그 동안의 헌신적 노력을 인정받고 싶다. 그러면서도 한편으로는 나에게 지워진 맏며느리라는 짐을 벗어놓고 자유롭게 살고 싶은 마음이 꿈틀거리고 있다. 마지막으로 노후에는 양로원에서 거주하면서 그 곳 노인들의 말벗이나 상담가가 되어 주고, 또한 그들을 즐겁게 해줄 수 있는 프로그램을 개발하면서 자원 봉사자로서 살고 싶다.

1950년생으로 성신여대 가족문화·
소비자학과에서 가르치고 있으며,
두 아이가 있다. 일과 가족을
사랑하는 사람이다.

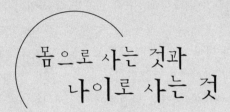

몸으로 사는 것과
나이로 사는 것

박영숙

몸이 생물학적 나이를 먹는다면 의식은 문화적 나이를 갖고 자신의 나이를 형성해 가는 것 같다. 그래서 나의 문화적 나이를 내 책임으로 노력해 만들어야 한다고 생각한다. 그러면 몸이 따라갈 것이라고.

설탕 통에서 홍차 잔으로 설탕 스푼을 옮기는 내 손이 분명히 떨리지 않았는데 설탕은 엎질러지고 있다. 스푼의 크기와 관계없이 흰 설탕가루는 탁자 밑 카펫에 쏟아졌다. 순간 나의 손이 몹시 야속했다. 이거 생물학적 나이의 현상, 그것 아닌가?… 손이 떨리는 것 같지 않았는데, 내 눈에 그렇게 보이지 않았는데… 그 보이지 않는 "떨림"은 왜 내 손을 그렇게 떨리게 해서 엎지르게 하는 거야? 그 "떨림의 행동"을 확인하려 하지 않았지만, 계속 정체 모를 무엇이 내 마음을 하염없이 흔드는 것을 느꼈다. 그러나 그 생각들을 강력하게 떨쳐내는 방법이 내게 있다. 바쁘게, 분명한 목표를 갖고, 나다운 나를 창조하려는 의지와 행동을 통한 내 삶의 방식을 갖고 있는 것이다.

애, 영숙아 너 참 오랜만이다.

그런데 얘는 왜 이렇게 그대로야?

기분 나쁘게…

얘들아 그렇잖니?

저 머리 염색한 것하고, 저 왕방울 만한 귀거리, 거기에다가 쟤가 입은 옷 좀 봐, 저게 남자 옷이니? 여자 옷이니? 얘 나는 거저 주어도 못 입겠다. 너 나이를 어떻게 먹는 거니? 거꾸로 먹는 것 아니니? 너 정말 대책 없이 사는구나, 얘.

질시인지, 칭찬인지, 부끄러움인지, 놀리는 것인지 알 수 없는 말들을 정신 없이 쏟아 붓는다.

어떤 동기 동창의 딸 결혼식에 참석했다가 이 쓰디쓴 벼락을 맞은 기분이란! 여러 가지로 돌려 생각하니, 오늘의 사회가 "나이"와 "나이 먹음"과 그 "나이가 갖는 문화" 그리고 "나이에 따른 몸의 조건"까지, 나이에 대해 다양하게 나타내는 고정 관념들이 있구나, 하며 돌아오는 길에서 나는 혼자 중얼거리고 있었다.

"너네들 손에 끼워진 그 진주 반지 부럽지 않고, 유명 브랜드의 쪽 빠진, 조르르 윤기 흐르는 그 옷, 정말 내게 거저 준다고 해도 입지 않고, 나는 정말 진짜 그런 것들 노 땡큐다. 내가 입고 있는 이 옷만이 나답게 하고, 그런 꼴이 바로 내 꼴이며, 이런 꼴이 아니면 나답지 못해 불편하고, 이러한 내 꼴이 바로 나를 그 무엇인가로부터 해방시켜 주며, 그래서 나는 나다운 나를 사랑한단다"라고…

그렇게 내가 동창들을 이해할 수 없듯이, 그 친구들도 나를 이해할 수 없다는 것을 생각했다. 그들의 생각을 무시거나, 잘못됐다고 고쳐 주거나, 이해를 받기 위해 설명할 필요도 없는, 그래서 더욱 서먹하고, 아주 딴 세계의 인간을 만나는 것 같아 이상하기만 했다.

나는 내 이름, 내 나이, 내 모습에 대해 자신 있다. 박영숙이라는 이름을 한번도 촌스럽다고 생각해 본 적이 없고, 이름에 알맞은 지금 같은 내 몸을 이루어낸 역사가 소중하다. 이 모습이 풍겨내는 내 느낌이 나는 좋다. 내가 입는 옷, 내가 달고 다니는 장신구, 내 신발, 내 가방, 내 머리 꼴, 얼굴의 화장 스타일까지, 나는 편리한 대로 선택했고, 그 선택은 내 몸이 갖는 나이로보다는 내 의식이 갖는 나이로 나를 만들어 내고 있다고 생각된다. 나는 한번도 사실적 나이에 대해 생각해본 적이 없다. 기억하지도 않으며, 그렇다고 의식적으로 나이를 거부해본 적도 없다. 다만 내가 만든 의식적 나이가 내 몸의 나이에도 영향을 미치고 있다는 것을 느낀다. 그래서 어제의 나와 오늘의 나, 그리고 내일의 나 그 모두가 내 의식적 나이와 같이 갈 뿐이다.

그런데 내 주변의 사람들은 나를 그렇게 보고 있지 않는 것 같다. 내 동생들은, 자신들의 나이에 나와의 터울을 몇인가 더해서 나의 나이를 계산해, 그 나이로 나를 인식하고 나를 본다. 아유! 철없는 우리 언니! 푼수데기 같은 우리 언니! 하며 허탈해 한다. 대학 때 친구들은 "너는 뚱뚱해야 너답단다. 살은 뭐하려고 빼려 하니? 넌 그럴 필요가 없어…" 하면서, "살 빼면 쭈글쭈글해진단다… 그 살 때문에 너는 덜 늙어 보이는 것이야… 두 아들이 장가를 갔으면 저도 할머니이지, 그렇게 옷차림 한다고 젊어질 줄 아니…" 하면서, 시비조로 나를 나무라기도 한다.

내 몸의 나이와, 전통적 문화가 갖는 그 나이의 의미와, 그 나이에 적절한 몸의 조건 등, 각각의 통념에 나를 대비시키고 있는 그들의 생각을 나는 끔찍하다고 느끼고 있었다. 그러나 그 반대의 친구들도 있다. 나를 나답게 생각해 주려 하는 그 친구들은, 살 빼야 건강해지니 아침 운동하자고 하고, 같이 스포츠 댄스를 해보자고 하고, 내가 극복하기 힘들어하는 영어 공부를 같이 하자고 한다. 이러한 내 친구들은 바로 그들 자신의 나이를 기억 못하는, 그래서 남들에게 "철부지 같다"고 불리는 이들이다.

나는 내 몸의 생물학적 나이가 문화와 전통이 지시하는 나이의 몸 상태가 되는 것을 거부한다. 의식적으로 거부하는 것이 아니고, 생활 속에서 행동으로 거부한다. 새로운 나이로 살아내려면 노력이 필요하다고 생각한다. 오늘의 시대적 현상에 존재할 필요가 있는 나로서 나를 창조하려고 노력한다. 나의 몸과 마음을 통해 내 나이를 구성하고, 그 구성에 알맞은 모습을 구축해 내는 진정한 나를 창조하는 것이 내 삶이고, 그 삶을 만들어 가려는 노력이 내 나이의 몸을 젊게 할 수 있다고 생각하기 때문이다.

나는 매일매일 변하고 있다. 싱싱하던 피부는 점점 까칠해져 억세다 싶은, 지금의 내 몸은 남들이 말하는 내 늙음을 증명하고도 남는다. 그러나 내게는 아직도 많이 남았다고 생각되는 삶과 그 목표가 그리는 그림이 있다. 점점 더 구체적이며 열정적이 되어서 어떤 생명력을 보는 것 같은, 내 삶의 지도가 있다. 풍부하게 준비된, 말로 다할 수 없는, 끝도 없이 추구하고 싶은 어떤 것들이, 물밀듯 밀려오는가 하면 샘물같이 퐁퐁 솟아올라, 그 끝없는 생각들은 서로 경쟁하며 순서를 무시하고 튀어나오고 있다. 나에게 어제는 뉴스였던 것에 오늘은 벌써 관심을 접는다. 새 소식을 접속하고 싶은 욕망은 그 끝없는 호기심으로 새로운 충동을 요구한다. 그러니 나는 젊은이들 주변을 좋아한다. 그들이 싫어할지도 모르는데 그들과 함께 하려는 내 주책은 그 욕망을 못 숨긴다.

나를 작년에 만났던 사람들이 오늘 내 생각을 듣고 또 변해 있다고 흉 반 칭찬 반 한다. 그 말들을 어떻게 접해야 할지, 헷갈리기도 한다. 변하라는 얼굴은 변하지 않고 의식만 새파래져서 꼴불견 같아 보이는가 보다. 그러나 "나를 그렇게 보려면 그렇게 보라지" 하는 뻔뻔함을 가지려고 노력한다. 이 뻔뻔함은 결코 "3년 고개"에서 30번 굴러 어려지려는 욕심이 아니기에 떳떳하고 그런 내 모습에 대해 자신이 있다. 이것은 결코 주책없는 것이 아니다.

1941년생으로 페미니스트 포토 아티스트이며,
여성사진작가 협회 회장이다.

구훈모

내가 왜 댁네 할머니야?

얼마 전부터 시장을 가거나 택시를 탔을 때 할머니란 호칭을 심심찮게 듣는다. 육십 전후의 우리 나이는 흘끗 보면 아주머니라고 부르기에는 좀 어설프고 깔끔하게 차려 입으면 할머니라고 부르기엔 좀 민망하고 그런 어정쩡한 나이인가 보다. 언젠가 전철을 탔는데 우연히 어린애가 엄마와 나란히 앉아 있는 옆자리에 앉게 되었다. 아이가 장난을 하다가 내 옷을 더럽히자 젊은 엄마는 아이에게 주의를 주면서 "아줌마 죄송해요"라는 사과를 하라고 시켰다. 아이가 마지못해 나를 보면서 볼멘소리로 "할머니, 잘못했어요"라고 하자 아이 엄마는 "얘는 아줌마를 보고…"라며 아이에게 눈총을 주었다. 그런데 아이의 반응이 걸작이었다. "아니야, 할머니야!"

순간적으로 일어난 해프닝이었지만 그날 아이의 눈에 비친 또다른 내 모습을 확인하고 실소를 금할 수 없었다. 사실 나는 오십대 초반에 이미 외할머니가 되었고 곧이어 친손자까지 태어나서 할머니란 호칭이 낯선 것은 아니었다. 손자 손녀가 할머니라고 부를 때는 예쁘고 신기해서 오히려 즐겁고 거북하지 않은데, 밖에 나와 아무 상관도 없는 사람들이 "할머니"라고 부를 때는 뭔가 생소하고 잘못된 것 같은 느낌이 든다. "할머니"란 말은 분명 존칭인데 듣는 사람에게 왜 부정적인 느낌을 주는 것일까? 당신은 이제 별 볼일 없는 사람이라고 하는 것 같기도 하고, 때로는 아무짝에도 쓸모 없는 사람이라고 무시하는 것 같은 낌새가 언뜻 느껴지기 때문인가 보다. 골목길을 걸어가는데 지나가는 차가 "할머니, 저리 비켜요"라고 성가시다는 듯이 고함을 친다든지, 버스 기사가 "할머니, 빨리빨리 타요"라고 거칠게 내뱉듯 말하는 것을 들으면 잘못한 것도 없이 괜히 사람들 보기에 부끄럽고 무안해진다. 사람들의 생각에 "할머니"란 존재는 사람들에게 불편을 주고 짜증나게 하며 쓸데없는 일로 성가시게 하고 귀찮게 구는 존재라는 생각이 꽉 차 있음에 틀림없다.

처음 들을 때는 "어? 나보고?"라는 식으로 약간의 놀라움과 혼란스러운 느낌이 들면서 화장실에라도 가게 되면 자신의 모습을 다시 확인해 본다. 아이들은 다 커서 결혼을 했는데 정작 본인들은 나이가 들긴 했지만 아직 그렇게 늙었다고 생각하지 않는다. 평소 우리는 나이를 항상 의식하면서 살고 있지는 않다. 젊었을 때도 그냥 살았지 "나는 지금 몇 살이고 나는 젊다"는 생각을 하면서 살지는 않았다. 마찬가지로 나이를 먹어가면서도 나는 "지금 육십대이고 나는 노인"이라는 생각을 늘 하면서 사는 사람은 거의 없다. 그냥 일상 생활을 할 뿐이다.

암 수술을 받고 회복중인 친구를 보면서 늙음에 대한 주관적인 인식은 건강 여하에 따라 개인차가 크다는 것을 느낀다. 칠십이 넘어도 "아니, 나는 아직 안 늙었어"라고 하는 할머니가 있는 반면 이 친구는 나이가 더 젊은데도 몸에 힘이 없고 의욕이 떨어져서인지 "나는 이제 다 늙었다"며 스스로 할머니라고 생각한다. 한의사가 맥을 짚어 보면 어떤 사람은 육십대인데도 사십대의 건강을 유지하고 있는 사람이 있고 또 어떤 사람은 나이는 젊은데 나이 든 증세를 보이는 사람이 있다고 한다. 타고

난 체질과 건강 관리 상태에 따라 노화 진행에 개인차가 나기 때문에 나이가 곧 생리적인 몸의 나이와 일치하는 것이 아니다. 즉 어느 날 한의원에 가서 진찰을 받다가 "손님 연세는 사십오 세시지만 몸은 오십오 세 넘은 몸입니다"라는 진단을 받을 수 있다.

지금까지 살아오는 동안 사실 나는 나이를 별로 의식하지 못하고 살았다. 이런저런 형식에 재미를 못 붙이는 성격 탓도 있지만 늦게 시작한 공부와 사회 활동으로 바쁘게 살면서 생물학적인 나이 때문에 무엇을 못한다든가 나이에 맞는 언행을 해야 된다는 고정 관념이 없었다. 처음 눈썰매장이 개장 됐을 때 친구들에게 썰매 타러 가자고 했다가 주책바가지에다 나이값도 못하는 철딱서니로 웃음거리가 됐다. 우리 사회에는 나이가 먹어갈수록 뭐는 해도 되고 뭐는 하면 안 되는 것이 많이 있다. 여성들은 연령 차별과 성 차별을 복합적으로 받으면서 언행 및 태도에 제약을 받고 점점 위축된다. 다른 친구들이 노년 준비를 하기 시작하는 마흔 여덟에 나는 나이의 벽을 넘어 여성학 공부를 시작했고 교실과 상담소에서 나이에 신경 쓰지 않고 많은 친구들을 사귀었고 우정을 나누었다. 나이에 대한 이런 태도는 젊었을 때 사택에 살았던 영국 부인들의 영향이 크다. 당시만 해도 나이 관념이 뚜렷해서 친구란 동년배끼리만 사귈 수 있다고 생각했는데 이십대의 젊은 영국 부인이 연상인 오십대 부인과 친한 친구가 되어 쇼핑도 같이 가고 함께 다니기를 좋아하는 모습을 볼 수 있었다. 그 동안 내가 만난 젊은 사람들은 여성 단체, 학교, 여성 모임 등에서 만난 사람들이었는데 인간 관계가 주로 여성 문제 중심으로 엮여 있어 연령 차별주의로부터 자유로울 수 있었다고 생각한다. 그런 의미에서 나는 기존의 사회가 나이든 여성에게 요구하는 고정 관념에서 벗어나는 것이 가능했고 동년배 친구들이 경험하지 못한 새로운 여성의 삶을 경험했다는 생각이 든다.

여성이 할머니가 되는 것은 현실적으로 많은 부정적인 의미를 함축하고 있다. 여성의 육체는 남성과는 달리 건강보다는 "성적 매력"에 초점을 맞추어 논의된다. 연령별로 나이 어릴수록 금값, 나이 들수록 똥값이라는 모욕적인 값 매기기를 서슴지 않는다. 젊은 여성을 "물오른 나무"니 "농익은 과일"로 표현하는 것은 여성을 "육체"와 동일시할 때 가능한 언어 표현들이다. 늙은 여성을 마귀 할멈 등으로 괴물 취급하는 사례도 같은 맥락에서 여성의 인간적인 존엄성을 왜곡하는 것이다. "할머니"란 호칭은 어딘가 사람을 낮추어 부르는 듯한 묘한 여운과 더불어 육체적인 늙음을 비아냥거리는 듯한 분위기를 풍김으로써 듣는 사람으로 하여금 불쾌감을 느끼게 한다. "할머니"란 호칭은 젊은 여성에 대한 호칭과 더불어 호칭 자체로서 성적 폭력의 연장선상에 있다. 사십대 여성이라도 머리가 하얗게 세고 차림새가 허술하면 "할머니 같은 느낌"이 든다고 무시하는 투로 냉큼 "할머니"라고 부른다.

몇 년 전 A라는 친구가 유럽 배낭 여행을 갔을 때였다. 여러 지역을 여행하다가 어떤 관광지에서 한국 학생들을 만나 동행을 하게 되었다. 그 학생들은 A를 한국에서 하던 버릇대로 "할머니"라고 불렀는데 자의식이 강한 A는 그 순간 기분이 너무 나빠서 이들에게 호되게 면박을 주었다. "내가 왜 댁의 할머니야? 나도 당신네처럼 이름이 있는 사람이야! 할머니가 내 이름이야? 처음 만났는데 그런 실례가 어디 있우?" 그 사건 이후 학생들은 A의 이름 뒤에 선생님이란 존칭까지 꼬박꼬박 붙여서 불렀다는 것이다. 듣기 거북해 하면서 모른 척하는 소극적인 방법보다는 적극적인 방법으로 대응한 A이야기를 들으면서 여성 문제 대응책은 모두가 일맥 상통한다는 생각이 스쳐 지나갔다. 남성들은 나이가 들어도 아주 등이 꼬부라진 할아버지 외에는 대부분 정정한 아저씨로 남기 때문에 "할머니" 같은 언어 폭력을 당하지 않는다.

토끼띠들과 동유럽 여행길

작년 기묘생 동년배인 여학교 친구들은 정확히 60년 만에 다시 돌아오는 환갑을 함께 맞게 되었다. 지난날 환갑이 장수, 노인의 대명사였던 적이 있었지만 여성들의 평균 수명이 77세인 지금 그 본래 의미가 퇴색된 지 이미 오래 되었다. 그러나 "환갑"을 빗댄 가족적 축하 분위기까지 사그리 없어진 것은 아니다. 늙지도 젊지도 않은 환갑 당사자들은 환갑이란 말조차 듣기 쑥스러워하는 판국이며 행여 잔치 자리에 끌려갈까봐 자식들에게 안 한다고 엄포를 놓고도 불안해서 미리 피해 버리거나 여행을 가는 사람들이 꽤 있다. 돌아가신 시아버지는 그날 아무도 모르게 어디론가 피하시는 통에 가족들끼리 모여 난감했던 기억이 새롭다.

부모들이 환갑 잔치를 회피하는 경향이 높아가자 언제부터인가 시끌벅적한 잔치 대신 당사자가 홀가분하게 집을 떠나는 여행이 자리잡기 시작했다. 환갑 여행은 그냥 지나칠 수 없는 자식들의 입장과 피하고 싶은 당사자의 입장이 맞아떨어진 절묘한 대안책이다. 자식들은 부모 여행비 보조로 예의를 갖출 수 있고, 당사자는 여행을 통해 길다면 긴 60년 인생살이를 되돌아볼 조용한 시간을 가질 수 있을 뿐만 아니라 환갑을 빌미로 좀처럼 벗어날 수 없었던 집을 떠나 가보고 싶은 곳을 볼 수 있는 기회가 된다는 점에서 여성들이 선호하게 되었을 것으로 추측된다.

아무튼 회갑 년이 되자 20여 년 만나온 여고 친구로 구성된 친목계 모임에서 여행을 가자는 말이 나왔다. 여행지는 동유럽으로 결정이 났는데 이 기회에 평소 갈 수 없는 곳을 가보자는 의견에 쉽게 합의가 이루어졌다. 그러나 15일 걸리는 여행 기간과 몇 백만 원 드는 여행비가 문제였다. 여행비는 곗돈 보조와 자기 돈, 자식들 보조 등으로 어떻게 메워 볼 수 있겠는데, 친구들의 제일 고민거리는 집을 비우는 동안 집에 남아 있는 남편들의 식사 해결 문제였다. 분가한 맞벌이 며느리도 한계가 있고 안주인 없는 집에 삼시 세끼 파출부를 쓸 수도 없고, 이참에 여행단에는 끼고 싶고, 참으로 난감한 문제였다. 육십대 후반의 은퇴한 남편들은 대부분 한국의 남자들이 그렇게 키워졌듯이 사회 경력은 화려한데 자신의 식사는 혼자 해결이 안 되는 부엌맹들이었다. 이들 중에는 반찬을 다 준비해 놓아도 냉장고에서 꺼내 먹을 줄도 모르는 남편, 귀찮다는 이유로 차려 먹지 않는 사람, 심지어 굶어 버리는 사람까지 각양각색이었다.

은퇴한 남편 시리즈 중에 가사 노동에 무능한 남편을 빗댄 이런 이야기가 있다. 즉 살림을 착실히 하던 중년 아내가 어느 날 갑자기 큰솥에 국을 끓이기 시작하면 남편 가슴이 덜컹 내려앉는다. 이유인즉 "저것이 또 날 혼자 놔두고 친구들과 놀러 가나 보다"고 남편은 불안하고 속으로 걱정이 앞선다. 이때 국솥이 작으면 1박 2일 짧은 여행이고 국솥이 크면 3박 4일 긴 여행을 뜻하기 때문에 국솥이 큰 것을 보면 혼자 밥해 먹을 일이 태산이라 심장 내려앉는 소리가 쿵한다는 이야기다. 그런데 우리들의 여행 예정 일정은 15일이나 되었다.

나중에 들었지만 일부 친구들이 남편 문제로 별의별 희한한 묘안을 짜내느라고 고심을 하고 있는데, 누군가가 "남편 건사하기가 그렇게 골이 아프다면 함께 가면 어떻겠느냐?"는 기발한 안을 내놓았다. 결론은 참가 인원이 증가하면 여행비 부담이 가벼워지는 맛도 있고 동시에 남편 문제도 해결되는 장점이 있어 부부 참가를 권하기로 결정이 났다는 것이었다.

나는 출발 며칠 전에 남편과 함께 여행단에 겨우 끼게 되었다. 동유럽 기후가 6월 중순경이 좋다는 여행사측 권유에 따라 5월로 계획된 여행이 한 달 반 정도 늦추어졌기 때문에 마침 가르치던 강의의 학기를 끝내고 마지막 멤버로 따라 나설 수 있게 되었다.

남편이 함께 가게 된 것은 계획에 없던 갑작스러운 일이었다. 마지막 확인 전화에서 회장은 커플 참여를 권장한다고 하면서 우리집 사정을 물었다. 나는 남편이 거절할 것으로 생각하고 농담조로 가겠느냐고 물어 보았다가 진담으로 받는 통에 낭패를 본 케이스였다. 남편 시리즈 중 "나도족" 남편 이야기를 들으면서 재미있게 웃었던 적이 있었지만 내가 그렇게 될 줄은 몰랐다. 남편이 "나도" 간다고 따라 나선 것이다. 하긴 3년 전 남편의 친구들이 자기네 회갑 여행 갈 때 부부가 함께 간 적이 있었으니 이번이 처음은 아니었다. 그때는 남편들이 주축이었고 남편들 중심으로 여행 및 행사 일정이 짜였다. 아내들의 유형 무형의 기여에 대한 그 동안의 노고를 보상하고 위로하는 차원의 남편들의 사랑과 선심 덕분에 전원이 함께 여행을 했었다. 남편들은 동창들끼리였으므로 거리낌이 없었고 학창 시절 이야기며 직장 생활 등 왁자지껄한 웃음과 더불어 재미있는 한때를 거침없이 보냈다. 남들이 보면 행복한 부부 여행이었다. 그 이상도 그 이하도 아닌 여행이었다. "행복한 아내 노릇"하며 관광하는 것, 항상 남편의 부인 자격으로 "아주머니, 제수 씨"로 불리고 남편과 한 세트로 묶여서 뒤에 소개되고 기억되며, 내 자신이 되는 것이 구조적으로 막혀 있는 부부 여행단에서 13일 동안 살다가 만년설과 위엄 있는 사슴을 눈에 담아 가지고 돌아왔었다.

그래서 서로 불편을 안 겪으려고 혼자 가려고 했는데 이를 어쩌나! 이미 엎질러진 물을 주워담을 수도 없고. 애들도 권하길래 연장 배낭 여행을 계획하며 함께 가기로 마음을 먹었다. 여행 떠나기 전에 여행시 "친구들에 관한 협조 사항"에 관해 사전 조율을 했다. 즐거운 여행이 불쾌한 여행으로 남지 않게 하기 위한 예방 조처였다. 내 친구들끼리의 여행인데 혹시 남편이 분위기 모르고 실수할 수도 있고, 우리가 부부 팀이기 때문에 자칫 홀로 된 친구들의 상처를 건드리지 않도록 조심해야 할 부분도 있었다. 뿐만 아니라 그 동안 마음 놓고 흉보던 남편을 친구 앞에 적나라하게 내놓을 수밖에 없는 고충도 있었다.

우리는 오스트리아를 거쳐 동유럽 여러 나라를 버스로 이동했고 버스

안에서 보내야 하는 시간이 길었다. 우리 여행 팀은 36명이나 되는 큰 팀이었는데 그 중에서 8명이 남편과 함께 참여했다. 남편들은 여성 집단(26명) 내 소수 집단이었다. 이들은 말 잘하는 사회자에 의해 배우자 여행을 에스코트한 공로를 기려 "준 동창 회원"으로 뽑혔고 참가자의 의견을 취합하여 이름자 뒤에 "오빠"란 호칭이 정해졌다. 여행중이라 복잡한 존칭은 생략해 버린 것이다. 함께 보내는 시간이 지남에 따라 "오빠" 그룹은 엔터테이너를 자원하는 등으로 우리들의 여행 분위기에서 튀지 않고 맞춰 가면서 큰 무리 없이 끝까지 잘 다녔다. 그룹에서 떠나 개인으로 돌아가면 그들은 누구의 남편이었고 여전히 가장으로서의 영역이 확보된 사람들이었기 때문에 소수라 해서 기가 죽을 집단도 아니며 소외감을 느낄 사람들도 아니었다.

　기억에 남는 것 중에 화장실 사건이 있다. 여행이라는 것은 다니고, 보고, 먹고 하는 기본적인 것이 빠질 수 없다. 먹었으니 내어놓아야 하는데 시골 주유소 같은 곳은 화장실이 남녀 한 개 있거나 많아야 두 개밖에 없다. 성비를 따져 보면 사용할 때마다 여성 줄은 길고 시간도 오래 걸려서 급한 사람들이 문제였다. 편법으로 "오빠"들 방을 사용하기 시작했는데 볼일 보려고 버스가 서는 곳마다 다수 여성들에게 밀린 소수파 "오빠"들은 급한 사람이 있어도 마냥 참으면서 기다려야 할 지경에 이르렀다. 아무리 급해도 한국 남자들의 버릇대로 외국에서 노상 방뇨를 할 수도 없고, 급기야는 "우리에게 화장실을 사용할 권리를 달라"는 데모가 있은 다음에야 실정을 알게 된 친구들이 화장실 먼저 점거를 멈추었다. 나는 그런 일련의 해프닝을 보면서 속으로 웃음이 나왔다. 여성 다수에 밀린 남성 소수, 파워란 묘한 것이고 힘을 가진 자가 룰을 안 지키는 횡포를 감행하면 소수는 속수 무책으로 억압될 수밖에 없는 현장을 보았던 것이다. 그것도 항상 약자이던 여성이 여행단이란 제한된 상황 속에서 회갑 주체, 다수, 여행단 운영 책임자적 위치에 서서, 주변적이며 여행단의 일원이란 입장에 있는 소수의 남성들이 불이익을 감수하게 만드는 구조를 본 것이다.

여행에서 많은 여성들이 가장 재미있어 하고 흥분하는 것 중의 하나가 쇼핑이다. 아이 쇼핑이든 외제 선호 쇼핑이든 알뜰 쇼핑이든 좌우간 하는 사람은 시간 가는 줄 모르고, 기다리는 사람은 지루하기 짝이 없는 것이 쇼핑 시간이다. 부부가 여행을 가면 부부 갈등 주범이 바로 쇼핑이라는 것은 여성들이 듣고 알고 경험해서 그 위험도를 잘 알고 있다. 친구들 중에도 쇼핑 흥미가 대단한 사람도 있고 스쳐 지나가는 사람도 있지만 한 그룹이라 차가 서면 어디선가 그 시간을 보낼 수밖에 없는 운명이다. 남편과 함께 온 친구들은 아예 남편을 떼어놓고 쇼핑을 가고 싶어했다. 같이 가면 비싸다, 쓸데없다, 지금 그것 사서 뭐하려느냐 등으로 간섭을 하면서 돈을 못 쓰게 하기 때문에 혼자 백화점에 들어가려고 한다. 친구들의 고민 덕택에 그룹 공동 비용으로 오빠들은 시원한 카페에서 맥주를 들이키면서 여행의 한가함을 즐길 수 있게 되었고, 여성들은 다리품 팔아가며 달러 쓰고도 쇼핑 잘했다는 만족감을 안고 버스에 오르게 되었다. 귀찮게 간섭하려 들면 슬쩍 소외시켜 바보로 만드는 전법은 어디서 배웠을까?

폴란드의 소금 광산을 보려고 엘리베이터를 타고 땅 속 깊숙이 내려가서 본 장관 중에 소금으로 조각한 마리아 상과 교회가 있었다. 우리가 먹는 소금이 옛날에는 보석만큼 귀한 것이었고 그것을 캐기 위해 지배자는 백성의 노동력을 사정없이 착취했다는 인간 욕망에 대한 역사를 배웠다. 마치 광산의 금을 캐기 위해 서부의 금광 주인들이 중국 노동자들을 착취하고 인간 이하로 취급했듯이 말이다. 금광을 본 뒤 한동안 금가락지를 끼는 것이 인간의 고통을 끼고 있는 것 같아서 싫어졌다.

유럽의 거대한 교회 건물과 조각들을 보면 감탄이 저절로 터져 나왔다. 버스를 탔을 때 뒷자리에서 들리는 말은 교회를 짓는 데 든 엄청난 돈은 어떻게 조달했을까 궁금해 했고, 또다른 자리에서는 "얼마나 많은 사람들이 오랜 기간 동안 가족도 못 만난 채 저 건축과 조각에 매달려야 했을까?"였다. 우리가 낭만적으로 생각하는 교회는 신앙의 이름으로 사람들의 피와 땀, 그리고 눈물로 범벅이 된 고통을 준 장소일 수도 있겠다는 생각을 하게 되었다. 성당 건물은 교회의 권력이 얼마나 대단했던가를 말해 주는 현주소였다.

남편과 나는 그룹 여행을 마치고 한국으로 돌아가는 친구들과 프랑크푸르트 공항에서 헤어져 다시 15일 간의 배낭 여행을 떠났다. 한동안 단체 생활에 매여 있다가 따로 떨어져서 내 시간을 마음대로 쓸 자유가 생긴 것이 그렇게 좋을 수가 없었다. 쉬고 싶을 때는 공원에서 쉬고, 주는 음식이 아니라 슈퍼마켓이나 식당을 내가 원하는 대로 골라 먹을 수 있는 자유, 불편하고 찾아다녀야 하지만 정해진 스케줄 없이 이것저것 보면서 시간에 구애받지 않고 돌아다니는 여유가 있어서 느긋한 마음으로 보고 싶은 것만 보면서 다니는 것이 즐거웠다.

더운 여름에 관광을 다니는 것은 본전 생각하지 않으면 고역을 참기 힘들다. 아침잠 줄이고 더운 날씨에 배낭 매고 걸어 다녀야 하고 제때에 먹거리 찾는 것도 쉽지 않았다. 우리는 배낭 매기, 음식 준비하기 등은 그때그때 형편 따라서 나누어 하고 관광 목적지, 지도 보기, 교통편 이용은 주로 남편이 담당하고 여행비와 여권, 비행기표는 내가 보관했다. 남편은 주의력도 기억력도 자신이 없다는 핑계를 댔다. 여행 기간 동안 사소한 의견 충돌을 계속하면서도 여행을 그만둘 생각은 하지 않았다. 두 사람이 뜻이 딱딱 잘 맞는 것이 두 가지가 있는데 "쉬자는 것과 화장실 가는 것"이었다.

스위스 루체른에서 1박하고 아침 일찍 강가를 따라 구경을 나갔다가 운좋게 아침 반짝 시장을 구경하게 되었다. 남녀 농부들과 아이들이 집에서 키운 과일과 채소, 가정 제품인 신선한 빵 종류와 여러 가지 치즈, 소시지, 과자 등을 좌판에 늘어놓고 팔고 있었다. 우리는 덤으로 재미있는 아침 시장을 구경하면서 산딸기도 사서 맛보고, 신선한 여러 가지 빵도 사고, 생우유도 맛보면서, 점심 도시락 준비를 톡톡히 했다. 백화점 쇼핑은 골치가 아픈데 시골 장날은 즐겁고 생기가 반짝이며 활력이 넘쳐 흘렀다. 갈 길이 바빠서 아쉬움을 안고 관광용 배를 타고 갔다가 돌아와 보니 이미 파장을 했고 농부들도 간 곳이 없어 서운했다.

남편과 둘이서 안내 없는 배낭 여행을 하면서 머리를 맞대고 지도 보고 결정해야 할 일도 많고, 의견 조정을 시시때때로 해야 하는 일로 피곤한 경우가 한두 번이 아니었다. 30년 넘도록 함께 살아왔는데도 둘이 하루종일 24시간 같이 다니면서 생활한 것은 배낭 여행할 때가 처음이었다. 함께 다니면서 우리는 서로 나이 들어가면서 새롭게 발견한 면도 있고 실망한 면도 있었다. 낯선 곳에 가면 나는 사람들에게 묻기를 좋아하는데 남편은 안내 책자와 지도를 가지고 끙끙대면서 남에게 묻는 것을 싫어했다. 문제 해결은 각자의 궁금증 해결 방법을 합치는 것이었다. 한 사람은 묻고 다른 사람은 지도 보고 확인하는 것이었다. 여행을 하면 타협의 명수가 되게 되어 있다. 관광은 해야 되고 방법을 강구할 수밖에 없기 때문이다. 부부 여행은 자기 고집을 부려봐야 도망갈 곳도 없고 금방 두 사람 손해로 돌아온다는 것을 알게 해준다. 말 그대로 좋은 것이 좋다는 "좋다 철학"의 신봉자가 되어서 돌아왔다.

환갑을 핑계로 한 달 동안 밖으로 돌아다니면서 우리는 일상의 스트레스도 털어 내고 쉬는 시간에 지난날에 있었던 일들을 다시 돌이켜보는 시간도 가졌다. 관광을 하면서 로마의 조각을 보거나 아름다운 경치를 보면서 함께 감탄하고 서로의 느낌을 나누면서 즐거워할 수 있게 된 것이 다행스러웠다. 우리는 여행 중간중간에 기차 타고 가면서, 한가한 배 위에서, 공원 벤치에서 아이들 키우면서 어려웠던 일, 경제적인 고비들,

주부로 살면서 내가 이것 하려고 대학을 나왔나 싶어 갈등했던 일, 좋았던 추억, 섭섭했던 일을 이야기하고 남편 이야기도 들었다.

젊어서 나는 현모양처였지만 내 전공을 살리려고 발버둥쳤던 일, 남편은 자기 일에 온 정신이 빠져 있어서 여자인 내 입장을 몰랐던 일, 그 외내 감정 변화를 알 수 없어 답답했던 일 등, 남편이 몰랐던 일도 있었고내가 이해 못한 일도 있었다. 서로가 다름을 인정하지 못해 갈등했던 어리석었던 우리 자신을 생각했다. 내가 여성학을 하면서 남편이 여성들이처한 입장을 새롭게 알고 다시 보게 된 일은 당연하면서도 다행한 일이었고, 남편이 가족과 주변 남성들의 준교사 역할을 즐겨 하고 있는 것도다행한 일이다. 여행의 피로가 쌓이면서 남편도 나도 집에 돌아가고 싶은 생각이 간절했다. 그 옛날 남들이 살았던 흔적, 남들이 살고 있는 모습, 남의 산과 들, 남의 집들을 보고 또 보고, 들어가서 잠을 청하면서 남들이 아닌 내 집, 우리의 산하, 익숙한 내 이웃, 가족이 있는 곳으로 돌아가고 싶은 마음이 일어났고 우리는 다시 돌아왔다. 여행을 떠날 때는 흥분을 느끼고 기대와 즐거움으로 가득했는데 돌아왔을 때는 내 잠자리를다시 찾은 편안함과 내 가족과 이웃, 내가 자란 익숙한 자연과 거리들이나와 다시 연결되는 안도감과 편안함을 느꼈다.

홀로 된 친구들의 공동체 생활 : 함께 아이 키우며 함께 살며

내 주위에는 홀로 된 친구들이 많다. 우리 나이는 사십대와 오십대에 남편과 사별하고 홀로 된 여성들이 생기기 시작하고 있으며 이들 주위에는장성한 자식들이 두셋씩 있다. 홀로 된 친구들은 오랜 세월 함께 살아온남편의 죽음으로 마음에 깊은 상처를 입고 허우적대며, 이들이 마음을추스르고 기운을 차리는 데에는 3년이란 시간이 흘러야 된다는 것을 보고 깨닫게 되었다. 그 동안 그들이 겪는 정신적 정서적인 혼란은 옆에서 지켜보기에도 어려운 고비가 많다. 감정의 기복이 안정되지 못한 상태에서 사랑하는 젊은 자녀 세대와 원하지 않는 갈등과 오해를 겪고 고통스러워하며, 스스로 주체할 수 없는 허무로 인해 삶의 의욕이 없어지고 순간적으로 자기를 돌보려고 하지 않고 폐쇄적으로 되는 친구를 보면서 안타까운 생각이 들 때도 있었다.

대학교 때 친구들도 오랜 친구들이지만 중학교 친구들은 더 오랜 친구들이다. 오래된 친구들과는 20여 년이 넘도록 매월 친목 모임에서 만나온 사이이다. 그 중에는 한 동네에서 함께 살면서 서로의 사정을 훤히 아는 친구도 몇 사람 있다. 우리는 부산 출신이기에 결혼 초기에는 동기간도 부모도 없는 서울이란 객지에서 외롭게 살면서 오직 친구 만나는 재미로 살았던 사람들이 많다. 형제 자매보다도 부모보다도 자기 사정을 잘 알고 서로 어려울 때 도움을 주고받은 특별한 연결 끈으로 엮어진 친구들이다.

친구 일이라면 발벗고 나서서 제 일처럼 여기면서 품앗이 아닌 봉사를 기꺼이 하면서 살아온 관계이다. 동년배끼리 갖는 서로에 대한 경쟁은 경쟁이고 어려움은 거들어 준다는 끈끈한 우정을 가지고 있는 친구들을 보고 언젠가 딸이 이런 말을 했다. "엄마, 우리는 엄마들처럼 그런 좋은 친구는 못 가질 것 같아요." 친구 관계도 사회 현상과 상관 관계가 있는 인간 관계라는 점에서 우리 시대의 우정이 사회 변화가 심한 내 딸 시대의 친구관과 같을 수도 없고 시대 따라 변하는 것이 당연하다. 우리는 어려운 시기를 살면서 서로 단단히 묶이지 않으면 살아 낼 수 없는 그런 여성의 삶 속에서 질긴 삼줄 같은 우정을 발전시켰다고 할까!

젊은 시절 친구 모임은 목돈을 만드는 계가 구심점 역할을 했다. 그때는 모두가 아이들 키우고 교육 시키기에 바빴고 그 다음에는 셋방에서 전세로, 다시 작은 내 집으로, 집 평수 늘이기 위해 돈이 필요했다. 혼사를 앞두었을 때도 혼사 비용 몫의 계모임이 계속되더니 오십 중반쯤부터 회비만 내는 친목 모임으로 자연 전환이 되었다. 더 이상 목돈이 필요 없게 된 것이다. 계는 목돈 저축뿐만 아니라 돈이 필요할 때 계원 간에 융통해 쓸 수 있는 신용 금고였다. 친구들은 그렇게 서로 부대끼며 서로 도우며 때로는 경쟁하면서 긴 세월 관계를 다져온 사람들이다.

우리 친구들은 몇 년 전부터 노년을 대비하는 데 머리를 굴리고 있다. 어떤 길을 선택할까 하고. 우리는 시집살이를 한 마지막 세대에 속하면서 신세대 시어머니의 첫 세대이다. 옛날 시어머니는 되기 싫고, 자식들에 기대지 않는 다른 방식으로 노년을 살고 싶어한다. 노년 계획을 하면서 친구끼리의 공동체도 생각해 본다. 마음 맞는 친구들끼리 한 동네에 같이 살면 좋을 텐데. 우리 친구들은 서로 알 만큼 다 알고 있고 자식들도 서로 잘 알고 있으니까 같이 모여 살면 좋겠는데 선뜻 구체적인 방법을 제시하는 사람이 없다.

M과 Y는 지리적으로 서울과 지방으로 떨어져 있는 친구들인데 우연한 계기로 Y가 M을 만나서 며칠 도와준다고 앉은 것이 벌써 2년 가까이 되었다. 두 사람은 종교도 불교 기독교로 다르고 겉으로 보기에 성격도 아주 달라 보인다. 두 사람 다 경제적으로 자립력이 있는 사람들인데다 개성이 뚜렷한데 이들은 지금까지 공동체 생활을 잘해 나가고 있다. 두 사람의 공통점이 하나 있는데 2년 정도 간격을 두고 남편과 사별한 경험을 공유하고 있다는 것이며 어떤 사람으로부터 동일한 방식으로 인간 관계에서 실망을 겪은 친구들이라는 점이다.

M은 남편과 사별 후 급하게 결혼시킨 큰아들이 아이 둘을 둔 상태에서 이혼을 했고, 두 아이의 육아 책임을 아버지가 지고자 하여 아이 친권자로 지정 받아 어머니인 M이 손자를 막 키우기 시작한 때였다. Y는 남편과 사별 후 아직 마음의 상처가 제대로 회복되지 않은 단계에서 혼자 집을 지키고 살면서 자식들에게 한번씩 다녀가는 생활을 하는 중이었다.

Y 자신은 독립심이 강하다고 자부하면서도 홀로 살아가는 생활에 적응 혼란을 겪고 있었던 것 같다. 뭔가 남은 인생을 봉사라도 하면서 보람있는 삶을 살아야겠다는 계획을 어렴풋이 가지고 있으면서 아들집에 온 김에 M과 연락이 되어 집에 놀러 가게 되었다.

Y는 지방에 있을 때 M의 사정을 들은 적이 있었고 오랜만에 만나게 되었다. 두 사람은 홀로 살기의 어려움과 느낌을 나누게 되었고 어린 손자를 키우면서 겪어야 하는 한숨 어린 이야기를 들으면서 힘듦을 알게 되었다. 친구 이야기가 아니더라도 M을 만나는 순간 피곤이 겹친 M의 모습에서 M이 처한 상황 자체가 정신적으로나 육체적으로 혼자 감당하기 힘든 것이었음을 직감하였다. Y는 지방에 교회 일이 있긴 하지만 며칠 동안 M 집에 함께 있으면서 도와야겠다는 마음이 들어 M이 피곤한 몸을 쉬고 회복할 동안만 있으려고 마음을 먹었다. Y는 일주일 후에도 M의 상태가 호전되지 않아 갈 수가 없었고 그 집에서 손주들을 돌보면서 있어 보니까 M의 형편이 너무 딱해서 도와주어야겠다는 마음이 점점 들게 되었다. Y의 신앙심은 다른 사람도 돕고 살려고 했는데 내 눈앞에 있는 M과 손주들부터 돕는 것이 하나님의 사랑을 실천하는 것이라는 생각이 들기 시작한 것이다.

Y는 M을 도와주겠다는 사명감 같은 것을 느끼면서 보름 동안 아이들 수발과 집안일 등을 힘들게 하면서 그 동안 잃었던 식욕이 돌아온 자신을 발견하고 놀랐다. 일 자체는 힘이 드는데도 불구하고, M의 걱정을 들어주고 학교 때 이야기도 함께 나누고 식사도 준비하면서 무엇인가 내가 살아 있다는 느낌과 누군가에게 필요한 존재라는 느낌이 들었던 것이다. M의 간절한 부탁도 거절하기 힘들었다. 아이들도 제대로 성장하도록 돕고 싶었다. M은 어려운 부탁인 줄 알면서도 Y의 어려움도 알아주고 자식들의 걱정도 함께 하면서 Y와 M은 자신들도 모르는 사이에 함께 공동체 생활을 할 마음의 준비를 서서히 해가고 있었다.

2년 여의 세월이 흐른 지금 Y와 M은 서로 상대가 자신을 구원했다는 말을 한다. 그리고 서로 고맙고 감사하게 생각한다. Y는 M과 비교해서 경제적 능력이나 학력, 자식 등 여건이 떨어지지 않기에 당당할 수가 있고 두 사람이 대등한 관계에서 신뢰를 키워가는지도 모른다. Y는 현재 M의 가족으로 아이들에게는 고모 할머니로, M에게는 협력자이며 상담자, 친구로, M의 모자 관계에선 갈등을 약화시키는 중재자로, 다른 자녀에겐 대화의 통로로 없어서는 안 될 중요한 가족의 일원으로 살고 있다.

Y와 M은 입을 모아 말한다. 우리가 성격도 다르고 젊어서 같은 모임에서 늘 만나면서도 서로 한 면만 보고 나와 안 맞는 친구라고 생각했는데, 겪어 보니 서로 공통된 성격도 있고 인생살이를 많이 겪어서 각자 잘 참고 거리를 둘 것은 두기도 하고, 아이들 유치원 보내고 나면 화끈하게 놀러 가고, 어쩌면 이렇게 잘 맞는지 모르겠다고 한다. 최근 Y와 M은 얼마 전에 남편과 사별하고 우울 증세를 보이는 멀리 있는 같은 처지의 친구를 초대해서 함께 생활하고 놀러도 다니면서 그 친구의 치유를 돕고 있다.

나는 그들의 주변에서 내가 가지고 있는 여성학적 지식과 상담 기술, 친구로서의 우정 등의 자원을 활용하여 자기 강화와 지지를 보내고 있다. 나는 이들을 보면서 어려운 상황에 놓인 여성들은 서로 돕고 살 수 있는 많은 자원을 가지고 있다는 것을 느꼈다. 종교적 힘이 큰 역할을 하지만 어떤 계기가 오면 핏줄로 얽힌 가족 외의 친구들과 이야기를 나누고, 서로 지지하고 도우면서 즐겁게 노년의 여성 공동체 생활을 할 수 있다는 가능성을 이들에게서 보고 있다. 하나의 목적을 위해 함께 에너지를 집중할 수 있는 곳이 있고, 이기적인 생각을 버릴 수 있다면 상대를 돕고 나도 도움을 받을 수 있는 공동체 생활의 통로가 가능하다는 생각이 든다.

1939년생으로 채소 가꾸기를 좋아하고,
친정 어머니 모시고 손자 네 명과 어울려
4대가 한집에서 재밌게 산다.

현장 연구

▲ 피나 바우쉬 작품에 출연한 남성 무용수
◀ ▲ 활기찬 노년
◀ 화사한 할머니, 박영숙 사진

댄스 댄스 레볼루션

젠더 관점으로 춤 보기 1

임은주

Ⅰ. 들어가면서

90년대 후반 우리 사회에서 춤은 급속도로 대중화, 일상화되고 있으며 춤에 대한 관심이 증폭되고 있다. DDR과 PUMP 기계를 통한 춤추기가 세대를 초월하여 문화적 열풍이 되었고, 댄스 스포츠가 원만한 부부 관계와 자아 찾기에 도움을 준다는 내용의 보도 기사를 신문에서, TV에서 자주 볼 수 있다. 춤 강습소에서 재즈 댄스, 힙합 댄스를 배우면서 스트레스를 해소하고 살도 빼며 건강을 유지하는 사람들의 모습이 뉴스거리로 등장할 정도이다. 그런데 이 보도들에서는 춤추는 연령의 다양화와 춤추는 사람들의 양적 팽창을 특정한 취미의 발달이라는 측면에서 바라보고 있다. 춤을 개인적인 욕구를 분출해서 카타르시스를 얻는 매우 사적인 활동으로 다루고 있다. 한편 무용학에서는 춤에 대해 가치와 의미를 부여하는 연구들이 많이 이루어져 왔다. 춤의 역사, 무대 춤 감상법, 위대한 예술 작품과 천재적 무용수의 생애에 대한 소개 등이 그 내용을 이루고 있다. 이것은 인간의 사상

1 이 글은 동덕여자대학교 여성학과 임은주의 「춤에 나타난 젠더 패러디 Gender Parody의 여성학적 이해」라는 석사 학위 논문을 재구성한 것이다.

과 감정을 아름답게 "승화시킨" 심미적 결정체라는 관점에서 진행된 연구들이다. 여전히 우리 사회에서 춤은 "고급 예술"과 "대중 예술"의 이분화에서 벗어나지 못한 채 시간 때우기 취미나 일반인은 이해하기 어려운 예술이라는 극단적 평가를 받으며 개인적인 욕망의 표현으로 인식되고 있다.

그러나 춤을 추는 동기, 춤을 추는 방식, 춤의 효과 등 춤이 실행되는 전 과정은 온전히 개인적인 것일 수만은 없다. 춤은 사회적 환경과 시간을 초월하여 행해지는 것이 아니며 사회적 통제와 권력과 밀접한 관련이 있다. 젠더 체계와 관련지어 보면 춤은 지극히 사회적이며 역사적이고 정치적인 영역에 들어가 있다. 춤을 추는 방식에 대한 기대와 규범이 성에 따라 다르게 요구되는 사회적 맥락을 살펴보면, 일상적인 몸에 대한 성 규범들이 춤추는 몸에서 어떻게 복제되거나 과장되는지 알 수 있다. 이와 동시에 춤이 위계적인 성 규범을 수동적으로 따르는 것만이 아니고 그것을 해체함으로써 어떻게 젠더 체계를 위협하며 흔들어 놓을 수 있는지 보여줄 것이다.

이를 위하여 이 글에서는 춤추는 몸에 대한 정상 규범을 준수하거나 위반하는 몇 가지 춤에 대한 생생한 분석을 시도한다. 춤이 특정 사회의 성 규율과 성적 위계가 각인되고 재생산되는 장이 되고 있음을 설명하기 위하여 고전 발레 「지젤」을 분석한다. 아울러 춤이 일상적인 몸에 비해 상대적으로 자유롭게 사회적 통제에서 벗어나는 장이 된다는 특성에 주목하면서, 성 고정 관념에 입각한 몸 규범들을 위반함으로써 기존의 젠더 관계와 성 권력에 저항하는 춤을 피나 바우쉬Pina Bausch의 작품을 중심으로 소개한다. 이러한 춤 분석을 통해 어떻게 기존의 젠더 체계에 편입하지 않을 수 있는지, 그리고 어떻게 독자적이고 창조적이며 발전적인 페미니스트 문화 실행이 가능한지에 관한 자원을 얻을 수 있을 것이다.

II. 몸 움직임과 춤의 성별화

춤은 "끊임없는 몸짓의 조직화"이며 일상적인 몸짓이 재현의 과정을 거쳐 이미지화되는 것이다. 그래서 춤추는 몸은 일상적인 몸이 따라야 하는 행동 규범으로부터 완전히 자유로울 수 없고 그 규율의 영향을 받는다. 한나(Hanna, 1988:160-161)는 권력과 편견에 의해 몸이 사회화되면서 남성과 여성의 행동 양식이 각기 다르게 정형화되어 간다고 한다. 그녀에 따르면 일상 생활에서 남성은 보통 넓은 공간을 사용하고, 수직적으로 움직이며, 움직임을 자발적으로 시작하고, 비교적 자유로운 몸 태도를 가지며, 노골적인 시선을 보내고, 비교적 큰 제스처를 사용하는 것으로 보고된다. 그리고 여성은 보통 공간을 다른 사람에게 양보하고, 수평적으로 움직이며, 상대방의 움직임에 반응하며, 복종적인 시선을 보내고, 비교적 작은 제스처를 취하는 것으로 알려진다.

이렇게 일상 생활에서의 행동 규범은 성에 따라 다른데 그 규범은 춤추는 몸에 대한 규범과 매우 비슷하다. 춤추는 몸은 특정한 사회에서 소위 "정상적"인 것으로 통용되는 규범에 따라 판단되고 훈련되고 교정되는 "정상화" 과정에 참여하고 있다. 그렇다면 춤에서 젠더는 어떤 방법을 통해 나타나는가? 다양한 춤들을 관찰한 결과 춤에서 젠더는 몸의 재현 양식과 춤의 서사를 통해서 구분된다. 춤추는 몸은 더 상세하게는 이상적 신체 조건, 의상과 분장, 동작(표정, 자세, 몸선, 공간과 몸 관계, 시간과 몸 관계, 동작미, 동작의 전후 관계, 동작 유발 동기), 무용수간의 신체 접촉 허용 범위 등에서 성별로 다르게 재현된다. 그리고 일정한 레퍼토리 내의 배역에 의해서 젠더는 구성된다. 19세기 고전 발레의 빠드 듀(남녀가 한 쌍이 되어 추는 춤)는 남성과 여성의 차이가 가장 크게 나는 춤이고(맥크럴, 1998:252) 춤추는 몸에 대한 성별 규범이 고도로 양식화되어 있다는 면에서 춤이 어떻게 성별화되는지를 분석할 수 있는 좋은 예시가 된다.

따라서 고전 발레를 대상으로 춤의 성별화 양상을 설명하고 그 차이가 어떤 차별적 의미를 지니고 있는지를 살펴볼 것이다.

1. 몸의 재현 양식

발레리나의 이상적인 몸은 마치 소년과 같은 몸으로써 성숙한 여성의 몸을 부정한다. 고전 발레에서 기준이 되는 몸은 그리스 로마의 조각품에 전시되는 몸 형태의 영향을 받았다. 준수한 얼굴, 엉덩이와 가슴이 거의 없는 마른 몸, 유연하고 긴 팔다리라는 완벽한 이미지에 부합하기 위해 발레리나들은 갖가지 노력을 기울인다. 발레리나들은 의도적인 탈수, 단식, 조금 먹고 토하기, 지방질 제거 수술도 마다하지 않는다. 이 때문에 상당수의 무용수가 병적인 기아 상태로 접어든다. 영양이 부족한 상태에서 강도 높은 훈련이 지속되어 의료진의 도움이 필요한 정도에까지 이른다(포스터, 1999:191; 아데어, 1996:91). 발레단에서는 군무(群舞)를 출 때 전체적인 통일성을 위하여 키를 일정하게 맞추려고 애쓴다고 한다. 반면 남성 무용수의 신체 기준은 여성 무용수에 비해서 그다지 엄격하지 않다. 국립 발레단의 남자 무용수 19명을 조사한 결과 평균 체격은 1m76, 63kg로 나타났다. 보통 남성보다 조금 더 큰 키에 움직이는 데 불편하지 않을 정도, 뚱뚱하지 않을 정도의 체중을 갖추면 된다. 이런 사실은 "남성들에게 요구되는 몸의 이상형이 상당히 추상적인 것에 비해서 여성들에게 요구되는 것은 매우 구체적(김현미, 1998:221)"이라는 것을 보여 준다. "아름다움의 신화"에 의해 여성들의 다이어트, 성형 수술, 미인 대회 등이 일상 생활에서 강박적으로 실천되고 있는 현상과 맥을 같이 한다.

의상에서도 명백한 성차를 보여 준다. 고전 발레에서 특징적인 여성 분장 도구 중 하나는 토슈즈이다. 토슈즈를 신고 발끝으로 서는 기법인 쁘웽뜨 point 기술은 여성에게 발톱 일탈, 물집, 발가락 뼈 골절과 같은 육체적 상해를 가져오는 것으로 밝혀지고 있다. 가능한 한 공중에 떠 있는 듯 보이기 위하여, 무중력을 만들어 내는 환상을 위하여 발끝으로 서서 땅에 최대한 저항한다. 남성 무용수들은 발을 살짝 덮어 안 신은 듯 편안하고 마루와의 접촉 정도를 고려하여 턴을 돌 때 도움이 될 만한 신발을 착용한다. 발레리나는 종아리를 반쯤 가리고 얇은 명주나 모슬린의 겹겹으로 이루어져 있는 뛰뛰Tutu라는 치마를 입는다. 이 의상은 허리 윗부분을 코르셋으로 조이고 아래부분은 치마로 부풀려서 골반을 강조하는 것이다. 옷감이 너무나 섬세하여 의상이 미풍에도 나부끼며 발레리나가 이미 도약을 끝마친 후에도 공중으로 떠오르는 것 같은 효과를 준다. 반면 장식이 요란했던 남성 무용복은 1830년 즈음부터 정갈하게 디자인된 타이츠로 바뀌었다. 이 타이츠는 긴 소매가 있는 셔츠와 짧은 재킷, 그리고 신축성 있는 하의로 되어 있어서 움직임이 훨씬 수월했으므로 남성의 기민함을 표현할 수 있었다. 발레리나들의 신발과 의상은 매우 불편하고 고통스러웠음에도 불구하고 아름다움에 대한 환상을 불러일으키기 위하여 착용되었고, 남성 무용수들의 복장은 실리성을 고려하여 만들어졌다. 이렇게 복장이 성별화되는 현상은 고전 발레에서뿐만 아니라 일상 생활도 마찬가지이다. 남성들이 비교적 편안하고 실용적인 차림을 하는 데 비해, 여성들은 늑골의 변형을 가져오는 코르셋을 입고 발목 부상을 무릅쓰고 하이힐을 신으며 작고 꼭 끼는 옷을 입음으로써 활동 범위의 제약을 받고 몸의 실루엣을 강조한다.

발레 동작 속에는 남성의 무게감과 강함, 여성의 가벼움과 우아함이 대비적으로 나타난다. 남성은 높이 뛰어오르는 점프와 강하고 빠른 턴을 통해서 힘을 과시하는 반면, 여성은 우아하게 팔을 공중으로 뻗치고 발끝으로 서서 정교한 스텝을 밟는다(맥크럴, 1998:252). 포스터(1999:202-203)는 춤 동작의 안무시 어떤 코드에 입각하여 남성과 여성에게 다른 동작을 배정하는지 설명한다. 그녀에 의하면 남성과 여성은 각각 자세에 있어서 개방/폐쇄, 몸 형태는 직선/곡선, 공간과 몸의 관계는 직접적/우회

[사진 1] 발레리나를 들어올리는 남성 무용수

적, 움직임의 시간은 빠르고 급작스럽게/천천히, 지속적으로, 동작미에 있어서는 절제미/파격미, 신체 부위의 전후 관계에 있어서는 무작위/연결, 동작을 유발하는 동기로서는 신체의 내적 충동/외부에 상상력 촉진이라는 특징으로 나누어진다.

이렇게 남녀가 다른 춤동작을 행하는 가운데 상대방의 몸을 접촉할 수 있는 부위도 성에 따라 다르다. 여성 무용수는 상대 남성 무용수의 팔, 손, 어깨 정도만 잡을 수 있고, 남성 무용수는 여성 파트너의 팔, 손, 어깨뿐만 아니라 허리, 허벅지, 엉덩이, 겨드랑이 같은 은밀한 부위까지 접촉할 수 있다. 발레리나가 삐루엣을 돌 때 남성 무용수는 그녀의 허리를 잡아 주고, 여성이 공기를 가르며 높이 날 수 있도록 허벅지를 들어올려 지탱해 준다([사진 1] 참조). 남성이 여성보다 접촉이 허용되는 범위가 넓고 접촉 가능한 부위도 다양하다. 이런 차이는 남성이 주도권을 갖고 있음을 암시하며 성별 권력의 차이를 드러내는 것으로 해석된다.

2. 춤의 서사

대부분의 고전 발레 작품의 내용은 대부분 이성애 관계가 정상이라는 전제로 전개되며 매우 일률적인 레퍼토리를 가지고 있다(Hanna, 1988:166). 「라 실피드」, 「백조의 호수」, 「지젤」 등의 고전 발레에서는 유령, 요정, 백조와 같이 사람이 아닌 여성과 인간 남성의 낭만적 사랑을 중심으로 삼는다. 주인공 여성은 일정한 지위와 부를 가진 남성에게 매력을 느껴 사랑에 빠지지만 그 사랑을 이루지 못하면서 번민에 빠져 죽게 된다는 줄거리이다. 고전 발레의 최정점으로 불리는 지젤의 레퍼토리를 더 자세히 서술하면 다음과 같다. 시골 소녀 지젤이 농부로 변장한 왕자 알브레히트와 사랑에 빠지지만 알브레히트가 이미 다른 공주와 약혼한 사이임을 알게 된다. 지젤은 비탄에 잠겨 미친 듯이 춤을 추면서 죽는다. 죽은 지젤은 윌리(춤을 너무 좋아하고 결혼식 전 날 죽는 젊은 여성의 통칭)가 되어 환생한다. 윌리들은 숲 속에 살면서 지나가는 젊은 남성을 유혹해서 그가 지쳐 죽을 때까지 춤을 추게 만든다. 왕자 알브레히트가 지젤의 무덤을 찾아 지젤의 죽음을 애도하자 윌리들의 유혹이 시작되고 왕자는 격렬하게 춤추기 시작한다. 지젤은 알브레히트에게 계속 춤출 수 있는 힘을 줘서 그의 생명을 구한다. 아침이 오고 윌리들의 마력이 사라지자, 탈진한 왕자는 지젤의 요청에 따라 약혼녀인 공주의 팔에 안긴다.

여성의 긍정적인 이미지를 대표하는 지젤은 왕자에게 배신당했음에도 불구하고 계속 그를 사랑하고 그의 생명을 구하기 위해 싸운다. 여성의 부정적 이미지인 윌리들은 아무런 이유 없이 남성을 공격하고 탐욕스런 마녀처럼 행동한다. 이런 대조적인 이미지를 가진 여성들의 생명과 정체성은 남성 등장 인물에 의해 좌우된다. 이런 레퍼토리는 여성을 자립심이 부족하고 유약하며 남성에 의해 통제되는 존재, 인간으로 실체화되지 못한 존재로 묘사한다.

이와 같이 고전 발레에서 남성과 여성이 몸을 재현하는 방법과 춤의 내용을 보면 맡는 역할이 대조적이다. 춤의 성 차별적 패턴은 서구 궁정 귀족들이 향유하던 춤에 기원을 두고 변형되었다. 그래서 고전 발레뿐만 아니고 미뉴에트, 왈츠, 폴카, 폴로네이즈, 유럽의 민속춤, 댄스 스포츠 등 남녀가 파트너가 되어 추는 대부분의 춤에서 같은 패턴의 성차를 발견할 수 있다(Hanna, 1988:162-166). 하지만 춤의 성별화 양상이 역사적·문화적으로 일관되게 나타난 것은 분명히 아니다. 춤에서의 성차는 문화의 차이에 따라 다른 것은 물론이고 같은 문화권 내에서도 시대 배경에 따라 달라진다. 가령 호주 북부 티위섬 사람들2 의 춤에서 보이는 성차는 위에서 제시한 고전 발레에서의 성차와 약간 다른 양상을 보이고 있다. 티위 섬 여성들이 춤출 때에는 발을 평행으로 두고 머리를 약간 앞으로 굽히고 시선은 땅으로 향한 채 느린 템포로 춤을 춘다. 남성들이 춤출 때에는 발 방향이 바깥으로 향하게 하고 땅에 완전히 접착한 상태에서 머리를 약간 뒤로 들고 빠른 리듬의 주도적인 춤을 춘다(André Grau, 1993:100). 여성과 남성 춤의 속도에서 차이가 난다는 점, 사회적 자신감을 표현하는 방법(고개의 모양) 등에서는 고전 발레와 공통점이 있으나 티위 사람들의 춤에서는 고전 발레에서와 같이 두드러진 성차별의 양상이 보이지 않는다.

그 다음으로 같은 문화권 내에서도 성차가 강조되는 정도가 사회적 배경에 따라 달라지는 경우를 살펴보자. 18세기 발레에서는 스텝과 회전, 점프 등에서 남녀간 구분이 거의 없는 데 비해서 19세기 중반에 이르러 성별간 역할 이미지에서 확연한 차이가 생겨나게 된다. 발레리나들에게 쁘웽뜨 기법이 광범위하게 퍼지면서 여성 무용수는 환상적인 연약함의 상징이 되고 남성 무용수는 여성을 이끄는 존경의 대상으로 자리잡았다. 이 시기는 남성과 여성의 사회적 역할이 공사로 구분되어 이행되는 루소주의적인 사회 계약이 팽배하던 시기였다(포스터, 1999:192). 이것은

2 티위Tiwi 섬 사람들의 일상 생활과 춤을 관찰한 그루Grau는, 티위 사람들도 남성성과 여성성을 분리하고 그 특징에 따라 역할을 나누었으나, 그 분리에는 차별적인 성격보다는 상호 보완적인 성격이 강하다고 보고한다. 이곳에서 남성성은 대지, 진흙, 땅, 모래, 해변, 암초, 섬 등 땅과 관련이 있고, 여성성은 바다, 맑은 하늘, 바람, 제방, 홍수림 등 바다와 하늘과 관련이 있다. 여성은 남성적인 영역인 땅에서 나온 자원들을, 남성은 여성적인 영역인 바다와 하늘에서 나온 자원들을 개발하는 역할을 맡는다.

일상적인 몸의 경우와 마찬가지로 춤에서의 성차도 여성의 사회적 입지점이 확장될 때 부각되는 경향이 있다는 것과, 사회적인 성차별의 정도가 심할수록 춤에서의 성차도 증가한다는 것을 말해준다.

이상으로 춤에서 젠더를 구별짓는 기준이 되는 춤 양식과 내용에 대해서 살펴보면서 춤추는 몸의 성별화는 일상적인 몸의 성별화 양상과 매우 흡사하며 때로는 몸 움직임의 정형성이 일상보다 더욱 과장되고 있다는 것을 확인하였다. 헨리(1990)는 「육체의 언어학Body Politics- Power, Sex, and Nonverbal Communication」에서 지배적 위치에 있는 사람의 행동과 남성의 행동, 그리고 복종의 위치에 있는 사람의 행동과 여성의 행동이 거의 비슷하다는 점을 실험을 통해 자세히 밝혀 내었다. 그래서 "아무런 의미가 없고 권력과 관련되지 않은 것 같은 수많은 무언의 행동들은 사실상 권력 차이에 기초를 둔 성 특권과 사회적 편견의 반영(헨리, 1990:234)"이라고 주장한다. 남성과 여성의 행동을 정형화시키는 권력은 어떻게 유지되는 것인가? 이 권력은 어떤 강제적이고 주입 가능한 이데올로기라기보다는 행동에 대한 권위 있는 담론을 통해 작동하는 "규율 권력"이다. 규율 권력은 스스로 행동한다는 의미에서 개인의 개별적이고 계획적인 행동인 것 같지만 사실은 사회적인 규제 시스템이다. 젠더를 성기 구조나 생식기, 성호르몬, 유전자 등의 생물학적 요소에 의한 필연적인 산물로 보는 "본질주의적" 규제 시스템은 자주, 끊임없이 반복되는 규칙화에 의해서 유지된다. 남성다움과 여성다움을 실현하는 행동들은 마치 자연스러운 것처럼 받아들여져서 반복되는 몸 규범의 관습을 감추고 있다. 여성에게 적합한 춤, 남성에게 적합한 춤이 있다는 관념을 따르는 춤은 성적 위계를 유지하는 또 하나의 방법인 것이다. 그러나 춤이 몸에 대한 규범들을 수동적으로 받아들이기만 하는 것인가? 20세기 이후에는 젠더 이미지에 대한 고정 관념을 해체시키면서 성별화된 행동 규범을 위반하는 춤이 다양하게 시도되고 있다.

III. 춤에서의 전복적인 실험

춤은 몸 규범에 대한 위반이 허용되는 특권을 가진 장소이다(Ferris, 1998:167; Garber, 1998:178). 그래서 젠더를 의도대로 연출함으로써 젠더 카테고리를 혼동시키고 해체시키는 장소, 새롭고 성별화되지 않은 정체성을 재구성하는 실험실(Dollan, 1992:8)이 될 수 있다. 재즈 댄스, 힙합 댄스, 테크노 댄스, 후기 현대 춤 등에서는 성에 구애되지 않고 무성적이거나 양성적인 동작을 구사하는 춤들이 발견된다. 여성과 남성이 똑같은 동작을 취하면서 비슷한 에너지와 체력을 사용하고 상호 협력하여 호흡을 맞춘다. 또한 특정 성에 기대되는 이미지와 역할에 대립되도록 여성 무용수가 여자답지 않게, 남성 공연자가 남자답지 않게 추는 춤들도 많이 눈에 띤다. 예를 들어 후기 현대 춤의 일원인 센타 드라이버Senta Driver는 여성들에게 부과된 연약한 이미지를 새롭게 만들기 위하여 자

[사진 2] 남성을 들어올리는 센타 드라이버

기보다 훨씬 무거운 남자들을 들어 옮기는 동작을 작품에서 여러 번 사용하고 ([사진 2] 참조) 체육과 같은 동작을 도입하였다. 그녀의 춤은 가장 건장한 남성 무용수가 가장 작고 가벼운 여성을 들어올리는 것을 철칙으로 삼았던 기존 발레의 관행을 타도하였다. 그녀에 의하면 들어올리기는 체력과는 별로 관계가 없고 상호 타이밍으로 이루어지는 것이다(아데어, 1996:304-305). 전위 예술가로 불리워지는 홍신자는 「나선형의 대각선」에서 해골을 껴안고 서서 몸

을 빙글빙글 돌리고만 있는가 하면([사진 3] 참조), 「네 개의 벽, 1985」에서는 넘어질 듯 걸어다니고, 뒹굴고, 절하는 아주 단순한 동작을 몇 번씩 반복한다. 그래서 예쁘게 보이거나 기술을 자랑하는 것과는 무관한 태도를 취한다. 엄숙하고 그로테스크한 분위기를 연출하는 홍신자의 춤은 가부장제 문화에 위협을 주어서 아름다운 여성에 대한 이상을 불안정하게 만든다.

[사진 3] 홍신자

특히 "살아 있는 전설"로 평가받는 독일의 무용수 피나 바우쉬Pina Bausch의 춤은 남녀 관계에 대한 문제를 전면에 내세워 성 위계를 과감하게 파괴한다는 점에서 주목할 만하다. 그녀는 인간에 대한 깊이 있는 성찰로 젠더 관계에서의 억압성과 폭력성을 드러내는 춤을 형상화하고 있다. 탄쯔 테아터Tanz Theater라는 독특한 예술 장르를 발전시킨 것으로 유명한 바우쉬는 2000년 4월 내한 공연하여 춤계를 흥분시켰다. 탄쯔 테아터는 제2차 세계 대전 이후 독일에서 발생된 춤으로 추상적인 움직임과 연극을 접합시킨 새로운 형태의 예술이다. 탄쯔 테아터에서는 반복적인 동작을 사용하고 몸의 완벽성에 반발하여 오히려 몸의 콤플렉스를 드러내고 강조하는 춤을 춘다. 탄쯔 테아터는 "춤이 오락이 되는 것을 거부한 최초의 춤"이고, "인간의 감정과 생각, 자연스런 욕구들을 표현하기 위해서만 존재하는 춤"이다(문애령, 1995:152). "탄쯔 테아터의 기수"인 피나 바우쉬의 춤에는 이런 특징들이 포함되어 있고 아울러 그녀만의 독창적인 춤 철학이 들어 있다. 이 철학은 분장, 동작과 주제 등 춤을 구성하는 모든 것들을 통해서 드러난다. 바우쉬 무용단의 무용수들은 각자 자유롭고 개성 있는 역할을 창조하며 독창성을 발휘할 수 있는 기회를 갖고 있다.

산체스(Sanchez, 1993:155)는 바우쉬의 작품에서 남성과 여성의 모습은 현실에서 보이는 성 이미지와 역할에서 출발하지만 전형적인 성별 구분은 춤이 진행되면서 희미해진다고 지적한다. 그녀의 춤에서는 성 이미지와 역할의 전형성과 그것의 파괴가 한꺼번에 보인다. 가령 넥타이를 매고 양복 정장을 한 남성과 긴 실크 원피스를 입은 여성이 등장한다. 그러나 이런 "정상적" 옷차림은 이내 "이상한" 옷차림으로 바뀐

[사진 4] 피나 바우쉬 작품에 출연한 남성 무용수

다. 작품 「카네이션Carnation」에서는 남성들이 등이 파인 여자 잠옷 같은 원피스를 입고 있다([사진 4] 참조). 성인 남성이 다리에 숭숭 난 털을 내보이는 하늘하늘하고 짧은 원피스를 입은 모습은 전혀 남자답지 않다. 어떤 남성 무용수는 고전 발레의 발레리나들이 입는 짧은 뛰뛰를 입고 토슈즈를 신고 나와 관객에게 질문한다. "당신들이 원하는 게 뭐야? 난 뭐든지 할 수 있어!" 그리고 나서 발끝으로 서서 점프하고, 빙그르르 돌며 갖가지 발레 기교를 보여 준다. 「아리엔Arien」에서는 반대로 여성이 양복 차림을 하고 나오기도 한다. 이와 같이 남성은 계속 남성적으로 머무르지 않고 여성 또한 마찬가지이다.

배역에서도 이와 비슷한 양상을 보여 준다. 남성은 공격자, 추적자, 통제자, 주체자, 강간범, 테러리스트의 역할을 맡는다. 반면 여성들은 그런 남성과 남성 문화에 의한 희생자가 된다([사진 5] 참조). 「카네이션 Carnation」에서 양복 입은 남자는 먹기 싫어서 울먹이는 여자의 의사를

무시하면서 오렌지를 끊임없이 여성의 입에 넣는다. 그리고 무대 밖으로 밀려나 떨어질 정도로 세 남자가 여성을 구석으로 몰아간다. 「콘탁크호프Kontakhof」에서는 잔인할 정도의 접촉이 등장한다. 한 쌍의 남녀가 왈츠를 추려고 마주 서 있다가 여성이 남성의 귀를 깨물자 남성은 여성을 꼬집고, 머리카락을 뽑고, 그녀의 팔을 올렸다 내렸다 한다. 그 작품의 끝 부분에서는 여러 명의 남자가 한 여자를 가운데 두고 빙 둘러서서 그녀의 얼굴을 점차 세게 문질러

[사진 5] 희생되는 여성

서 코는 짓뭉개지고 귀는 빠질 듯 잡아당겨진다. 양성간의 긴장이 전면에 드러나는 작품은 「나와 함께 춤을 Dance with me」인데 여기서 남성들은 검은 옷을 입고 모자를 깊이 눌러쓴 상태에서 공격적인 표정을 짓는다. 여성들은 순종적으로 남성들의 환심을 사고 남성을 즐겁게 해주려고 애쓴다. 그러나 여성들은 점차 자신의 상황에 불만을 느껴 반란을 일으키고 결국 남성들의 지배는 끝나게 된다. 이런 방식으로 전형적인 젠더의 대표자인 것처럼 행동하는 인물들이 등장하는데 그들은 이내 그것에서 벗어나려고 시도한다. 전형적인 성 역할은 지속되지 않고 일상적이고 자연스런 인간의 모습으로 변모한다. 바우쉬 무용단의 여성 무용수들이 표현해 내는 주인공들은 스테레오 타입의 인물도 아니고 전투적인 페미니스트도 아니다. 단지 감정을 풍부하게 표현하고 희망을 가지며 이상의 안정을 갈망하는 보통 사람들일 뿐이다. 남성과 여성 모두의 인간적이고 평범한 모습은 일상 생활에서 취하는 동작들을 통해서 나타난다. 안치운(1993:348)은 바우쉬 탄쯔 테아터의 핵심 요소를 일상적인 몸이라

[사진 6] 피나 바우쉬 춤에서의 일상적 동작

고 얘기한다. 일상적인 몸을 관찰하고 그것을 무대에 올리는 춤에는 어떤 특정한 테크닉도 특정한 원리도 없다. 그녀의 작품에서 무용수들은 입맞추고, 꼬집고, 쓰다듬고, 뺨 때리고, 어루만지고, 침 뱉고, 울고, 먹고, 땀 흘리고, 옷 입고, 옷 벗고, 상처를 보여 주고, 꽃과 물 속에서 논다. 성과 관계없이 때로는 관객을 자리에서 일으켜 세워서 함께 쉽고 평범한 동작을 계속 반복하기도 한다([사진 6] 참조). 이런 동작들은 기교를 과시하고 꾸미는 고전 발레와는 다르게 상징적인 제스처에 기반한 것이다.

바우쉬의 춤은 내레이션에 의해 전개되지 않는다. 줄거리의 연결이나 심리적 흐름과 관계없이 자유로운 연상에 의해 장면들이 모아지는 "몽타주 기법"이 사용된다. 이것은 다시 말하면 한 작품이 단 하나의 주제를 중심으로 구성되지 않는다는 것을 뜻한다. "사랑, 공포, 기다림과 외로움, 좌절과 범죄, 인간에 의한 인간의 착취, 특히 남성에 의한 여성의 착취(문애령, 1995:154)"와 같은 주제들이 복합적으로 들어 있다. 특히 불평등한 남녀 관계의 문제는 전 작품에 흐르고 있다. 이 주제들은 철저하게 현실 경험을 바탕으로 잡은 것으로서 그의 춤은 매우 사회적이며 정치적이다. 그녀는 안무가, 무용수, 관객 모두의 경험을 존중하므로 작품에 대한 단일한 해석을 거부한다. 내가 바우쉬와의 대담에 참가하여 "남성과 여성의 복장과 배역이 당신 작품의 메시지를 전하는 데 어떠한 역할을 하고 있는가"를 질문하였을 때 바우쉬는 "그것은 관객이 생각할 일이다"라고 얘기했는데 그 대답은 그녀가 언제나 강조했던 사상이다. 그녀는 그저 "정확하게 정의할 수 없는 감정들을 무대에 옮겨 놓을 뿐(문애령, 1995:159)"이라고 말한다. 그녀는 좀체 자신의 작품에 대해서 설명하려고 하지 않고 직접 춤추는 사람들과 춤을 보는 사람들이 자신의 경험을 토대로 상상하고 해석하기를 바란다. 바우쉬의 춤은 수용자의 해석 능력에 대한 신뢰를 바탕으로 만들어진다.

Ⅳ. 나오면서 : 춤의 정치학

최근 한국 사회에서 춤이 사회적인 붐을 일으키고 있는 현상 속에서 춤이 몸 움직임에 내재한 규범적 성차의 모순을 효과적으로 드러내면서 페미니스트 문화 실천이 될 수 있다는 사실을 탐구하였다.

이 글은 행동하는 방법에 대한 성적 규범들이 각각의 성에게 "적합한" 이미지에서 벗어나지 말 것을 요구하는 사회 관습의 억압적인 측면을 드러낸다. 또한 생물학적 성과 성 정체성, 행동이라는 것이 어떤 관계에 있는 것인지 의문을 던지면서 그 삼자의 연결성이 단일하지 않고 다양할 수 있다는 사실을 보여 준다. 남녀의 이성애적 관계를 당연한 것으로 받아들이는 사회에서 본질적인 젠더가 있다는 가정은 결국 남성과 여성을 도식적으로 구분하고 여성의 성을 통제하는 기능을 한다. 젠더에 대한 통념은 바로 반복되는 사회 담론에 의한 구성물이기 때문에 필연적으로 주어지는 것이 아니고 유동적일 수 있다. 젠더의 이미지에 대한 고정 관념을 위반하는 실행은 여성적이지 않은 여성과 남성적이지 않은 남성의 행동을 사회적 규칙을 어긴 것으로 평가하거나 정상에서 일탈한 것으로 비난하지 않고 양성성에 대한 이해를 심화시키는 데 도움을 줄 것이다.

페미니스트 몸 담론에서는 여성의 몸이 지배되는 것, 부정적인 것으로 인식되며 남성 시선의 대상이 되는 문화 안에서 여성이 과연 비판적 몸 정치를 실행할 수 있는가 하는 문제에 회의를 가져왔다. 그러나 이 글을 통해서 페미니스트 몸 정치와 춤 정치의 가능성을 제시하고 있다. 억압받는 것은 결국 폭발하거나 정해진 질서에 도전할 것이라는 단순한 명제가 바로 페미니스트들로 하여금 몸 정치를 실현하게 만드는 기본적인 근거이다. 몸을 매개로 한 성적 억압을 몸으로 구현되는 예술을 통해 저항하고 그것에서 해방되는 것, 이것이 바로 몸 정치이다. 춤은 일정한 시간과 공간 속에서 행해져서 일순간 사라지는 덧없는 속성을 갖고 있으므로 어떠한 춤도 재생이 불가능하다. 버틀러의 말대로 여성학자들의 임무가 정체성을 구성하는 반복의 과정에 참여함으로써 억압적으로 구성된 정체성을 전복할 수 있는 전략을 개발하는 것이라고 한다면, 춤의 일회적 성격은 페미니스트 문화 정치의 전략으로 유용하다. 춤을 추면서 우리에게 익숙해진 관습들의 반복에 개입하여 그것을 의도적으로 변형시키고 계획적으로 빗나가게 만들 수 있다. 동작과 서사, 파트너와의 관계, 공연자와 관객과의 관계, 마케팅 등에서 기존의 틀을 불안정하게 만드는 새로운 춤, 그리고 젠더의 이미지와 역할을 자유자재로 변형시키는 춤들은 현재의 젠더 체계에서 빠져 나갈 지점을 찾고 있는 중이다.

댄스 댄스 레볼루션은 이미 시작되었다.

현재 페미니스트 댄서이고 하자 센터 시민 문화 기획 팀에서
일하고 있다. 한국 여성 단체 연합에서 간사 일을 했었고,
춤으로 여성 운동을 계속 하고 싶다.

참고문헌

김현미, 1998, 「몸과 여성 체험」, 『일상의 여성학』, 박영사.

맥크럴, 쥬디스, 1998, 『무용 감상법』, 삼신각.

문애령 편저, 1995, 『서양 무용사—신표현주의를 중심으로』, 눈빛.

아데어, 크리스티, 1996, 김채현 역, 『춤 여성 그리고 남성』, 이대 출판부.

안치운, 1993, 「피나 바우쉬론: 춤연극 연구」, 『공연 예술과 실제 비평』, 문학과 지성사.

포스터, 수잔 레이, 1999, 「무용과 성역할」, 심정순 편저, 『여성 문화 예술 이론』, 동인출판.

헨리, 낸시 M., 1990, 김쾌상 역, 『육체의 언어학』, 일월서각.

Dolan, Jill, 1992, "Gender Impersonation Onstage: Destroying or Maintaing the Mirror of Gender Role?" in Senelick, Laurence. ed. *Gender in Performance*. Hannover: University Press of New England.

Ferris, Lesley, 1998, "Introduction to Part Five: Cross-Dressing and Women's Theatre" in Goodman, Lizbeth · Gay, De Jane. eds. *The Routledge Reader in Gender and performance*. London · New York: Routledge.

Garber, Marjorie, 1998, "Cross-Dressing, Sexual Representation and the Sexual Division of Labour in Theatre." in Goodman, Lizbeth · Gay, De Jane. eds. *The Routledge Reader in Gender and Performance*. London · New York: Routledge.

Grau, Andrée, 1993, "Gender Interchangeability among the Tiwi." in Thomas, Helen. ed. *Dance Gender and Culture*. London: Macmillan press Ltd.

Hanna, Judith Lynne, 1988, *Dance, Sex and Gender*. Chicago: The University of Chicago.

Sanchez-Colberg, Ana, 1993, 'You put your left foot in then you shake it all about⋯': Excursion and Incursion into Feminism and Bausch's Tanzteater. in Thomas, Helen. ed. *Dance Gender and Culture*. London: Macmillan press Ltd.

여성의 몸, 월경에 대한 "점성학적 은유"

강선미

갑자기 웬 점성학인가? - 여성학자로서의 변명 아닌 변명

나는 점성학자가 아니다. 그러나 솔직히 나는 수많은 여성 잡지와 인터넷 사이트들을 뒤지며 점성학 페이지를 즐긴다. 그다지 심각하게 받아들이지는 않지만 뭔가 내 속에 숨겨 놓았던 호기심을 자극하는 것이 있기 때문이 아닐까? 분명 점성학은 그 "가벼움" 때문에 그토록 많은 대중들의 일상을 사로잡고 있는 것일 게다. 모르는 척 그러나 은근 슬쩍 보게 만드는 이 유혹의 장소에서 오늘도 수많은 사람들이 시간을 쪼개고 있을 것이다. "그걸 믿습니까?" 누군가 그렇게 묻는다면 "아니요. 그런데 재미 있잖아요?" 그렇게 대답할 뿐이지만… 중세의 마녀 사냥 이후 과학의 이름하에 추방되었던 서양 점성학이 다시 대중들의 삶을 급격히 점령해 들어가는 현상은 80년대 말부터 유럽, 미국, 오스트레일리아, 일본 등을 중심으로 전세계적으로 일어난 뉴에이지 운동과 정보 사회의 전지구적 확산을 틈 탄 "영성의 상업화" 경향이라 할 수 있을 것이다.
 가볍고, 상업적이고, 합리적 삶을 방해하는 미신적 요소들이 다분한 점성학적 지식들이 무차별적으로 파종되는 현상은 분명 위험한 것이기도 하다. 그러나 먼 과거와 달라진 점은 공식화된 지식과 비공식화된 지식을 가르는 공인된 권위에 저항하지도 순종하지도 않는 많은 대중들이 점성학을 소비하고 있다는 것이다. 특히 여성들이 말이다. 그리고 판사든, 학자든 "저들의 지식은 공인된 지식이 될 수 없다"고 공언하는 것으로 점성학을 대중들로부터 격리시킬 수 있는 절대적 권위를 갖지 못한다. 이미 우리는 각종 정보를 윤리적, 이성적으로 판단하고 활용하는 최종적인 권한을 개인에게 맡길 수밖에 없는 시대로 돌입해 있는 것이다. 문제는 점성학의 유포에 있다기보다는 그것을 "미신"으로 무시하면서도 그것이 팔리는 물건이니 어쩔 수 없는 것 아니냐는 식의 상업적 논리만이 우리 문화를 지배하고 있다는 데 있다.

나는 이 "위선"과 "사기"의 논리에 별로 흥미가 없다. 다만 어떠한 지식이든 적절한 경계 의식과 동시에 존중심을 가지고 대해야 한다는 여성주의적(?) 윤리 의식을 가지고 있을 뿐이다. 누군가 썩어가는 시체의 몸에서도 아름다움을 찾을 수 있다고 했던가? 나는 가부장제 역사 이전부터 지구상에 존재했던 가장 오래된 지식이며 수많은 여성들이 그 생산에 개입되어 있는 점성학에서, 여성의 피와 생명의 신비에 대해 현대인들이 창조해낸 어떠한 은유보다도 건강하고 풍요로운 상징들을 발견하곤 한다. 나의 글쓰기는 점성학의 온전한 진리성이나 미신성을 말하고자 하는 것이 아니다. 다만 그토록 많은 여성들의 일상을 차지하는 점성학적 지식들 속에 숨어 있는 풍요로운 상징들이 남성 중심적 해석 체계에 가려져 제대로 빛을 보지 못하고 있다는 점을 지적하고 싶을 뿐이다. 그리고 내가 여성으로서 도움을 받았던 점성학적 정보들을 다른 여성들과 함께 나누고 싶다. 이것은 "믿음"의 문제가 아니다. 한번 일리가 있다고 생각해 보고 자신의 몸과 마음을 관찰해 보면 될 일이다.

나는 서양 점성학 자체가 남성 과학자들이 말하는 검증 가능한 "과학"의 범주라기보다는, 아직 문화적으로 확정되지 않은 우리 몸에 지닌 가능성의 영역을 신비로서 볼 수 있게 해주는 상징학의 영역으로 보고 있다. 이 글은 이러한 점성학적 지식을 빌어 여성의 월경에 대한 새로운 사고를 시작하기 위한 것이다. 그 방식은 지금까지 자연과 문화를 구분하고, 이를 여성과 남성으로 유비시켜 자연과 여성을 문화와 남성보다 열등한 것, 가치 없는 것으로 평가 절하시키는 가부장적 근대 과학의 그 것과는 다를 것이다. 그렇다면 여성의 몸에서 일어나는 자연 현상의 하나인 월경을 해석하는 방식은 어떻게 다를 수 있는가? 필자는 자연의 질서와 몸의 질서의 유사성을 발견하고 기술하는 현대 과학자들의 호기심과 상상력 자체가 잘못되었다고 보지는 않는다. 문제는 그 유비 논리에 있다기보다는, 자연의 질서를 해석하는 데 적용된 이분법적 사고 방식에 있기 때문이다. 현대인들이 일상적 삶에서도 끊임없이 일어나는 양립 불가능한 현상의 동시성, 불연속성을 의식하지 못하게 된 것은 이 과학적 사고 방식에 대한 고정 관념에 그 원인이 있다.

월경을 하는 여성의 몸을 다시 생각해 보기 위한 몸풀기

오늘날 여성의 몸, 특히 여성의 피에 대한 우리들의 물음은 어떤 것인가? 초경을 경험하면서부터 움츠러들었던 우리들의 호기심만큼이나, 많은 여성들이 이 주제 자체를 언급하는 것을 꺼려한다. 여성이 달에 한번씩 걸리는 "마법"을 부정적인 것, 나쁜 것, 더러운 것, 바람직하지 않은 것으로 여기는 가부장들의 사회에 길들여져 온 우리들은 "여성의 운명"에 대해 새삼 질문을 던질 의욕을 잃은 지 오래다. 실제로 현대 여성의 월경과 자궁 의식 체험은 고통과 상실감, 혼돈으로 얼룩져 있다. 생리 때면 피가 흐르는 몸이 드러날까봐 노심초사하는 여성들, 극심한 생리통을 호소하는 여성들, 월경과 함께 찾아드는 낯선 욕망 때문에 두통을 앓거나 우울해지는 여성들, 여성이 겪는 모든 고통이 마치 자궁에서 비롯되는 양 그 것을 드러내고 싶은 자기 파괴적 욕망에 사로잡히는 여성들… 따라서 이 주제를 가지고 여성들과 이야기 마당에 들어서려면, 이 소리 없는 말들의 장소로 먼저 들어가야 한다. 그리고 무거운 침묵 속에 상처 입은 채로 방치되었던 감정과 욕망들을 먼저 발견하고 진정시켜야 한다.

되도록 조용하고 따뜻한 장소에서 자신을 돌아볼 시간적 여유를 가지고 이 글을 읽는 것이 좋다. 먼저 조용히 눈을 감고, 손바닥으로 팔다리를 쓸어 내리며 우리 몸과 마음에 붙은 먼지들을 털어내 보자. 가슴 위에서 배 아래까지, 그리고 엉덩이에서 발목까지 천천히 쓰다듬으며 몸과 마음을 정화시키는 것이다. 그리고 책상다리를 하고 앉아서 손바닥으로 무릎을 감싼 다음 조용히 숨을 세본다(쉬는 자세).

다음에는 젖가슴 바로 아래에 양 손바닥을 대고 바깥쪽에서 안쪽으로 한번 가슴 주위를 쓰다듬어서 배 아래까지 내려간다. 이 동작을 서른여섯 번 반복한다. 가슴과 배가 따뜻해지고, 온 몸이 훈훈해져 오는 것을 느낄 수 있으리라. 천천히 한번도 자신의 손으로 애무해 보지 않았던 몸을 만져보는 것이다. 동작이 끝나면 손바닥으로 양 무릎을 감싼 자세로 돌아와 잠시 숨을 세며 호흡한다.

이젠 오른쪽 손바닥을 가로로 세워 양쪽 젖꼭지를 감싸고, 오른손 위에 왼손을 포개 놓는다. 그리고 가늘고 길게 숨을 들이쉬고 눈을 들어 천정을 뚫어지게 쳐다본다. 숨을 참을 수 없을 만큼 길게 멈추었다가 천천히 내쉰다. 이 동작을 아홉 번 반복한다. 다시 쉬는 자세로 돌아와 아홉 번 숨을 세며 자신의 몸에서 일어나는 변화를 느끼고자 의식을 집중한다. 그리고 등을 대고 누워서 양손을 허리 밑에 포개 넣고, 양발을 붙여서 개구리 다리를 만든다. 다시 길고 고르게 아홉 번 숨을 센다. 잠을 자고 싶은 사람은 자도 좋고, 깨어나고 싶은 사람은 천천히 일어나 앉아 몽롱하게 졸린 몸을 잠시 가눈다.

어떤가? 어렸을 때 실컷 자고 일어나 볼이 발개진 아이처럼 개운한 몸과 마음을 경험했는가? 혹 매달 월경 때면 찾아오는 익숙한 몸 상태와 닮아 있지 않은가? 우리들의 일을 방해하는 것 같아서, 자신의 몸에 화가 나고 머리가 아팠던 경험이 다시 기억나서 불쾌해지지는 않았는가? 현대 사회의 여성들은 월경 시기의 이러한 몸 상태를 어떻게 받아들이고 활용해야 하는지에 대하여 인류 역사 초기의 여성들이 지녔던 지혜를 잊은 지 오래다. 우리들은 교환 가치를 생산하는 능력을 중심으로 조직된 현대 사회에서 살아가는 동안 자신의 몸을 제대로 볼 줄 아는 시각을 잃고만 것이다.

이렇듯 자신의 몸이 갖는 가장 중심적인 일면을 숨기고 부정하고 저주하는 여성들의 정신 구조는 여성의 월경과 자궁 의식에 대한 남성 중심 사회의 무지와 오해, 공포, 폭력으로 빚어진 것이다. 빛과 어둠, 선과 악, 상승과 하강 등을 일직선상의 양극으로 파악하여 양자의 순환과 상호 소통을 상상할 수 없는 가부장적 의식 구조가 남성 자신은 물론 여성의 몸에 내재한 생명력의 리듬을 부정하고 거부하고 있다. 이러한 상실 때문에 현대 사회의 여성들은 주체의 극심한 소외 현상을 겪고 있다. 여성에게 내재한 창조의 에너지를 남성 중심적으로 정의된 노동과 성을 위한 것으로 고정시키고자 하는 가부장적 권력이 여성들로부터 피와 감정과 욕망의 리듬을 스스로 통제할 수 있는 힘을 거세하였기 때문이다. 가부장적 의식 구조는 매월 부풀었다 줄어드는 몸과 함께 감정과 성욕의 변화를 경험하는 여성의 신체 주기에 내재된 이중성을 둘로 잘라 여성의 몸 속으로 흐르는 피와 감정과 욕망의 순환을 가로막고, 그들이 역사와 문화의 장으로 들어올 수 있는 통로를 차단하는 기제이다. 그것은 정치, 경제, 사회, 문화, 종교, 교육 등 각 분야에서 여성들의 깊은 중심에서 날로 새로 돋는 생명의 싹을 잘라 내는 고도의 기술 개발을 위해 많은 지식인들을 동원해낸 중요한 동인인 것이다.

월경의 상징력을 추방한 가부장제 역사

역사적으로 여성의 피와 감정과 욕망의 유입을 차단한 가부장적 의식 구조는 월경과 출산시 여성들이 흘리는 피에 대한 남성들의 신경질에 가까운 반응에서부터 시작되었다. 고대의 남성들은 월경기의 여성들이 나타내는 열정적이고 자기 주장이 강하고 오토에로틱한 특성으로부터 자신을 보호하기 위해, 그리고 이 시기에 나타나는 여성의 초심리적이고 주술적인 힘을 박탈하기 위해 일련의 금기를 만들기 시작하였다.

만일 월경기의 여성과 섹스를 하면 성병을 얻는다거나, 이 시기에 임신한 아이는 병신이 되거나 악령이 들린다거나, 온갖 병과 재난이 월경하는 여성과의 우연한 만남에서 비롯된다는 등 여성의 피에 대한 근거 없는 공포 의식이 설득력을 가지고 사람들의 마음 속을 파고들기 시작한 것이다. 그리고 월경하는 여성은 불결하고, 위험하며, 사회에 위협적인 존재로 규정되었다. 실제로 월경기의 여성들을 비방하는 엄청난 말들이 주조되었다. 이들은 "음란한 여자," "히스테리컬한 여자," "성난, 포악한, 비합리적인 여자"였으며, 월경기는 혐오스럽고, 불순한 "저주"를 받는 시기였다.

중세기 동안, 많은 교회들이 불결한 몸으로 성전을 더럽히지 않도록 월경하는 여성의 교회 출입을 법으로 금하였다. 월경 시기의 여성은 강제로 격리되었으며, 사회에서 추방되어 외부 세계와의 접촉을 제한 당하였다. 여성들은 어떠한 음식에도 손을 댈 수 없었다. 머리를 감거나 빗을 수도 없었다. 그녀의 주술적 힘이 머리에 있다고 믿었기 때문이다. 월경하는 여성들의 몸은 불순하고 불결한 것이 되었으며, 혐오의 대상이 된 것이다. 여성들은 남성과 그의 법과 신들에게 위협적인 존재였다. 이것은 지금도 여전하다. 여행을 즐기는 친구들의 말에 따르면, 세계 각지의 많은 사원들이 월경하는 여성들의 성소 출입을 금하는 것을 목격했다고 한다.

이 메시지들은 여성들을 포함한 모든 사회가 자연적이고, 주기적인 여성의 몸에 내재된 기능들을 부정하도록 부추기는 요인이다. 이러한 담론 속에 사는 여성이, 월경은 뭔가 나쁜 것, 부정적인 것, 더러운 것, 바람직하지 않은 것이라는 편견을 믿지 않을 수 있겠는가? 우리는 성적으로 거부당하며, 역겹다는 소리를 듣고 있는 것이다. 사회는 여성들이 월경 주기에 갖게 되는 자연스런 힘에 나쁜 이름을 붙이고 이를 믿게 만듦으로써 자기 파괴적인 심리 상태로 빠질 수 있는 함정을 파놓은 것이다. 이제 여성들은 월경의 고통과 비천함에 대해 부끄럽게 여기고 분노하며 "여성의 운명"에 좌절하고 있다. 대부분의 여성들이 월경기 동안 성적으로 거부당하거나, 불결하다는 소리를 듣는 것을 당연시 할 만큼 월경을 부정적으로 인식한다. 그리고 월경에 대한 투명한 지식 소통 자체가 터부시되는 사회에 대해 더 이상 말하고자 하지 않는다. 이 때문에 많은 여성들이 매달 찾아오는 월경 주기를 "제한과 부자유"의 시기로 받아들인다. 이들은 자신감도 타인을 수용할 수 있는 힘도 약해지는 듯한 이 시기를 어떻게 활용해야 하는지에 대해 무지하다.

실제로 여성의 몸에 내재된 생리적 메커니즘과 이에 따른 감정과 욕망의 변화를 거부하고 비하하는 문화에 대한 억제된 분노는 여성들의 내부로 파고들고 있다. 외부로의 출구를 찾지 못한 여성들의 분노는 생리통, 마비 증세, 속이 답답한 증세, 몸이 붓는 증세, 피곤, 짜증, 우울, 신경질, 신경 과민 증세 등을 불러일으키고 있다. 현대 여성들이 겪는 이러한 월경 전 증후군의 중요한 원인은 현대 문화가 월경에 대한 어떠한 의례도 제공하지 않기 때문이다. 현대 여성들에게 월경은 홀로 맞이해야 하는 개인적 고통이며, 어떠한 긍정적 가치나 의미가 없는 것이 된 것이다.

가부장적 근대 문화 속에 사는 우리들은 몸을 "문제"로서 파악하는 방식에 익숙하다. 그러나 우리가 만일 가부장적 사고 방식에 의해 부정되고 거부되는 여성의 피와 감정과 욕망을 낯설게 보기 시작할 경우, 우리는 모호한 신비와 새로운 의미의 가능성을 지닌 장소를 발견할 수 있게 될 것이다.

월경에 대한 가장 오랜 은유 방식

옛사람들은 여성의 몸을 달에 은유하여 여성들이 매월 주기적으로 흘리는 피를 "월경"이라 불렀다. 영어에서 월경을 뜻하는 멘스 mense는 moon, month의 어원인 "mens"에서 나온 말이다. 오른쪽으로 굽은 가는 활 모양으로 나타나 점점 부풀어올라 둥글게 차오른 원에서 절정을 이루고 다시 왼쪽으로 점차 사그라지는 운동을 반복하는 달은 인류의 시작부터 전기가 발명되기 전까지 옛사람들의 밤을 밝혀준 유일한 벗이자 시간의 흐름을 알려 주는 시계와도 같은 존재였다. 인류 역사상 달에 관한 기록은 35,000년 전 구석기 시대로 거슬러 올라간다. 텔레비전도 카세트 라디오도 없이 심심하게 들판에 누워 밤하늘의 달과 별의 파노라마를 감상했을 이들을 상상해 보라. 이들이 꽃이 피고 지는 모습이나, 곡식이 성장하여 열매를 맺고 말라 죽는 모습, 생로병사의 인생, 여성의 몸이 부풀고 줄어드는 모습 등 모든 자연 현상의 원리를 "달과 같다"고 추상했던 것은 너무도 당연했다.

특히 이들은 달의 주기와 일치하는 월경 주기를 가지며, 남성의 몸과는 달리 초경과 함께 가슴과 엉덩이가 커지고, 임신, 출산을 반복하다가 폐경과 함께 쭈그러드는 여성의 몸을 달의 화신처럼 생각하고 신비하게 여겼다. 실제로 가부장제 이전의 옛사람들이 여성의 몸을 달의 차고 기우는 현상으로 비유하여 관찰하고 발전시켜온 지식들은 현대 여성들이 새롭게 기억해야 할 "오래된 미래"라고 여겨질 만큼 건강하고 풍요롭다. 이러한 고대의 지식들을 재생시켜 새롭게 해석하고자 하는 비주류 여성학자들이 있다. 점성학에 대한 남성 중심적 해석 체계를 뒤엎고 있는 서구의 여성 점성학자들이 그들이다.

이들은 달의 주기와 여성의 자궁 의식Womb-consciousness, 그리고 여성의 배란 — 월경 주기에 대한 현대의 생리학적 지식들의 관계를 연관시켜서 여성들에게 새로운 힘 갖추기의 가능성을 여는 매우 흥미 있는 작업을 하고 있다. 먼저 이들이 말하는 여성의 몸에 내재된 달 주기와 자궁 의식의 개념에 대해 간단히 언급해야 할 것 같다. 이들은 여성들의 월경 주기가 그녀가 태어난 날의 달의 천궁도 상의 위치를 기점으로 시작된다고 보고 있다. 실제로 체코의 산부인과 의사이자 점성학자인 오이겐 요나스Dr. Eugen Jonas는 자신의 임상 경험을 통해서 실제 월경 주기의 한가운데에서 배란기를 맞는다는 의학적 상식과는 다르게, 매월 달이 그녀가 태어난 시각에 떠 있던 달의 위치와 일치하는 지점에 올 때 배란을 하는 여성들이 있다는 사실을 발견하였다. 한편 이들은 신체 내의 모든 장기들이 나름대로 의식을 가지고 있으며 각각의 의식들을 관리하는 자아의 핵이 따로 있다고 보는데, 자궁 의식은 여성의 자아 의식을 구성하는 여러 몸 의식들 중의 하나이다.

이들 여성 점성학자들은 자궁 의식, 즉 여성의 피와 감정과 성욕의 질과 종류가 달의 모양과 위치 변화와 함께 변화한다는 인식론 위에 서 있다. 점성학에서의 달은 물질적 세계에 떠 있는 달이자, 인간의 내면에 각인되어 영향을 미치는 심리 세계의 달이기도 하다. 데카르트 이래 몸을 기계에 유비시키고 싶어했던 현대의 과학은 여성의 피의 성분을 밝혀 옛사람들의 직관적 통찰과 닮아 있는 여성의 신체 주기를 호르몬과 난소와 자궁 내막의 변화로만 설명해 왔다. 이 현대 과학의 세계에서 흔적도 없이 사라진 것은 여성의 정서와 성의 질과 종류를 달의 주기에 빗대어 세분하고 의미화했던 수많은 문화 유산들이다. 나는 그것이 이제까지 여성의 변화하는 정서를 "남성들보다 덜 진화된 것" 혹은 "열등한 것"으로 치부하고 여성의 수동적이고 타자 지향적인 측면만을 강조하는 가부장적 사고 방식을 근본적으로 흔들어 놓을 수 있는 문화의 복원에 대한 두려움이라고 생각한다.

이제 아마조네스가 꿈꾼 미래의 장소에서, 과거로의 여행을 시작해 보자. 고대로부터 산업 사회가 지배하기 전까지 농경인들의 오랜 경험 속에서 발달된 "위대한 여신" 달의 주기와 연관된 생명 에너지의 질과 종류에 대한 분류법은 문화마다 다양하다. 가령 달의 주기를 둘로 나눠서 상승 국면과 하강 국면으로 볼 수도 있고, 셋으로 나눠서 초생달 — 보름달 — 그믐달기로, 혹은 넷으로 나눠서 초생달 — 상현달기/상현달 — 보름달기/보름달 — 하현달기/하현달 — 그믐달기로, 혹은 여덟 가지로 나눠 볼 수도 있다. 이에 대한 자세한 설명은 지면상 불가능하지만 일반적으로 초생달기에 생겨나기 시작한 충동적 생명 에너지는 점차 형태를 구축하고 안정화되어 향기와 맛을 지닌 열매로 완성되며, 이어 그 에너지를 분배하는 과정에서 의미를 부여받는 동시에 형체를 잃어가는 과정을 진행하다가 마침내 단단한 씨앗으로 여물어 땅 속으로 들어가게 된다. 다시 시작될 생명의 순환을 준비하면서…

이러한 생명 에너지의 흐름과 깊게 연관되었던 여성의 피에 대한 초기 인간들의 지식에 따르면, 여성의 자궁 의식 또한 이러한 리듬 패턴에 따라 유동한다. 월경이 끝나서 배란기(보름달기)까지의 여성들은 빛을 최대한 수용해 가는 달처럼 타인에게 좀더 개방적이 되며 타인을 돌보고 싶어하며, 남성의 구애에 응하고 싶은 욕망, 남성의 질 삽입을 수용하고 싶은 욕망을 느끼게 된다. 여신 전승에서 이러한 여성적 특성은 "빛의 여신"으로 인격화되는데, 이는 자신의 성적 에너지를 유혹, 임신, 출산, 육아에 사용하는 여신으로 현대 서구 문화에서 가장 잘 수용되는 여성의 국면이다. 반면 태양의 빛을 점차 덜어내 가는 하강기의 달 국면인 배란 이후부터 월경까지의 여성들의 생명 에너지는 자신의 내부로 돌아가면서 타인보다 자기 자신을 돌보고 타인의 요구와 기대로부터 거리를 두고 싶어하게 된다. 오히려 강해지는 것은 타인에 대한 적극적인 성욕으로 여성의 클리토리스는 더 강한 자극을 느끼게 되는데, 임신 ― 출산과 무관한 이 시기의 여성의 성욕은 월경 직전에 절정에 이른다. 고대인들은 이러한 여성들의 특성을 "어둠의 여신"으로 인격화시켰던 것이다.

빛을 선한 것으로 어둠을 악한 것으로 등식화한 가부장제의 성립 이후 여성들의 이러한 이중적 국면은 그 리듬을 상실하게 된다. 하강기 여성들의 감정과 성욕에 대한 남성들의 혐오와 저주의 역사가 깊어지면서 "어둠의 여신"이 들어설 수 있는 문화적 공간이 사라졌기 때문이다. 그러나 "어둠의 여신"과 연관된 여성 월경의 신비는 우리들의 언어 속에 여전히 남아 있다. 가령 영어의 축복 blessing이라는 단어는 피 흘림을 뜻하는 "bleeding"에서 왔다. 이는 여성의 월경혈을 성스럽고 초자연적인 힘을 지닌 것으로 존중했던 고대인들의 문화 속에서 주조된 말이다. 초기 인류들은 창조의 신비가 달과 조화를 이루며 흐르는 여성의 월경혈 속에 있다고 생각했던 것이다. 그들은 여성이 이 강렬한 생명력을 지닌 피를 몸에 지닐 때, 그 피가 굳어서 아이를 형성한다고 믿었다. 이 때문에 고대인들은 죽은 자의 몸에 대지의 어머니의 생명을 주는 월경혈을 상징하는 붉은 황토를 발라, 그/그녀가 다시 새로운 몸으로 태어나기를 기원했다. 여성들의 월경혈은 여신 헤라가 장수와 불멸을 보장하기 위해 신들에게 준 "초자연적인 적도포주"라 불리기도 했다. 여성들은 씨앗에 거름을 주고 이를 보호하기 위해 월경 기간 동안 들판을 걸어다니며 씨앗과 피를 섞곤 했다. 그리고 초경혈은 전능한 치유의 힘을 가지고 있다고 간주되어, 문둥병과 같은 불치의 병도 고칠 수 있다고 전해졌다.

고대 여신 숭배 문화에서는 월경 시기를 여성들의 심리적, 영적인 에너지가 고조되는 가장 강렬한 시간으로 이해하였다. 델파이 신전의 중앙에 있는 여사제들은 월경 시기에 한번씩 예언을 하곤 하였다. 그리고 통제 불가능한 상태의 불합리성과 광기를 뜻하는 히스테리아 Hysteria라는 말은 자궁 의식womb consciousness을 뜻하는 히스테리아 hustera에서 온 말이다. 원래 히스테리아는 여성들이 월경기 동안 비전이나 예언을 받아들이기 위한 구도 과정에서 얻게 된 샤만적인 신들림의 상태, 무아경의 초월 상태를 뜻하는 것이었다. 초기 제단의 피는 짐승이나 인간의 피가 아닌 월경혈이었으며, 의례에서 치유, 마술, 예언에 사용되었다. 그리고 월경 시기의 성행위는 엑스타시와 재생, 영적인 환상을 유도하기 위해 시행되는 신성한 것으로 간주되었다.

한편 그믐기는 달신이 월경을 하는 시기로 알려졌다. 안식일을 뜻하는 영어의 사바스 Sabbath라는 말은 원래 여신이 월경을 하는 날이라는 뜻이었다. 때가 되면 사라지는 달처럼, 여성들은 피를 흘리는 기간 동안 월경 초막으로 은둔하여 명상과 기도, 의례를 통해 치유와 진리와 재생을 기원하며 영성을 경험하는 시간으로 삼았다. 월경기의 신비는 고대 여신 종교의 핵을 이루는 것으로, 여성들은 이 시기에 급증하는 강렬한 성적 에너지를 이용하여 우주의 사이클에 맞춰 자신의 몸을 조율하고 자신 속에 깃든 영적인 존재와 일치할 수 있는 기회로 삼았다고 전해진다.

이러한 여신들의 전승을 소개하고 있는 여성 점성학자들은 남성 중심주의 문화에 의해 죄수가 된 월경기의 여성 파워를 회복하고 월경기의 고통으로부터 여성의 몸을 해방시키기 위해서는 하강 곡선기의 생명 에너지의 흐름을 틀어막지 않는 문화의 재건이 필수적임을 역설하고 있다. 이는 여성들의 심리 ─ 몸에는 자립과 돌봄의 욕구가 서로 자리를 바꾸며 순환하고 있다는 인식에 기반한 것으로, 여성들의 두 가지 욕구가 동시에 충족될 수 있는 사회 건설에 대한 여성학자들의 상상력을 자극하는 매우 중요한 시사점일 수 있다.

아마도 이러한 여성 점성학자들의 주장에서 가장 논쟁이 될 수 있는 부분은 이들이 주장하고 있는 월경기 여성들의 쉴 권리에 관한 것이다.

이들은 월경기의 여성들은 자발적으로라도 휴식을 취해야 한다는 점을 강조하고 있다. 배란 이후 월경 시기까지 여성의 내면에는 타인들의 요구와 세속적인 기대를 저버리고 내면 세계 속에서 자신과 깊이 친교하고 자신을 돌보는 시간을 위해 정교하게 내장된 본능적인 힘이 내재되어 있으며, 월경기는 여성들이 자신의 내면 생활의 작용과 영적인 힘에 가장 쉽게 접근할 수 있는 시기라고 믿고 있기 때문이다. 월경기에 몸이 묵직해지고 졸리운 것은 여성이 깊은 명상 상태에 들어가는 것을 돕는 것으로, 이를 잘 활용하면 여성은 자신의 몸과 마음에 대한 풍부한 정보를 얻을 수 있는 창조적 에너지의 보고를 발견할 수 있다는 것이 이들의 주장이다.

여성들의 평등과 자립이라는 절반의 욕구를 무시하고 있는 가부장적 제도와 문화가 횡행하는 현대 사회에서, 우리는 월경기 여성들을 비하하는 문화에 기반한 "보호"나 월경기 자체의 의미를 무화시키는 "평등" 사이의 양자택일을 강요받고 있다. 나는 이러한 투쟁이 불가피하다는 것을 안다. 그러나 이러한 우리들의 생존을 위한 투쟁이 더 값진 창조적 에너지의 발현을 억제하고 있는 현대 사회의 구조 자체를 더 큰 그림 안에서 볼 줄 아는 안목 또한 필요하다고 생각한다. 이것이 여성 점성학자들의 이야기를 전하는 필자의 진정한 의도이다.

여성의 생애 주기와 자궁 의식의 변화

여성의 몸에는 배란과 월경의 주기 외에도 여성의 월경과 관련한 또 하나의 신비한 주기가 내재되어 있다. 그것은 초경으로 시작해서 임신 — 출산 — 육아기를 거쳐 폐경으로 끝나는 생식의 주기이다. 현대의 성과학자들은 이 주기를 9-18세 사이에 시작되어 40-55세에 마감되는 반쪽의

원을 그리는 열린 곡선으로 설명하고 있다.

이러한 그림은 물질적 가치의 확대 재생산 능력을 중심으로 남성의 시선을 사로잡을 수 있는 여성적인 매력과 차세대 생산력을 보장하는 여성의 생식 능력만을 아름답고 선한 것으로 강조하고 있는 현대 사회의 남성 중심 문화를 그대로 반영하고 있다. 이러한 성문화는 당황한 엄마가 두려워하고 혼란스러워 하는 딸에게 귓속말로 생리대가 숨겨져 있는 장소를 알려 주는 데서 시작되는 초경의 경험으로부터, 공공 장소에서 혹은 병원에서 비방과 수치를 당해야 하는 임신, 출산, 수유의 경험, 그리고 무시와 따돌림과 조롱을 당하며 공포와 두려움에 떨어야 하는 폐경 이후의 경험까지 수많은 여성들을 분노와 원망과 체념으로 밀어넣고 있는 것이다.

이와는 대조적으로 고대인들은 달과 여성의 생애 주기를 연관시켜 용수철의 양끝을 이어놓은 고리처럼 세 개의 원을 그리며 나선형으로 돌고 있는 구조를 상상하였다. 초경·임신 - 출산 - 수유기·폐경기를 초승달·보름달·그믐달의 세 국면과 일치한다고 본 고대인들은 이 세 가지 국면을 세 명의 달신으로 인격화하여, 각각 처녀신, 어머니신, 할머니신이 주재하는 시기라고 믿었다. 이 여신들은 여성의 삶에 내재한 위대한 피의 신비를 표상한다.

태양과 지구와 달의 끊임없는 위치 변화를 연구해 온 점성학자들의 설명에 따르면, 달이 어떤 사람이 태어난 날의 천궁도 상의 위치와 정확히 일치하는 위치로 돌아오는 데는 약 27년이 걸린다고 한다.[1]

이들은 위의 세 여신이 여성의 생애 주기에서 각각 27년을 주재한다고 보고 있다. 만일 한 여성이 81세까지 산다고 하면,

1 달은 29 1/2일마다 한번씩 지구 주위를 순환하지만, 지구의 공전 때문에 달의 궤도는 매달 약 1도씩 앞으로 진행하고 있다. 따라서 자신이 태어난 달의 위치는 달이 태양 주위를 지구와 함께 돈다는 이 사실 때문에 약 2년 반마다 다른 별자리로 옮겨 가게 된다. 따라서 달이 자신이 태어난 날과 정확히 같은 별자리의 그 위치로 돌아오는 데는 약 27년이 걸린다.

그녀는 처녀 — 어머니 — 할머니 신의 성장, 완숙 그리고 죽음을 차례대로 경험한다는 것이다.

초승달기는 여성 피의 최초의 신비인 초경, 즉 처음 월경에서 고조를 이루는 어린 소녀의 성장을 반영한다. 달이 차서 보름이 되는 것과 같이, 가냘픈 처녀의 몸은 가슴이 자라고, 성적으로 성숙한 여성이 되는 것이다. 처녀신으로 태어난 여성은 처음 27년 간의 일주에서 중간이 되는 지점을 전후하여 초경을 경험한다. 소녀는 가슴이 부풀고 음부와 겨드랑이의 털이 자라는 몸에서 정기적으로 흐르는 피를 경험하게 된다. 정서적으로 월경 주기에 따라 감정의 추가 흔들리는 것에 공명하기 시작하며, 성적인 에너지가 휘저어지는 느낌을 처음 가지게 된다. 처음 일주 여행의 한가운데에서 어린 소녀는 여성이 된다는 것의 생물학적 의미를 깨닫게 된다. 초경은 월경의 힘에 처음 접하기 시작하는 어린 소녀의 순수함, 희망, 낙천성을 상징하는 것으로, 고대인들은 초승달기의 여성의 몸에서 흐르는 영적인 에너지를 아르테미스, 아테나, 헤베와 같은 처녀신으로 상징화하였다.

초경을 젊은 여성의 몸에 아이를 임신할 수 있는 능력과 성적 감정을 경험할 수 있는 능력, 그리고 영적 에너지의 흐름에 감응할 수 있는 능력이 활성화되기 시작한다는 신호로 받아들였던 고대 문화에서는 소녀의 초경을 의례로서 경축하였으며, 공동체는 이들에게 향응을 베풀고 선물을 했다. 초경 의례로 어린 소녀들은 월경 기간을 위해 따로 준비된 초막에 가서 휴식을 취하면서 깊은 명상에 들어가 비전을 기다렸다. 이들에게 초경은 그녀가 유아기를 벗어나서 여성의 비밀에 입문하는 것을 상징하는 통과 의례였던 것이다.

옛 사람들은 한 여성이 초경을 통해 신체적으로 어머니가 될 준비가 되었다고 하더라도, 처음 달의 일주가 끝나는 20대 후반까지 처녀신의 지배를 받는다고 생각했다. 즉 여성들은 미래에 대한 개방적인 가능성을 인지하며, 장기적인 책임과 의무로부터 상대적인 자유를 누리고 싶어하는 특성을 지닌다는 것을 인지하고 있었다. 고대인들의 이러한 이해는 상대적으로 여성들의 개별적인 욕구 추구가 자유로워진 현대 사회에서 다시 설득력을 얻고 있다. 많은 여성들이 이 시기 동안 서로 다른 성격을 지닌 처녀신들의 이름들이 말해 주듯이 다양한 삶을 추구하고 있다. 더러는 이 시기 동안 어머니가 되기도 하지만 더러는 학교에서 공부를 지속하거나 경력을 쌓기 시작하고, 대안적인 생활 양식을 탐색하기도 한다. 점성학자들의 경험에 의하면, 이들의 선택이 무엇이든지 간에 이 시점까지는 자신들의 선택을 여러 차례 재고하고, 마음을 바꾸는 일이 쉽게 이루어진다고 한다.

보름달 주기는 여성의 몸과 감정의 기능이 여성 피의 2차 신비인 임신 ─ 출산 ─ 수유에 맞춰지는 다음 발달 주기와 상응한다. 27세에 달은 자신이 태어났던 위치로 귀환하여 두번째 일주 여행을 시작한다. 이 주기는 여성의 생애에서 어머니달의 지배를 받는 시기로서, 여성 신체의 생물학적 시간을 말해 준다. 즉 그녀의 몸과 의식이 출산, 양육에 적합한 상태가 되는 시기이다. 보름달기는 아무도 돌보지 않을 수 있는 초생달기의 자기 ─ 결정적인 순진함을 벗고 육체적인 아이 혹은 정신적이고 창조적인 아이를 임신 ─ 출산 ─ 양육하는 보살핌과 헌신을 특징으로 하며, 이 주기를 지배하는 영적인 에너지는 데메테르, 이시스, 헤라 여신으로 묘사되는 어머니 여신으로 상징화된다. 옛사람들은 이 시기의 여성을 신비로서 대하고 그녀의 몸에서 일어나는 모든 현상을 기적과 같이 여겼던 것이다. 그들의 눈에 비친 여성의 임신은 스스로 피 흘림을 멈추고 새 생명을 창조하고자 하는 영혼의 선택이었으며, 생명 피를 굳혀서 아이로 변화시킬 수 있는 능력과 출산 후 육아를 위해 피를 모유로 변화시킬 수 있는 능력은 여성들만이 다룰 수 있는 신비한 주술적 힘이었다.

여성 점성학자들에 따르면, 27세를 넘어서면서 여성 몸에는 이전까지 아이에 대해 크게 관심이 없었더라도 "아이를 갖고 싶다"는 강한 욕구가 흐르게 된다고 한다. 이 무슨 생물학적 결정론인가? 이들은 이 문제를 해결하기 위해 두 가지 전략을 구사하고 있다. 하나는 이러한 욕구가 이성애 중심주의, 남성 중심주의 문화에 길들여진 우리들이 상식적으로 동일시하기 쉬운 "한 남자와 결혼하고 싶다"는 욕구와 반드시 같지 않다는 것이다. 즉 우리들의 자연스런 욕구가 이성애적 결혼을 "어쩔 수 없는 것"으로 정당화하는 것은 아니라는 점을 분명히 한다. 또 하나의 전략은 위에서도 잠시 언급했듯이 자궁 의식은 여성 내면의 다양한 욕구들 중의 하나이며, 자궁 의식을 여타의 욕구들과 더불어 종합적으로 경영-관리하는 자아의 핵(태양)이 자신의 삶을 창조하고 표현할 수 있는 방식은 매우 다양할 수 있다는 개방적인 해석 방식이다. 따라서 임신에 대한 욕구의 표현 방식은 신체적 차원, 정신적 차원에서 다양할 수 있다는 것이다.

분명한 것은 이 시기의 여성들은 강렬해지는 자궁 의식에 귀를 기울이고 적절한 판단을 내려야 한다는 것이다. 종종 임신 의지가 강해지는 몸의 변화 때문에 자신이 원하는 아이를 함께 생산할 수 있는 적절한 상대를 찾고자 서두르거나, 내키지 않거나 확신이 서지 않는 상대와 함께 임신을 의논해 봐야 할 것 같은 촉박감을 느끼거나, 미혼모나 인공 수정과 같은 대안을 생각하는 여성들이 많기 때문이다. 그러나 자신의 생활 양식과 가치에 대해 더 자율적인 결정이 가능해진 많은 현대 여성들이 이러한 2차 생애 주기를 실제 아이를 임신 — 출산 — 양육하는 대신, 경력 쌓기, 부모나 형제 혹은 친구 관계에 대한 헌신과 책임, 양부모 노릇, 사회 활동, 종교 활동 등 창조적인 자기 표현에 헌신하기로 결정하는 것을 볼 때, 여성들의 임신 의지는 정신적인 것으로 승화시켜 표현되기도 한다는 사실을 받아들일 필요가 있다. 여성의 내면에 잉태된 새로운 의지를 갖는 창조적이고 정신적인 아이(새로운 자아)의 임신 — 출산 — 양육이라는 이러한 해석은 "어머니" 또한 육체적 혹은 정신적인 아이와 동시에 탄생하여 27년간 성장 — 완성 — 나눔 — 비움의 생애 일주를 하게 되는 정신적, 영적인 존재라는 인식에 강하게 뿌리 내리고 있다.

이 두번째 여행의 한가운데에 이르는 41세가 되면, 대부분의 여성들이 임신, 출산의 가능성에 열어 놓았던 몸을 닫기 시작한다. 신체적으로 말하자면, 41세가 지나면서 우리 몸 속에서 배란과 월경 주기를 조절해 왔던 에스트로겐의 격동이 가라앉기 시작하며 수치도 낮아져서 안정화되기 시작한다. 배란 주기는 점차 느려지고, 월경 주기 또한 불규칙한 간격으로 일어나는 경향을 띤다. 50세 경에 난소는 에스트로겐 생산을 거의 멈추며, 배란과 월경이 사라지게 된다. 따라서 40세가 지나면서 왕성했던 생식 기능이 쇠퇴하기 시작하며, 이 시기를 지난 후의 임신은 위험을 동반하기 쉽다. 유산율이 증가하고, 사산이나 다운증후군 아기를 낳을 가능성이 증대한다. 정서적 수준에서 볼 때, 여성은 더 이상 자신의 생애에서 아기를 가질 수 없을 것이라는 슬픔에 잠긴 자궁 의식을 다루면서 아기를 낳지 않기로 했던 자신의 선택에 대해 뒤늦은 후회를 하기도 한다. 그러나 41세 이후 두번째 주기 여행을 마치는 54세까지의 시기는 자식을 낳고 기르는 "어머니"로서의 역할에서 절정을 경험하게 된다. 이 시기에 여성들은 경력이나 사회 생활, 창조적인 자기 표현에서 자신이 길러온 힘과 영향력의 최대치를 경험하게 되는 것이다.

이 시점에서 여성은 어머니에서 할머니로 변화되는 자신의 몸을 처음 만나게 된다. 바야흐로 그믐달 주기로 접어드는 것이다. 달의 세 번째 일주 동안, 할머니 달신은 여성에게 다른 모든 일에 대한 책임에서 벗어나서 마음껏 사랑할 수 있는 손주를 선물한다. 마가렛 미드는 세상의 가장 위대한 창조력은 열정을 가진 폐경기의 여성이라고 말한 바 있다. 이 세 번째의 여행은 54세에 시작되는데, 이 할머니기의 관문은 폐경이다. 꽃들이 열매를 맺기 위해 오물어드는 것과 마찬가지로 여성의 생도 오물어들기 시작한다. 우리의 몸은 감소된 에스트로겐 수치와 신체 내의 다른 호르몬의 변화에 적응하기 시작한다. 폐경의 신호와 노화의 신호를 구분하는 것은 어렵지만, 폐경은 여성적 생식 체계의 노화가 시작된다는 신호로 볼 수 있다. 여성들은 폐경과 함께 많은 신체적 증후군을 경험한다. 얼굴이 화끈거리고, 밤에는 식은땀을 흘리거나, 질 벽이 얇아지고, 얼굴에 안 보이던 털이 나기 시작하며, 주름살이 늘고, 기미, 주근깨가 늘고, 머리털과 음모가 가늘어지고 희어지며, 목소리가 굵어지고, 근육질이 사라지고, 몸무게가 늘고, 뼈가 수축된다. 현대의 여성들은 자신의 몸에서 이러한 변화를 겪는 동안, 이 사회로부터 조롱을 당하고 동정 받으며, 우스갯 소리를 듣거나 거부당하는 경험을 겪게 되기 때문에 불안감, 수치심, 무기력함, 희생양화 등으로 인한 우울증에 빠지기 쉽다.

그러나 이것은 여성이 타고난 운명이 아니다. 여성의 노화를 보는 관점은 시대마다 문화마다 다르다는 것을 기억할 필요가 있다. 초기 인간들의 믿음에 따르면, 폐경기 이후 여성들은 현명한 피를 보유하며, 지혜의 힘을 가진 자로서 절정에 이른다. 이는 여성 피의 제3의 신비이다. 초기 문화에서 폐경이라는 통과 의례는 여성들로 하여금 상담에 응하는 공동체의 장로로서, 예언 요청을 받는 혜안자로서, 병자를 돌보는 치유자로서 입문시켰다. 할머니들은 새로 탄생한 아이들과 노인들을 돌보았다. 이 시기를 씨앗이 여무는 시기로 이해하는 인생관에서 바라본 초기 인간들은, 몸의 자연적 노화 과정이 노년기 여성의 영적인 피의 생화학적인 성숙을 자극한다고 보았기 때문이다. 이 시기는 심리적으로 한 여성이 자신의 다양한 삶의 경험에서 나오는 지혜들을 수확하기 시작하고, 아이들과 가족, 인간 관계, 혹은 경력에 일차적으로 관심을 두었던 날들을 지나 자신의 욕구에 대해 생각하는 시기로서, 고대인들은 여성의 몸에 찾아온 검은 할머니 여신 black crone goddess은 상징적으로 비축된 월경혈 속에서 찾아낸 지혜의 열매를 수확하고 그것을 소화하는 능력을 준

228 현장 연구

다고 믿었다.

최근까지 폐경기에 대한 우리들의 정보는 그 어느 시기보다 제한되어 있었으며, 접하기 어렵고 금기시되었던 것이다. 삶과 죽음의 순환에 대한 상상력을 상실한 가부장제 문화는 모든 생명을 거두어들이고 새로운 탄생을 준비시키는 그믐기의 할머니 달신으로 상징되는 여성적인 힘을 두려워하고 있다. 동화, 만화, 소설, 영화 속에 나오는 할머니들을 눈여겨보라. 모두가 추한 노파이거나, 시체 도둑, 마약 밀매 여성들이 아닌가? 오랜 기간에 걸쳐 변형된 이러한 할머니들의 추악한 이미지가 가부장제 문화 속에 사는 폐경기의 나이든 여성에 대한 우리들의 태도에 영향을 미치고 있다. 현대의 여성들은 몸이 늙어 가는 기미를 보일 때, 조롱과 절연, 무시, 해고, 이혼, 버림받기를 각오해야 한다. 따라서 이 단계의 여성이 자신의 생을 공포와 두려움으로 대하는 것은 놀라운 일이 아니다. 이런 식으로 인류는 할머니들의 자연스런 지혜, 가부장적 종교에 위협이 되는 신념 체계를 박탈했던 것이다. 폐경과 연관되는 이러한 부정적 자아 — 이미지는 "모성" 이데올로기와 맞지 않는 창조력의 원천으로부터 여성들을 차단시키고 있다. 우리가 폐경기의 검은 할머니 여신에 대하여 존중하는 마음을 되찾을 때, 그녀의 가르침들은 변화와 위치 이동, 늙음, 죽음에 대한 공포로부터 우리 자신을 해방시키는 데 도움을 줄 수 있을 것이다.

여성의 월경과 몸 주기에 대한 낯선 명상을 마치며

이제까지 우리들은 극도로 제한되고 금기시되어 온 여성의 월경에 대한 지식과 감정을 새롭게 이해하기 위해 오래된 미래로의 여행을 해보았다. 이제까지 나는 과학과 경험의 엄격한 경계선을 넘어서서 자칫 사람들에게 오해를 받을 수 있는 위험한 지점에까지 독자들을 인도했는지도 모르 겠다. 점성학적 지식들은 대부분이 중세의 마녀들과 함께 묻혀 버린 금 서들 속에서 발견되어 새롭게 정리된 것이고, 과학적 사고로 밝아졌다는 현대의 학술, 문화 공간에서 주변적인 것으로 냉대 받아 온 역사를 가지 고 있다. 많은 여성학자들이 여성학의 정체에 대해 끊임없이 신문을 받 듯이, 점성학도 여전히 "점성학은 과학인가?"라는 질문에 시달려온 것도 사실이다. 그리고 점성학은 한국 사회에서는 이러한 점잖은 질문조차 받 지 못하는 주변의 학문이다.

그러나 우리들의 많은 오해와는 달리, 1930년대 이래 천문학, 심리학, 상징학 등 근접 학문들과 밀접하게 교류하면서 현대적 감각으로 재해석 되고 체계화되기 시작한 서양의 점성학은 현재 양자 역학의 불확정성의 원리와도 같이 인간에게 내재하는 끝내 실체를 확정지을 수 없는 에너지 와 힘에 대한 연구로서 더 많은 설득력을 얻어가고 있는 중이다. 특히 우리 몸에 흐르는 여성적 에너지와 힘에 대한 연구는 수만 년 동안 축적 되어온 인류의 가장 오랜 지식인 점성학적 통찰을 외면하고는 불가능하 다. 거울로 자신의 성기를 보는 연습만으로는 성별 이분법에 사로잡힌 현대 과학의 무지와 어둠을 벗어날 수 있는 통찰을 얻기 어렵기 때문이 다. 여성들의 몸과 마음에 대한 우리들의 감수성이 아직도 어두운 대륙 을 헤매고 있을진대, 어디서 퍼온 지식이든 그 진실성과 정당성에 대한 판단은 독자들의 경험을 통한 지식 검증 능력과 성숙한 삶의 태도에 맡 겨야 하지 않을까?

이제 글을 맺어야 할 시간이다. 지금까지 이야기에서 기억해야 할 중 요한 점성학적 통찰이라 생각되는 점은 크게 두 가지이다. 우선 여성의 배란과 월경 주기를 지배하는 에너지를 상징적으로 은유한 상승기의 달 — 하강기의 달, 혹은 초생달신 — 보름달신 — 그믐달신의 주기들은 여성 의 감정과 성, 생식 기관들의 주기와 밀접하게 연관된다는 것이다. 그리고 이러한 에너지의 흐름은 대모 신으로 체현된 달 주기의 국면들로 표현되며, 여성들의 몸을 통해 맥동한다는 것이다. 둘째, 달로 의미화된 여성적인 힘은 가부장들이 규정한 권력, 즉 타인들에게 군림하는 권력이 아니다. 오히려 그것은 변혁의 힘으로서, 한 사물을 다른 것으로 변화시키는 힘이다. 이러한 변화와 변형의 힘은 여성의 생식 기관들을 통해 흐르는 여성들의 피 속에서 만들어진다. 여성의 피는 자궁 속에서 아이를 만들고 양육하며, 출산 후에 이 새 생명을 연명시키기 위해 젖가슴에서 흘러나오는 모유로 변형되는 것이다. 또한 여성의 피의 흐름 속에는 영적이고, 치유적인, 의례적인, 갈망하는, 재생하는 선물들이 포함되어 있다. 따라서 할머니 달신이 주재하는 그믐기 여성들의 몸처럼 여성의 현명한 피가 흐름을 멈출 때, 여성의 지혜는 다달이 며칠간만이 아니라 지속적으로 모든 사람들과 나눌 수 있는 것이 된다. 여성들은 월경기와 폐경기 이후에 자신에게 내장된 신비한 에너지와 거의 완벽하게 접촉할 수 있다. 이 에너지는 깊은 통찰력과 치유력, 신성한 성, 영적인 꿈에 사용될 수 있다.

나는 이들의 통찰을 통해서, 우리들의 힘을 주장하고 복지 상태를 유지할 수 있는 길, 즉 우리들이 이 에너지의 흐름과 자신의 피를 존경할 수 있는 은총의 상태에 몸을 실을 수 있는 능력을 고양할 수 있는 길은 자신의 피를 존중하는 것이라는 사실을 깨달았다. 이제 나는 딸들의 초경을 축하하고 존중해 주어야 한다는 사실과, 우리들을 내면으로 끌어들여 명상하고 꿈꾸고 생명의 근원과 일체가 될 수 있게 해주고, 내적인 부활을 가능케 해주는 월경 경험을 소중히 할 필요성에 대해서 자신 있게 말할 수 있다. 그리고 새로운 생명의 잉태로 우리의 몸을 부풀리는 피, 생명의 양식인 만나를 가슴에서 쏟아내는 우리들의 피를 존중할 것이다. 여성들이여! 두려움과 수치심에서 벗어나서 우리 자신과 우리가 맺는 모든 관계들, 그리고 세계 자체를 치유하고 재생시키기 위해 자신의 피 속으로 흐르는 이 지혜의 힘을 발견하고, 활성화하자!

1957년 봄기운의 씨앗이 처음 심어지던 겨울날에 태어났다.
이화여대 영문과에서 흑인 소설을 처음 읽으며 여성 삶의 사회 문화적
비가시성을 깨닫기 시작, 동대학원 사회학과에서 여성학 이론에
처음 입문했다. 80년대의 다양한 사회 경험을 거쳐 90년대 중반 여성학
박사 과정을 마친 후 한국 사회 구조의 변혁 과제와 내적 심리-
몸의 변혁 과제를 사이에 두고 분열하기 시작해서 오래 글쓰기를 유보해 왔다.
점성학을 포함한 동서양의 영성에 관한 문헌들은 이 두 과제를
분리되지 않는 하나로 볼 수 있게 해주고 용기를 내서 다시 삶으로
돌아올 수 있는 힘을 되찾게 해준 자양분이었다. 2000년 봄부터 이대 아시아
여성학 센터에서 연구원 활동을 시작했고, 여성의 심리-몸으로부터
각종 권력 담론들의 지배력을 벗겨내는 글쓰기, 그리고 새롭게 자신을
이해하고 창조할 수 있는 힘을 갖춘 여성들의 출현을 위한
글쓰기 작업을 구상하고 있다.

새로 쓰는 여성 노인의 삶과 복지

박영란

들어가는 말

우리 나라 여성 노인 복지의 현주소는 그다지 밝지 않다. 여성 노인들의 삶의 질은 남성 노인들에 비해서나 기타 인구 집단에 비해 열악한 형편이다. 많은 수의 여성 노인들은 가난하고, 질병이 많고, 소외된 집단에 속하며 여성 노인들이 차지하는 사회적 지위 또한 전체 인구에서 차지하는 비중에 비해 상당히 낮은 수준이다. 따라서 남성 중심적인 가치가 지배하는 사회에서 일생을 살아온 여성 노인들의 삶의 현실이 반영된 대책이 필요한 시점이다. 여성 노인들이 갖는 삶의 특수성을 고려한 노인 복지 정책의 수립, 그리고 여성 노인에 대한 편견과 차별을 불식하는 의식의 전환이 그 해법일 것이다.

인구의 고령화는 전세계적으로 보편적인 현상이다. 우리 나라의 경우 1980년에는 고령 인구가 전체 인구의 3.9%에 불과했으나 이제는 7%에 이르고 있다. 10년 후에는 10명 중 1명이 65세 이상 노인이 될 것으로 전망된다. 그런데 1995년도 인구 주택 센서스에 의하면 평균 수명은 남녀 모두 계속 증가하고 있지만 여자의 평균 기대 수명은 77.4세, 남자는

우리 나라 인구 구조의 노령화 정도
를 나타내는 노령화 지수 (65세 이상 인구/
0-14세 인구)×100는 25.8%이며 빠른 증가세
를 보이고 있다. 특히 농촌 지역은 노령화 지
수가 58.4%로 나타나 도시 지역(18.2%)에 비
해서 노령화가 빠른 속도로 진척되어 가고 있
음을 알 수 있다.

69.5세로 여자의 수명이 남자보다 약 8년
이 길다. 그 결과 연령이 높을수록 성비는
점차 감소하며, 85세 이상 인구의 경우는
여자 인구 100명당 남자 인구가 27.4명에
불과하다.[1] 그래서 고령화 사회의 노인 문
제는 곧 여성 문제라는 등식이 성립된다.

노인 문제가 여성 문제라고 하는 첫째 이유는 "노인으로서의 여성"의
비율이 남성보다 높고 노후의 빈곤 문제나 건강 문제가 여성 노인의 문
제인 경우가 많기 때문이다. 두번째 이유는 "노인을 돌보는 이로서의 여
성"의 비율 역시 남성보다 높다는 데서 찾을 수 있다. 노인 인구의 증가
는 곧 장기적 요양 보호를 필요로 하는 노인이 점차 늘어나게 됨을 의미
한다. 그런데 지금까지 우리 나라에서는 여성들이 주로 노인의 부양을
담당하여 왔다. 문제는 여성 인구의 경제 활동 참여가 꾸준히 증가하면
서 여성의 노인 부양 기능이 약화되고 있다는 점이다. 고령화 사회로 진
입하면서 여성 문제로 되어가고 있는 노인 문제, 그렇다면 어떻게 풀어
나가야 할 것인가?

우리 사회의 여성 노인은 누구인가?

우리 나라 여성 노인들의 삶의 모습은 어떠한가? 여성 노인들의 주거 형
태, 교육, 경제 활동은 어떠한 실태에 놓여 있는가? 이른바 "노인의 3고
(苦)"라고 불리는 빈곤, 질병, 소외의 문제가 여성 노인들에게는 어떻게
나타나고 있는가?

인구 주택 센서스(1995)에서 노인의 주거 형태를 분석한 결과를 보면
전체 노인의 11.9%가 독거 노인, 29.1%가 부부 노인, 53.8%가 자녀 동거

노인인 것으로 나타났다. 최근 노인 부부 가구 및 독거 노인이 증가하고 있는데 독거 노인의 84.6%는 여성 노인이다. 여성 노인의 경우 5명 중 1명은 혼자 노후 생활을 하고 있으며, 농촌 지역에서는 4명 중 1명이 노년을 혼자 보내고 있다. 독거 노인들 역시 삶의 모습에 있어서 차이를 보인다. 다음은 여성 노인들과 가족과의 관계를 보여 주는 사례들이다.

자식은 모두 도시로 보내고 시골이 좋다며 혼자 사시는 70대 할머니, 거동이 가능해 식사는 모두 혼자 해결하시지만 외로워하신다. 하지만 어느 자식과도 같이 사는 것은 불편하다며 거절하신다.

초등학교 교장으로 은퇴한 65세의 J 할머니. 30대에 남편과 사별하고 혼자 자녀들을 키우고 출가시켰으며 이제는 유료 노인 주택에 입주하여 독립적인 삶을 꾸려 나가고 있다. 그는 사회 교육 기관에서 원하는 강좌를 듣고 지역 사회 청소년 상담실에서 상담원으로 봉사 활동을 하며 만족스러운 노후 생활을 하고 있다(한국여성개발원(a), 1999).

2년 전 다리 수술 후 거동이 불편하고 눈이 잘 안 보이지만 혼자서 어느 정도 활동이 가능한 74세의 M 할머니. 며느리와 같은 집에 기거할 수밖에 없는데 며느리를 보면 화가 나고 집에서는 밥도 먹기 싫고 말도 하기 싫고 아들이 자신을 인정해 주지 않는 것 같아 화가 난다. 다른 자식들이 용돈을 주나 며느리와 자식 눈치 보느라 잘 쓸 수가 없다. 여기저기 아파 약을 많이 먹어야 되는데 자식들은 모른체 한다. 혼자서 병원에 다니려니 너무 힘들다.

"내일 죽더라도 난 오늘 이혼하고 싶다"는 헤드라인을 장식하며

"황혼 이혼"에 "성공"하여 화제의 인물이 된 71세의 할머니. 일흔이 넘은 할머니가 이혼 소송을 제기했는데 법원이 "해로하시라"며 기각하여 여성계가 인권 문제로 접근하였고 여성 운동 단체의 지원으로 승소 판결을 받았다(김효선, 1999).

여성 노인들의 교육 수준을 보면 1995년 현재 국민 전체 평균 교육 년수가 10.25년인데 50세 이상 인구의 평균 교육 년수는 6.46년이며 특히 50세 이상의 여성은 평균 4.81년, 남성은 8.52년으로 고연령 여성일수록 교육 수준이 낮은 것으로 나타났다(한국여성개발원, 1999). 또한 1998년 우리 나라 여성의 경제 활동 참가율은 평균 47%이었으며 연령별로 보면 40-44세가 63.5%로 가장 높고 60세 이상은 28.1%이었다(한국여성개발원, 1999). 60세 이상 상용고 가운데 여성은 약 12%인 데 반하여 일용고는 60%를 차지하여 여성들의 고용 상태가 남성보다 불안정함을 알 수 있다. 여성 노인의 경우 직업 소득 이외의 소득원은 자녀로부터의 지원이 68.6%로 가장 큰 비중을 차지하며 근로 소득 이외의 연금, 퇴직금, 이자 소득에 있어서는 남성 노인의 절반 수준이고 국가의 지원에 있어서는 남성들보다 높은 비율을 차지한다(정경희 외, 1998).

이와 같은 현실은 "빈곤의 여성화" 문제로 연결되며 전체 생활 보호 대상자(거택 보호) 가운데 65세 이상 노인 인구 비율은 58.3%로 노인 인구의 빈곤 상태가 다른 연령 계층에 비하여 월등하게 높다. 특히 전국 여성 인구 가운데 대비 생활 보호 대상자 비율이 2.5%이고 여성 노인 가운데 생활 보호 대상자의 비율은 9.7%를 차지하여 여성 노인이 타 연령 집단의 여성에 비하여 경제적으로 더 어려운 상황에 처해 있음을 알 수 있다.

국민 연금의 경우 1998년 현재 공적 연금의 65세 이상 노인 수급자는 전체의 약 2.8%에 불과한 것으로 나타나 대부분의 경우 공적 연금 제도의 적용에서 배제되어 있는 실정이다. 1998년 7월 시행된 경로 연금 제도의 경우에도 예산이 절감되어 본래의 취지를 제대로 살리지 못하고 있는 상황이며 현재 전국의 약 71만 명 저소득 노인 가운데 생활 보호 대상 노인은 80세 이상은 월 5만 원, 65-79세는 월 4만 원씩 받고, 일반 저소득 노인은 월 2만 2천 5백-3만 원씩 받고 있다.

한편 노인들의 건강은 개인차가 있으나 65세 이상 노인의 만성 질환 유병률은 1998년 약 86.7%에 달하며 연령이 증가할수록 비율이 높아진다. 여성 노인과 남성 노인의 차이를 보면 여성 노인은 남성 노인보다 약 15% 더 높은 만성 질환 유병률을 보임으로써 여성 노인의 건강 상태는 대체로 남성 노인에 비하여 열악한 것으로 나타난다. 특히 여성 노인들은 남성 노인들보다 관절염, 신경통, 골다공증, 중풍 등 만성적인 퇴행성 질환을 많이 앓으며 유방이나 자궁의 질환으로 고통받고 있다(강문희·이광자·송보경, 1996, 김재인 외, 1999에서 재인용)

80세의 H 할머니는 고혈압, 심장질환을 갖고 있으며 백내장도 있으시다. 체력은 약하시나 마음은 강하신 것 같아 늘 밖으로 나가고 싶어하신다. 어느 순간 먼 거리까지 나가서 길을 잃고 헤맨다. 약간의 치매도 있는 듯하다. 요즈음 틀니를 재교정하기 위해 가끔씩 치과에 다니신 후 무작정 나가려 하는 증상은 조금 나아진 듯하다.

이혼한 아들의 손자 두 명을 데리고 사는 65세의 K 할머니는 20년 전 위암 수술(1년 전 췌장암)로 시한부 삶을 살아가고 있다. 아들은 생활 능력이 확실하지 않아 어머니와 자식 부양이 어려운 상태에 있으며 모든 살림을 어머니에게 의존할 수밖에 없으나 할머니는 돌보고 간병해 줄 만한 자식이나 도우미가 없어 병상에서 외로운 나날을 보내고 있다. 그녀는 신앙에 의존을 하고 있으나 난폭하고

돌봄이 부족한 아빠 밑에서 어렵게 자라고 있는 손자들과 무능한 아들에 대한 걱정으로 마음이 편할 날이 없다.

노화할수록 발병률이 높은 고혈압성 및 뇌혈관 질환과 치매성 질환은 신체적 거동의 어려움을 수반하는 경우가 많으며 이에 따라 장기적 요양 보호의 필요성도 증가된다. 요양을 필요로 하는 무의탁 저소득 노인이 입소하는 시설에 거주하는 노인 중 70% 이상이 여성 노인인 것으로 미루어 보아 시설에 거주하는 여성 노인의 건강 문제도 심각한 상황임을 유추해볼 수 있다.

또한 노인의 부양 문제와 관련하여 1998년 실시한 노인 생활 실태 및 복지 욕구 조사 결과를 살펴보면 우리 나라 노인의 경우 질병으로 인한 일상 생활의 유지가 곤란한 경우 배우자 또는 자녀로부터 부양을 받고 있으며 비혈연(간병인, 사회복지사 등)으로부터 부양을 받고 있는 노인은 극소수인 것으로 나타났다. 앓아 누운 가구원을 주로 돌보는 데 일차적인 역할을 하는 주부양자는 79.7%가 여자이다. 이들의 연령 분포를 보면 25-34세가 5.6%, 35-44세가 19.1%, 45-54세 19.0%, 55-64세 29.1%, 65세 이상 27.2%으로 과반수 이상이 55세 이상이며 주부양자의 49.4%가 취업자이다. 주부양자의 간호 수발상의 어려움은 경제적 부담 (28.7%), 육체적 피로(26.5%), 정신적 부담(25.8%)으로 대다수가 많은 문제를 안고 있으며 앓아 누운 가구원이 있는 경우 현재 가정 봉사원 파견 서비스를 이용하고 있는 가구는 3.9%이지만 향후 재가 복지 서비스 이용 욕구가 있는 가구는 25.1%로 재가 복지 서비스에 대한 수요가 급증할 것이 예상된다.

우리 나라에서는 1981년 「노인 복지법」이 제정된 이래 노인 문제 해결을 위한 국가 차원의 정책이 수립되고 집행되어 왔다. 오늘날 한국 노인 복지와 관련되어 제시되고 있는 주요 정책 과제들을 살펴보면 ① 소득 보장 정책의 강화(생활 보호 수준의 향상 및 노령 수당 제도의 확대, 노인 취업 기회의 확대) ② 노인에게 적합한 보건·의료 체계의 개발(예방적 차원의 보건 사업 전개, 만성 질환 중심의 의료 체계 개발) ③ 장기 보호 서비스의 내실화(시설 보호 수준의 향상, 재가 보호 서비스의 확충 및 주택 정책) ④ 여가 활용 기회의 제고 ⑤ 노부모 동거 가족 지원 정책의 강화 등이 있다. 그러나 아직도 우리 나라 노인 복지 예산은 매우 취약한 실정이며(2000년 예산 2,770억 원) 예산의 대부분은 저소득 노인을 위한 경로 연금 지급과 시설 보호에 소요되고 있고, 현재 실시되고 있는 대부분의 노인 복지 프로그램은 저소득층 노인을 중심으로 하는 사업에 국한되어 있다.

노인 복지 정책 및 서비스에 대한 인지도, 이용 경험 및 만족도를 조사한 결과를 보면 보건소나 노인정, 노인 대학과 무료 양로·요양 시설에 대한 인지도는 70-90%로 비교적 높은 편이나 노령 수당 제도, 노인 공동 작업장, 고령자 취업 알선 센터 등에 대한 인지도는 20% 미만으로 매우 낮았다. 한편 서비스 이용 경험에 있어서도 대부분의 경우 이용이 매우 저조하였으며 이용률이 가장 높은 보건(지)소와 노인정의 경우에도 조사 대상 노인의 30%에 미치지 못하였다. 그러나 이들의 향후 서비스 이용에 대한 희망률은 매우 높게 나타나서 노령 수당 제도, 보건(지)소, 노인정, 노인 전문 병원 등의 경우 40-70%를 차지하였고, 향후 노인 복지 서비스의 수요가 급증할 것임을 시사하고 있다. 노인 복지 서비스 및 프로그램의 이용률에 있어서 남성 노인과 여성 노인이 차이를 살펴보면 생활 보호, 의료 보호, 노령 수당 제도는 여성 노인의 이용률이 높은 반면, 노인정, 철도 50% 할인, 공원 등 무료 입장은 남성 노인이 더 많이 이용하는 것으로 나타났다.

위의 사례들은 매우 단편적이기는 하나 우리 주변의 여성 노인들이 동일한 집단이 아님을 보여준다.2 즉 여성 노인들은 연령, 소득, 건강 상태, 배우

2 필자가 1999년 가을 학기 한양대학교 행정대학원에서 담당한 「노인 복지론」 수업에서 발표된 사례들이다.

자의 유무, 가족과의 동거 등에 있어서 개인적 차이가 있으며 각자의 삶의 특수성을 지니고 있음을 알 수 있다. 노후의 삶은 인생의 전 주기에 걸친 다양한 경험을 반영하기 때문이다.

이와 같이 다양한 모습으로 이 시대를 살아가고 있는 여성 노인들의 삶의 질이 향상되고 이들이 우리 사회의 구성원으로서 존중받으며 좀더 편안하고 풍족한 노후를 맞이할 수 있도록 하려면 여성 노인의 삶과 복지가 어떻게 재구성되어야 할 것인가? 앞으로 여성 노인들의 입장과 삶의 현실이 반영된 노인 복지가 실현되려면 우선 여성 노인에 대한 편견과 차별 문제가 해결되고, 거시적인 정책의 차원에서는 더 "성 인지적 gender-sensitive"인 접근이 이루어져야 할 것이다.

여성 노인의 복지 향상을 위한 새로운 실천 모델

이 시대 노인 복지 분야의 대표적인 화두는 "양질의 장기 요양 보호 서비스 제공" 및 "성공적인 노후 관리"이다. 그리고 이것은 "노인"과 "여성"에 대한 우리 사회의 "이중 차별" 문제가 우선적으로 해결되어야 실현 가능한 일이다. 우리 사회는 전통적으로 노인 부양을 가족의 의무로 여겨 왔다. 그리고 앞서 살펴보았듯이 그 중에서도 특히 여성의 역할이 가장 중요한 기능을 담당하고 있다. 그러나 여성 인구의 약 절반이 경제 활동에 참여하고 있는 오늘날 노인 부양 기능을 전적으로 가족에게, 그 중에서도 여성에게만 맡길 수는 없는 노릇이다. 하지만 기존의 노인 복지 정책은 여성들의 전통적인 부양자로서의 역할에 크게 의존해온 것이 우리의 실정이다. 따라서 노인 부양 기능의 공동화를 방지하고 가족 해체에 대처하기 위한 다양한 사회적 지원 체계의 구축이 시급히 강구되어야 한다.

1997년 11월 30일에서 12월 2일까지 지중해의 말타에서 UN의 사회 정책 개발국Division for Social Policy and Development과 여성 지위 향상국Division for Advancement of Women 공동 주최로 "노인 부양의 성 인지적 측면Gender Dimensions of Eldercare"이라는 주제로 전문가 회의가 개최되었다. 말타 회의의 정책적 권고 사항들은 여성의 전 생애를 포괄하여 "부양 제공자로서의 여성"과 "부양 대상자로서의 여성 노인"의 삶에 대한 총체적인 접근을 시도하고 있으며, 궁극적으로 남녀가 동등한 사회적 지위와 역할을 향유하는 평등 사회를 향한 단기적 또는 장기적인 발전 방향을 제시하고 있다. 말타 회의에 참석한 노인 복지 전문가들은 노인 부양 문제를 여성의 관점에서 접근하려면 우선 가정과 직장에서 노인 부양에 대한 여성과 남성의 전통적인 성 역할과 기대를 변화시켜야 하며, 국가는 노인과 부양자들을 지원하는 정책과 프로그램의 개발에 일차적인 책임이 있음을 강조하고 있다. 또한 정부와 민간이 함께 노인 부양을 위한 사회적 지원 체계를 구축하기 위해서는 노인 부양에서 성 차별적 요소를 제거하고 "보호 노동"의 가치를 새로이 인식할 필요가 있음을 강조하였다. 향후 성 인지적인 노인 부양 정책을 개발하기 위해서는 기존의 정책을 중심으로 성 차별적인 요소들을 분석하고, 모든 정책과 프로그램의 개발 및 집행 과정에 여성의 관점이 반영되도록 할 필요가 있다(박영란(b), 1999).

노인 복지 정책에 대한 이러한 통합적인 접근 방법과 아울러 우리 사회가 필요로 하는 또 하나의 실천 모델을 "신여성 노인 운동"에서 찾아볼 수 있다. 서구 사회에서는 1980년대 중반부터 가부장적 가치와 사회 구조에 종속되어 일생을 보낸 "여성 노인"의 문제가 공론화되기 시작하였으며 90년대에 이르러서는 더 자유롭게 자신의 삶을 창조하며 밝고 풍요로운 노후를 창조해 가는 "여성 노인" 또는 "신세대 여성 노인"의 모습이 부각되었다. 미국 여성 운동계의 대모라 할 수 있는 베티 프리단 Betty Friedan은 1963년에 『여성의 신비Feminine Mystique』를 쓴 지 30년이 지난 1993년에 『노년의 샘 The Fountain of Age』을 출판하였다. 이 책은 미국 사회의 노인, 특히 여성 노인에 대한 차별 문제를 다루고 있다. 성차별주의에 대한 도전으로 세상을 바꾼 프리단은 스스로 노년기를 맞이하면서 경험한 고령자 차별주의ageism를 타파하기 위해 노년은 문제의 시기라는 고정 관념을 깨기 위한 새로운 운동을 시작하였다. 프리단은 노년학자들이 문제 중심적인 접근 방식에 의거하여 노후의 질병, 부양 부담 등에 초점을 맞춘 논의를 전개하는 것에 대해 회의적인 입장을 취하면서 "청춘의 샘" 못지 않은 "노년의 샘"을 찾아 나선 "신여성 노인"들의 다양한 모습을 기록하였다. 그리하여 아직도 살아 있고, 선택의 여지가 남아 있으며 변신transformation의 무한한 가능성이 놓여 있는 미래를 만들어갈 수 있는 노년기는 새로운 모험의 시기라는 메시지를 전하고 있다.

또한 지난 20여 년 동안 여성 노인과 관련된 연구를 해오면서 최근 「여성주의적 노년학의 기초Fundamentals of Feminist Gerontology」를 편집 출간한 다이앤 가너Dianne Garner 는 우리 사회가 여성 노인을 기능을 상실한 쇠약하고 쓸모 없는 불쌍한 존재로 하락시킴으로써 생산적인 사회의 주류에서 철저히 배제시킨 점, 그리고 기존의 노년학에서 여성 노인과 그들의 문제를 가부장적 관점에서 접근하거나 아니면 거의 관심을 두지 않았던 점을 비판하고 있다. 프리단과 많은 여성학자들; 여성주의적 노년학자들은 "새로운 노후"의 비전을 제시하고 스스로 이를 실현시키기 위한 노력을 경주하고 있다. 그 동안 비교적 젊은 여성들의 삶에 초점을 맞추어 여성 운동을 해온 사람들은 스스로 나이가 들면서 경험하는 연령 차별주의에 대한 도전을 시작한 것이다. 이들은 여성 노인들의 경험을 재발견하고, 그들의 새로운 역할을 개발하며, 그들의 능력과 장점, 그리고 자원을 최대한 발굴하기 위해 노력하고 있으며 여성 노인들의 자존감 향상, 인간으로서의 존엄성 회복을 위한 권익 운동을 실천하고 있다.

　최근 우리 나라에서도 여성 노인들의 삶의 모습과 경험, 그리고 그 특수성 및 다양성에 대한 관심이 늘고 있음은 반가운 일이다. 그리고 많은 여성 노인들이 더 활기 있는 노년기를 보내기 위하여 가정 내에서뿐만 아니라 지역 사회에서 새로운 역할 찾기를 시작하는 모습이 눈에 띠고 있다. 이제 "도전하는 노년이 아름답다"는 메시지와 더불어 우리 사회의 여성 노인들에 대한 더 많은 관심을 가지고 이들의 삶을 이해하고 이들의 목소리에 귀기울여야 할 때이다.

　1961년생으로 노인 복지와 여성 복지에 관심이 많다.
　한국여성개발원에서 연구위원으로 일하고 있다.
　세 아이와 함께 산다.

참고문헌

김효선, 1999, 「황혼 이혼 보도, 그 앞과 뒤」 『여성특별위원회 소식』, 가을 제6호.

김재인 외, 1999, 『여성 노인의 여가 교육 프로그램 개발』, 한국여성개발원.

박영란, 1997, 「고령화 사회의 여성 노인과 복지 정책」, 『여성』, 통권 355호.

박영란(a), 1999, 「21세기 노인 부양과 여성 노인」, 『여성특별위원회 소식』, 여름 제5호.

박영란(b), 1999, 「노인과 가족의 부양 부담 : 성 인지적 정책 및 서비스 개발의 필요성」, 한국가족사회복지학회 학술세미나 자료집.

여성한국사회연구소, 1999, 「여성 노인의 삶과 복지」 세미나 자료집.

정경희 외, 1999, 「1998년도 전국 노인 생활 실태 및 복지 욕구 조사」, 한국보건 사회 연구원.

정무장관 (제2)실, 1996, 「여성 노인과 삶의 질」, 여성주간 기념 학술 세미나 자료집.

한국여성개발원(a), 1999, 『여성통계연보』.

한국여성개발원(b), 1999, 「고령화 사회, 노인들의 행복 추구권」, 비디오.

Downes, P., P. Faul, V. Mudd & I. Tuttle, 1996, *The New Older Women*, Berkely, Ca: Celestial Arts.

Friedan, B. 1993, *The Fountain of Age*, New York: Simon & Schuster.

Garner, J.D., 1999, "Feminism and Feminist Gerontology," *Journal of Women and Aging*(Fundamentals of Feminist Gerontology), Vol 11(2/3).

Hooyman, N. & J. Gonyea, 1995, *Feminist Perspective on Family Care: Policies for Gender Justice*, Thousand Oaks: Sage Publications.

노년기의 성

전길양

1. 머리말

늙는다는 것은 태어날 때부터 누구에게나 찾아오는 현상이다. 이것은 우리 사회의 노인 문제나 노년기 현상이 노인들만의 일이 아니라 모두의 일임을 나타낸다. 그러나 우리의 일상은 어린 아기에게는 누구나가 볼을 대어 보고 싶은 사랑을 느끼며, 젊은이의 사랑과 성취에는 찬양을 보내지만 노인에게서는 어쩐지 멀어지고 싶어한다. 대체로 우리 사회는 노인들에게도 희망찬 과거가 있었고 아름다운 삶이 있었으며 지금도 젊은이와 똑같이 희노애락을 느끼며 살아가고 있다는 사실을 잊은 채, 노년기 생활에 인색한 시선을 보내고 있다.

노인이 노후의 삶을 보람있게 유지하기 위해서는 가족이나 배우자를 통한 애정 욕구의 충족, 몸과 마음의 건강, 경제적인 안정, 좋은 말동무, 취미 활동이나 자기 일을 갖는 것, 쾌적한 환경의 유지 등과 더불어 적당한 성적 생활이 필요하다. 성은 인간에게 가장 중요한 문제로 논의되어 온 주제이다. 이것은 단순히 성교나 생식, 혹은 그 생리적인 능력을 한정하는 것은 아니고 친밀한 인간적 교류를 지향하는 욕구나 행동 등 광범

1 노인과 성에 관한 대다수의 연구들은 노인에게 적당한 성활동은 생활의 활력소가 됨을 제시하고 있으며 많은 노인들 또한 성이 자신감을 갖게 하는 데 도움이 된다고 확인하고 있다.

위한 내용이 포함된다. 성은 신체적 접촉에 의한 쾌락의 매개물에 그치지 않고 특정한 개인에게 갖는 정서적인 경험으로 타인과의 상호 작용을 가리킨다. 대개 성적 행동을 통한 신체적, 정신적 쾌락을 추구할 권리는 나이와 성별에 관계없으며, 노년기의 적당한 성활동은 서로의 삶에 대한 자신감을 주며, 연대감을 부여하고, 정신적 만족감을 얻는 데 기여하는 것으로 나타난다.[1]

그러나 우리 사회에서 노인은 성적인 존재가 아니다asexual being라고 보는 신념이 매우 크며 이는 노인의 성sexuality에 대한 잘못된 생각이나 믿음, 고정 관념을 파생시키고 있다. 결과적으로 노인의 성은 전인적인 삶의 중요한 부분으로서 사회적인 관심을 받지 못하였으며 학문적 대상에서도 거의 제외되어 왔다. 최근 우리 사회에서 고령화 사회로의 진입은 노년기 성문제가 더 이상 무관심한 채 지나칠 수도, 또는 소수의 문제로 회피할 수도 없는 현실적인 관심으로 등장하고 있다. 노인 인구의 증가는 노인의 삶의 질 향상에 대한 요구를 증폭시킨다. 건강하게 오래 사는 노인 인구의 성문제는 결코 소홀히 취급할 수 없는 과제로 대두되고 있으며 기존의 노인에 대한 성규범으로 노년기 성을 바라볼 수 없게 한다. 따라서 이 글에서는 노인의 성에 대한 편견, 노인의 성생활의 실태 및 여성 노인과 성의 의미 등을 살펴봄으로써 그 동안 간과되었던 노인의 성문화에 대해 관심을 갖고자 한다.

2. 노화와 성

1) 노년기 성에 대한 편견과 신화

(1) 문화적 편견

많은 이들이 노인의 성행동에 대해 잘못된 믿음을 갖고 있다. 즉 노인들은 기력이 없으며 성적인 욕구는 존재하지 않는 것으로 간주하고, 만일 성적 능력이 있다면 기능해서는 안 된다는 편견을 가지고 있다. 따라서 노인의 성이 갖는 중요성을 무시하거나 지나쳐 버리게 되고 심하면 조소나 비난의 대상으로 삼는 것이 지배적이다. 이는 노인의 성애는 불필요하다고 보는 성을 생식 기능에 한정짓는 본질관과 노인에 대한 고정 관념에서 비롯된 연령 차별주의적인 생각ageism에서 나온다고 볼 수 있다.

이러한 태도는 사회 전반에서 볼 수 있으며 노인 보건 의료 시설 종사자들에서도 나타나는 것으로 보인다(Hillman, 1994). 이들은 노인의 성 표출에 자주 직면하고 있지만 이를 단순히 문제 행동으로 간주한다. 노인의 성적 욕구에 대해 부도덕시하는 사회적 문화적 편견은 실제로 노인 자신이 갖는 성적 태도에 영향을 미치게 되어 노인의 자유로운 삶을 억제하게 된다.

노인의 성에 대한 문화적 편견이란 한 연령 집단이 나이를 먹었다는 이유로 다른 연령 집단에 의해 그 연령 집단이 가진 성적 욕구의 표출에 대해 혐오나 혹은 적대적인 태도를 받는 것을 말한다. 이 편견이 노인의 생활에 미치는 영향(Riley & Waring, 1976)을 살펴보면,**2** 첫째, 어느 연령층이든 사회가 부과하는 부정적인 심리는 한 개인에게 자신의 역할을 적극적으로 수행하려는 동기를 상실하게 할 가능성이 있다. 노인의 경우 성적 욕구가 쇠퇴한, 탈 성적인 존재라는 부정적 심리가 사회적으로 지배적 규범이 되

2 조성숙, 1999, 「노인과 성, 노인과 한국사회」 276쪽에서 재인용.

면, 노인은 여기에 동조하기 위해 자신의 성적 욕구 및 성행위를 억압하게 된다. 둘째, 이로 인해 노인이 지니고 있는 성적 능력은 더욱 쇠퇴하게 된다. 셋째, 노인 자신의 성적 능력에 대한 자신감 상실이 심화됨에 따라 노인의 성적 욕구나 능력에 대한 사회적 고정 관념은 더 확대되고 이 고정 관념은 다시 노인의 성생활 수행 동기를 약화시킨다.

비록 성능력이 활발한 노인일지라도 사회적 인식이 노인은 성능력이 없다고 되어 있으면 이러한 믿음을 자의 반 타의 반 수용하게 되어 스스로 성욕을 억제하거나 자신은 성능력이 없다고 믿게 되는 결과를 가져온다. 이러한 편견은 노인의 욕구 충족의 기회를 실질적으로 제한하는 차별로 바뀌게 되어 노인의 삶에 대한 부정적인 인식을 낳는 영향을 미치게 된다.

(2) 성기능에 대한 신화

일반적으로 아무런 의학적 근거가 없음에도 불구하고 노년의 성활동 및 기능에 대해 널리 퍼져 있는 오류들이 있다. 즉 남성 노인의 경우 노년의 성활동은 건강에 해로우며 장수를 가로막는 장애물이라는 믿음이 있다. 또, 여성의 노년기의 성에 대한 왜곡된 편견과 미신은 갱년기 내지, 폐경기에 접어들면서 성적 능력 또는 성성sexuality 자체를 상실하는 무성의 인간이 되는 것으로 착각하게 만드는 것이다. 이러한 신화로 인해 일부 여성들은 폐경기를 하나의 부정적인 변화의 시기로 이해하여 적응에 어려움을 겪기도 한다(조성숙, 1999). 여성들의 경우에 폐경기가 지나면서 성욕이 갑자기 줄어드는 것이 아니다. 폐경기는 노쇠가 시작되고 있다는 증거이나 성관계 지속과 아무런 관계가 없다. 노화로 인한 내분비선 체계의 불균형은 생리학적으로 큰 변화를 가져오지 않기 때문에 여성의 폐경기에 대한 처방으로 어느 정도 해결할 수 있지만 사회의 일부 잘못된 태도 및 오도는 폐경을 둘러싼 부정적인 성 신화를 만들어 "폐경은 사랑하는 것과 사랑 받는 것이 끝나는 것을 뜻한다." "폐경 후 여성은 여성으로서의 본질을 잃는다"와 같은 여성에게 잘못된 신념을 갖게 할 수 있다. 이러한 신념들은 노년기 성을 억압하고 성에서 멀어지게 하는 결과를 낳는다.

2) 노년기 성의 실태

우리 나라 노년기 성에 대한 연구는 매우 한정되어 있으며 조사 대상에 있어서도 대체로 표준적이지 못해 해석에 있어서 제한된 결과를 갖는다. 그 동안 연구된 노인의 성 실태를 살펴보면, 사회의 고정 관념을 그대로 반영하고 있음을 볼 수 있다.

만 65세 이상 남녀 노인 113명을 대상으로 성생활 인지도 및 삶의 만족도의 관계를 살핀 연구에서 보면(이창은, 1999), 노인이 지각하는 성적 욕구에 대해 "아무 생각도 없고 뭘 봐도 아무 느낌이 없다"는 욕구 소실형은 54%(61명), "노인이 되어도 멋있는 사람을 보면 좋고 흥분된다"는 욕구 지속형은 44.2%(50명)이었다. 남자 노인은 대다수(84%)가 욕구 지속형인 데 비해 여자 노인은 욕구 소실형(85.7%)으로 나타나고 있어 남녀간에 두드러진 차이가 있음을 알 수 있다. 이 연구에서 노인의 성생활 빈도는 최소 일 년에 두 번에서 최대 일주일에 한 번까지 다양하게 나타났으며, 한 달에 한 번 정도가 가장 많은 비율을 보였고, 평균 한 달에 1.37회의 성생활을 하는 것으로 나타났다.

이들의 혼외 성생활 경험을 살펴보면, 전체 대상자 중 7.1%(8명)가 응답하고 있으며, 모두 남자 노인이었다. 그리고 배우자가 있지만 성생활을 하지 않는 노인들 중 마지막 성생활의 연령은 남자 노인이 평균 63.1세, 여자 노인은 평균 57.4세로 나타나고 있다. 현재 성생활을 계속하는 경우 남자 노인의 평균 연령은 69.1세, 여자 노인의 평균 연령은 67.0세로 나타나 성적 지속 연령은 개인의 상황에 따라 다양한 차이가 있음을 볼 수 있다. 현재 성생활을 하는 노인이 그렇지 않은 노인보다 삶의 만족도가 높게 나타나고 있으며, 남자 노인의 경우 성생활 태도가 긍정적이며 성생활에 의미를 두는 노인일수록 자아 존중감이 높고 삶의 만족도가 높았다. 그에 비해 여자 노인의 성생활 욕구나 태도, 중요도 등은 삶의 만족도와 별 관계가 없는 것으로 나타났다. 이는 노년기 여성과 남성의 성 만족도가 서로 다른 요인에 의해 영향을 받을 수 있음을 지적하는 것이다.

또한 홀로 된 60세 이상 노인 30명을 대상으로 이성 교제와 재혼 태도에 대한 면접 조사를 한 연구에서 보면(임춘식·최복란, 1999), 젊은 노인이, 여자보다는 남자 노인이 상대적으로 이성 문제에 관심이 많았다. 또한 남녀 노인 모두 이성 교제의 성질을 우정 관계나 애정 관계로 보는 경향이 많았지만, 여자 노인은 78%가 우정 관계로, 남자 노인은 50%만이 우정 관계로 보고 있으며 여자 노인이 성적 대상자로 친구를 원한 경우가 전혀 없는 반면에 남자는 19%가 성적 대상자로 이성 교제를 인식하고 있었다. 즉 남자 노인의 경우 이성 친구를 육체적 관계까지로 희망(94%)하고 있으나 여자 노인의 경우는 그보다는 대화 상대자, 여행 상대자 등 사교 관계(43%)를 원하거나 가벼운 접촉(14%)까지의 정도로 한정 지으려는 경향이 많았다.

흔히 건강하고 온전한 신체라야 성적 욕구가 발동하고 그것을 표출하는 것으로 생각하기 쉽지만 특별히 성기능을 저해하는 질병이 아닌 경우, 신체적 정신적 장애가 있는 노인도 성욕구의 표출은 정상인과 다를 바 없다는 결과도 있다(오진주·신은영, 1998).

이상의 경험 연구를 종합해 보면 다음과 같다.

연령 증가에 따라 성생활 빈도와 강도는 감소하지만 여전히 성생활은 노년기 삶의 한 부분이다. 즉 신체의 노화와 장애에도 불구하고 성기능은 변하지 않는 것으로 나타나고 있어 노년에는 성능력이 없어 성생활이 포기된다는 것은 편견임을 알 수 있다. 또한 배우자가 있는가는 성생활 유지에 근거가 되며, 적절한 성 파트너가 없는 상황에서 노인들은 매매춘, 혼외 관계, 그리고 간혹 자위 행위로 해결하기도 한다. 또한 성욕구 표출, 성활동 기회 등에서 남성이 여성보다 더 우세하게 나타나 성행동에서도 가부장적인 양상이 그대로 반영되고 있음을 말해 준다.

3. 여성 노인과 성

여성 노인에게 성은 어느 계층보다 금기된 영역으로 보인다. 성은 단순히 신체 구조에 의해서 결정된다기보다 사회적으로 구성되며, 역사적, 문화적, 경제적 성격에 따라 다양한 특성을 갖는다고 볼 수 있다. 우리 사회의 일반적인 성에 대한 논리는 노년의 성에도 적용되고 있다. 여성 노인의 성 관념은 남녀에 대한 성규범의 이중 기준, 노화에 대한 사회의 이중 기준 및 노년에 대한 부정적 고정 관념의 틀에서 파악될 수 있다. 이러한 배경들은 우리 사회에서 여성들에게 늙어 가는 것을 더욱 힘들게 하며 성과 분리된 채 살아가게 한다.

1) 성규범의 이중 기준

성행동에 있어서 남성의 허용성과 능동성, 여성의 제한성과 수동성의 특징은 남녀 노인에 대한 성규범의 이중 기준을 제공하고 있다. 서구의 한 연구에서 보면(Matthlas, 1997) 결혼 상태는 남성 노인의 성행동 차이를 이끄는 변수로 영향을 미치지 않지만, 여성 노인의 성적 행동에는 매우 큰 변인임을 나타내고 있다. 즉 남성 노인의 경우, 사회적 죄의식이나 금기 없이 결혼 외부에서의 성적 관계를 허용받으므로 기혼자, 미혼자 간의 성적 활동은 큰 차이가 없는 것으로 나타난다. 그에 비해 여성 노인은 배우자가 있을 경우, 배우자가 없는 노인에 비하여 10배나 많은 성적 활동을 나타내고 있어 성의 이중 기준에서 비롯된 남녀 노인간의 불균형을 볼 수 있다. 이는 남성 노인이 성규범에 있어서 더 자유로움을 뜻한다.

우리 나라의 연구에서도(이창은, 1999) 여성 노인의 혼외 경험은 전무한 것에 비해 일부 결혼한 남성 노인은 혼외 성경험을 나타내고 있다. 이는 노인의 성비 불균형의 결과로 일찍 배우자 없이 홀로 사는 여성 노인이 많다는 현실에서 여성의 성은 매우 억압되고 있음을 볼 수 있다.

2) 노화의 이중 기준

여성은 남성보다 더 오래 살 것으로 기대되며 또한 인생 전체를 통해서 더 건강한 경향이 있음에도 불구하고 여성 노인의 노성 자각은 남성 노인에 비해 빨리 시작되고 있다. 이것은 우리 사회에서 노화에 대한 기준이 남성과 여성에게 다르게 제공되는 데서 그 이유를 찾아 볼 수 있다. 즉 우리 사회에서 여성의 지위나 자아 개념은 남성에 비해 신체적인 외형에 의존하기 때문에 여성이 남성보다 빨리 늙는 경향이 있다. [3]

3 우리 나라 노인의 늙음에 대한 자각은 남성 노인의 경우 65세, 여성 노인의 경우 63세로 나타난다. 60세 미만부터 노인이라고 자각하는 비율은 여성이 남성보다 2배 이상 높다(이가옥 외, 『노인 생활 실태 분석 및 정책 과제』, 185쪽).

일반적으로 여성다움은 신체적 외모나 성적 매력과 관련이 있다고 여겨지고 남성다움은 외모보다는 권력과 지위에 더 관련되어 나타난다. 따라서 여성에게 나이가 들어간다는 것은 결국 자신의 가치가 낮게 평가되는 자아 개념 형성에 영향을 주게 되고, 신체적 매력이 감소된다고 느끼는 시점에서 빨리 노화를 자각하게 된다. 시간이 흐르면서 남성다운 특성은 독립성과 지혜가 높아 가는 것으로 보는 반면에 여성의 신체적 매력에 기초한 여성다움의 사회적 가치는 여성이 남성보다 훨씬 젊은 연령에서 성적으로 부자격자가 되게 한다. 여성 노인들이 남성 노인들보다 성에 대한 자신감을 일찍 잃게 된다.

3) 젊음의 문화적 가치와 성의 왜곡

우리 사회의 청년 지향의 가치는 노년을 의식적으로 거부하려는 경향이 있다. 사회 전반에 젊음 지향의 문화를 강조하다 보니 젊음과 성적인 매력이 동등한 것으로 과장되고 있고 노년은 매력이 없는 시기로 나타나게 된다. 이는 나이처럼 보이지 않는다는 것을 찬사로 느끼게 하며 특히 여성에게 나이 감추기의 행동이 일어나게 한다(최신덕 외 역, 1998). 노년은 개인에 따라서 자유가 많고 요구가 적으며, 최고로 안정된 시기임에도 불구하고 인생의 최고기는 청년기로 지각되는 경향이 있다. 이와 같이 사회 전반의 노년에 대한 거부와 부정적 고정 관념은 노인의 성에 대한 왜곡을 가져온다. 곧 노년 여성의 성은 가장 매력이 없는 대상으로 간주하여 성에 대한 행동이나 태도에서 소극적 경향을 심화시킨다.

노년 여성의 성에 대한 연구들은 여성의 성적 능력이 크게 노화한다는 증거는 없다고 한다. 물론 노년기 여성의 성적 활동은 파트너의 성적 욕구에 크게 의존하지만 오히려 여성들은 나이가 들면서 더 반응적이며 성적 억압과 임신의 공포에서 해방되어 성적 관심이 증가하게 된다고 한다. 그럼에도 불구하고 한국 사회에서 여성 노인의 성기능 감퇴는 훨씬 더 일찍 일어나며, 성에 대한 태도가 매우 소극적으로 나타나고 있다(조성숙, 1999). 심지어 배우자가 없는 노인도 이성 교제시 남자 노인과 달리성을 배제한 교류만을 유지하려는 경향이 있다.

이상과 같이 우리 사회의 성규범 및 노화의 이중 기준, 노인 여성에 대한 문화적 편견 등은 성에 대한 관심을 더욱 드러내지 못하게 하고 억압하는 기제로 작용하고 있음을 볼 수 있다.

4. 맺음말 : 사회적 통념을 넘어서기

인간의 평균 수명이 연장되면서 오늘날 노년기는 또다른 성으로 살아가는 제3의 인생기로 불리고 있다. 즉 인생 80 시대가 열리면서 출생과 젖먹이, 사춘기를 거쳐, 직업을 갖고서 일을 하고 결혼해서 자녀를 낳아 기르는 두번째 인생기를 보내고, 은퇴 후 자기 삶을 찾는 시기가 노년인 것이다. 이 시기는 그 이전의 두 시기보다 결코 짧지 않은 인생 기간으로서 새로운 인식과 삶을 창조할 수 있는 시기로 나타나고 있다. 따라서 노년기는 우리 사회에서 성의 이분화나 사회화 등의 부담에서 비교적 자유로운 시기라 할 수 있다.

노인 인구가 급속히 증가하고 있다. 이는 노년에 대한 더 심층적인 접근을 요구하며 기존의 틀에서 벗어나 새로운 노인 문화의 방향을 필요로 한다. 그 중 하나가 성에 대한 생각이다. 보통 청장년기의 성욕은 주로 성교로 나타나는 것에 비해, 노년기 성심리의 특성은 성기적 만족, 성기 이외의 신체 부분의 관능적 만족, 고독을 회피하는 커뮤니케이션의 만족 등 다양한 요소에 의해 더 복합적으로 이루어진다. 즉 노년기 성행동은 생리적 측면에서의 성적 능력의 감소 차원에서만 파악될 수 없다. 노년기 성은 직접적인 성적 욕구 충족과 함께 위안이라는 애정적이며 정신적인 의미가 더 중요한 것으로 나타난다.

일반적으로 우리 사회에서도 노인의 성욕의 존재는 인정하고 있지만 이에 접근하지는 않고 있다. 노인의 독립된 공간의 허용이 적고 노년에 결혼하는 비율이 낮은 경향 등은 노인이 환경적으로 성의 기회를 대폭 박탈당하고 있음을 뜻한다. 사실 이 시기의 성적인 만족도는 생물학적이라기보다는 사회, 심리적인 요인이 크다. 즉 사회적인 저지나 억제, 정신, 신체적 피로감이나 실패의 두려움, 배우자에 대한 무료함 및 성기능에 대한 자신감 결여 등이 성생활에 긍정적 혹은 부정적 영향을 준다.

인간의 평균 수명이 늘고 노년 인구가 증가하면서 이제 건강한 삶, 건강한 노년은 사회적인 모토가 되고 있다. 성공적 노화는 긍정적 욕구 충족을 뜻한다. 즉 노년기의 성이 건강한 삶에서 중요한 자리를 차지하는 것이다. 그러므로 노인의 성에 대한 올바른 이해 및 재고찰이 요구된다고 하겠다.

우선, 노인의 성에 대한 사회 문화적 편견에서 벗어날 필요가 있다. 즉 노인은 성적인 존재가 아니라는 문화적 고정 관념이나 노화에 따른 잘못된 성지식에서의 변화가 필요하다. 이를 위해서는 노인의 성에 대한 무지에서 벗어날 수 있도록 사회 전체적인 인식의 방향 전환뿐 아니라 지속적인 교육의 지원이 필요하다고 하겠다. 특히 성에 대한 적극적 사고는 남녀 모두의 삶의 만족도에 긍정적 관련이 있는 것으로 나타나므로 젊은 시절부터 성에 대한 긍정적 태도의 함양을 위한 노력이 필요하다고 하겠다.

둘째, 이중적인 성규범과 노화에서 새로운 각본을 형성할 필요가 있다. 분리된 성규범과 남녀 노인에 대한 차별적인 노화의 시각은 특히 여성 노인의 성과 삶에서 구속과 억압을 가중시키고 있지만, 함께 살아가야 할 동반자로서 긍정적인 적응을 이루지 못하기 때문에 남성 노인에게도 어려움을 겪게 한다. 특히 노년은 남녀 모두에게 지금까지의 분리된 성 역할에서 벗어나 자연스럽게 양성적 특성을 가장 많이 표출하는 시기이다. 노년의 양성성은 인생의 만족과 행복도에 척도가 되고 있다. 따라서 남녀 노인이 경직된 성 분리에서 벗어날 수 있도록 사회 전반에서 작용하는 성규범의 융통성 있는 접근이 필요하다.

"한창 때"를 구가하고 있는 비노년층에서도 성생활의 층위는 다양하다. 그러나 "정상성"이라는 하나의 사회 통념적인 잣대를 들이밀어 건강치 못하다거나 비정상적이라는 판단을 쉽사리 내리곤 한다. 더구나 노인의 경우에는 성활동을 둘러싼 고정 관념이 단단히 자리잡고 있다. 여성의 평균 수명은 남성보다 길고, 따라서 홀로된 여성 노인의 수가 더 많은 것은 우리 사회의 사실만은 아니며 세계적으로 보편적인 현상으로 보인다.

섹슈얼리티는 생애를 통해 지속된다. 그리고 생애를 통해 끊임없이 신체의 변화도 이루어진다. 여성 노인 자신은 물론 그들을 바라보는 이들 역시 노인의 생리적인 몸의 변화를 정상적인 것으로, 새로운 형태의 즐거움을 모색하는 소통의 기회로 받아들인다면, 낡은 성에 대한 인식 패턴, 오해, 그릇된 소통을 깨뜨리는 계기가 될 수 있다.

셋째, 노년 및 노화에 대한 가치가 긍정적 이미지로 활성화될 필요가 있다. 노년을 쇠퇴해 가는 상실의 시대로 보면서 노인에 대한 이미지가 매우 부정적이다. 우리 모두는 이미 20-30년의 노년을 보내는 시대에 살고 있다. 노인에 대한 부정적 이미지는 내 삶의 끝이 긍정적으로 통합될 수 없음을 뜻한다. 이와 같은 부정적 노인의 이미지를 벗어나기 위해서는 사회 전반에서 노년의 가치를 새롭게 부각하는 노력이 매우 필요하다. 또한 이와 더불어 긍정적 자아 존중감을 갖고자 하는 개인적 노력이 필요하다고 하겠다.

1962년 서울 출생. 시간 나면 여행하는 것을 좋아함.
가족학을 전공했고, 현재 한국가족상담교육연구소 선임연구원.
대학에서 노인과 가족에 대해서 강의하고 있음.

참고문헌

서혜경, 1997, 「노년기의 성에 관한 다각적 고찰」, 동신대 부설 노인 복지 연구소
　　주최 세미나, 「노인의 성, 정년은 언제인가」, 45-61쪽.
오진주·신은영, 1998, 「노인의 성적 욕구에 대한 시설 종사자들의 태도에 대한
　　조사 연구」, 『한국 노년학』, 18(2), 100-103쪽.
이가옥 외, 1994, 「노인 생활 실태 분석 및 정책 과제」, 한국보건사회연구원.
이창은, 1999, 「노인의 성생활 인지도와 삶의 만족도와의 관계」, 한양대 석사 학
　　위 논문, 18-28쪽.
임춘식, 1997, 『현대 사회와 노인 문제』, 유풍출판사, 237쪽.
임춘식·최복란, 1997, 「노인의 이성 교제와 재혼 태도에 관한 사례 연구」, 한남
　　대학교 논문집, 27, 76-77쪽.
조성숙, 1999, 『노인과 성, 노인과 한국 사회』, 사회문화연구소, 268쪽.
최신덕 외 역(1998). 『노년사회학』, 하나의학사. 81-85쪽.
홍숙자, 1999, 『노년학 개론』, 하우, 327쪽.

Matthlas, R.E., 1997, "Sexual activity and satisfaction among very old adults:
　　results from a community-dwelling medicare population survey", *The
　　Gerontologist*. vol.37(1), p.7.
Hillman, J.L. et.al, 1994, A linkage of knowledge and attitudes toward elderly
　　sexuality: not necessarily a uniform relationship, *The Gerontologist*, vol
　　34(2), p. 257.

오늘,
육체가 눈을 뜬다!

빠리의
실락원

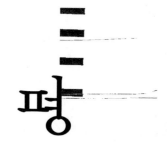

몸으로, 몸에, 몸을 넘어가다

mit dem, in den und ueber den Koerper gehen

「파리의 실낙원 Post coitum, animal triste /
After Sex」과 「육체의 학교 L'ecole de la chair」에 나타난
중년 여성의 성애

김영옥

들어가는 말

중년의 여성이 그녀보다 젊은, 한결 젊은 남자와 사랑에 빠지는 이야기가 자못 사실적인 현란한 화면을 통해 유사 경험이 있는 여성들을, 혹은 유사 경험을 꿈꿔 보는 여성들을 매혹한다. 거의 바이러스 같은 이 사랑의 이야기들은 펼쳐지는 동안 더할 나위 없이 짭조름하고, 끝나고 난 뒤에는 남겨진 한숨과 눈물처럼 씁쓰름하고 찝찔하다.

기호학적이고 물질적인 의미들이 교차하는 장소로서의 몸, 수행적 행위로서의 젠더, 그리고 끊임없이 움직이며 새로 구성되는, 추후에 확고한 형태를 띠게 되는 정체성 — 이 모든 것들의 교호 작용으로 나타나는 것이 성적 정체성의 문제라고 할 수 있다면 중년의 여성과 그녀보다 젊은 남자와의 사랑을 다룬 영화 「파리의 실낙원(1997)」 그리고 「육체의 학교(1998)」는 사십대의 중년 여성을, 또는 그녀의 몸을 우리가 어떻게 이해할 수 있을 것인가에 대한 한 예를 제공한다.

영화 「파리의 실낙원」과 「육체의 학교」에서 사랑은 단도직입적으로

몸, 다시 말해 섹스와 관련되어 있다. 남녀의 만남은 짧고 육체의 매혹은 강렬하다. 사지를 퍼덕이게 만드는 사랑의 파토스는 물결이 되어 안에서 밖으로, 밖에서 안으로 몰아친다. 그러나 강타 당하는 중년 여성의 몸은 처음에 저항을 견디지 못하는 나무 등걸처럼 둔중하게 고통을 새기다가 제 리듬감을 되찾는 줄기처럼 유연하게 휘어지며 바로 선다. 다시 흔들릴 준비를 시작한다는 듯이.

실낙원 : 잃어버린 낙원? − 낙원은 있되 쫓겨난 자는 없다

어렸을 때 친척 아줌마 한 분은 어린 내게 말씀하시곤 했다. 여자는 고양이 같아야 사랑을 받는다. 가르릉거리며 남자의 시선에 제 교태를 비벼 넣고 그러다간 무릎에 달싹 올라앉아 온몸을 비벼 대는 고양이 여자. 여자는 엉덩이가 바짝 치켜올라가 암팡지게 허리 아래 붙어 있어야 미인이라는 말과 함께 원용되던 바로 그 고양이는 그러나 제 혼자 흥에 취해서 가르릉거릴 뿐, 사실 사람의 무릎을 그다지 좋아하지 않는다는 것을 그분은 모르셨을까. 일반적으로 고양이야말로 독립심 강하고 오만하기로 유명하지 않던가. 정든 사람의 체취를 쫓아 낯선 여행을 마다 않는 게 충실한 개의 속성이라면 낮이고 밤이고 제 가고 싶은 곳으로 마음껏 나다니다가 사람들이 다 이사를 가버려도 아랑곳하지 않고 제 머물던 곳에 그냥 도도하게 남아 있는 것이 고양이의 속성 아니던가.

「파리의 실낙원」 첫 장면을 간지럽히고 있는 고양이 역시 그 누구의 시선도 필요치 않다는 듯 저 혼자 스프링처럼 몸을 길게 늘였다 줄이며, 앞뒤로 교태스레 뒤척거리며, 긴 꼬리를 입으로 물어 커다란 원을 만들며 그렇게 느긋한 자족의 유희에 빠져 있다. 그러나 뒤이어 "에밀리오"를 부르며 침대 위에서 고통스럽게 몸을 뒤트는 여자의 헝클어진 머리, 어깨 아래로 흘러내리는 잠옷. 그녀의 손은 배꼽 아래에서 이상한 경직

264 ^평

된 떨림을 움켜쥐고 있다. 스스로 몸이 되고, 몸의 쾌락에 달짝지근하게 빠져 있는 고양이와 부재하는 어떤 몸의 이름을 부르며 몇 번이고 등을 활 모양으로 휘게 만들면서 고통의 격렬한 곡예에 자신을 내맡기는 한 여자의 어긋나는 욕망의 표출. 일견 심상한, 그러나 자세히 들여다볼 경우 서로 묘한 배치를 이루는 이 두 장면의 교차 편집은 중년 여성의 소위 "실패한" 사랑을 들여다보는 여성 감독의 진지하면서도 경쾌한 시선을 일시에 전달해 준다.(이 영화에서 감독 브리기테 루안 Brigitte Rouan은 주인공 디안의 역을 직접 맡고 있다.)

베스트셀러 작가를 키워내는 출판사의 중요한 자리를 차지하고 있는 디안 끌로비에는 사십대 초반. 13, 14세의 두 아이와 변호사 직업을 가지고 있는 친구 같은 남편이 그녀와 한 지붕 아래 동거하는 가족들이다. 남편과 그녀가 각각 딴 방을 쓴다고 해서 그녀의 결혼 생활에 어떤 블랙홀이 숨겨져 있을 거라고 추측하고 싶은 사람들은 자신의 경솔한 성급함을 꾸짖어야 할 터. 아침에 그녀의 침대 머리맡으로 크루아상과 커피, 오렌지 주스를 날라오는 남편, 그리고 학교 가기 전 엄마의 얼굴을 보기 위해 엄마의 침대 발치에 잠깐 엉덩이를 걸치는 두 아이. 포스터로 인쇄되어 모든 지하철역마다 붙여도 좋을 화목하고 민주적인 근대적 가족의 전형적인 모습이다.

그러나 블랙홀은 있다. 어디에? 그녀의 몸 안에, 그리고 그녀의 몸 안에 있으면서 다시 가족 속에, 그리고 결혼이라는 제도 안에. 사랑에 빠진다, 몸 안의 블랙홀에 빠진다? 그렇다면 "몸 안"의 장소는?

디안은 젊은 작가 프랑수아의 심리적, 행정적 후견인이다. 첫 소설은 성공했으나 이후 자신의 재능을 회의하기 시작하는 그를 밀어붙여 두 번째 히트작이 나오게 만들어야 한다. 에밀리오는 그런 와중에 만난 프랑수아의 룸 메이트. 물결치는 검은 고수머리에 검은 눈을 빛내는 에밀리오의 손길이 디안의 머릿결에 닿자 동화책을 펼쳤을 때처럼 매직이 시작된다. 15년 만에 다시 빠져든 사랑의 독(항아리)은 격렬하고 달콤하며 검은 윤기 반짝이는 열정의 물로 출렁인다. 구멍은 어디에도 없어 보인다. 그러나 독은 독을 품고 있던 것일까. 갑자기 디안의 때늦은(!) 육체의 개화를 비웃듯 에밀리오에게서 사랑의 열정이 흔적도 없이 사라져 버린다. 마술사의 손끝에서 날아가 버린 비둘기처럼, 그렇게 허무하게.

「파리의 실낙원」에서 사랑의 매직은 남자 파트너, 에밀리오의 손끝에서 피어나고, 마찬가지로 그의 손끝을 통해 사라진다. 사랑의 매직을 여전히 믿고 있는 디안의 벗은 몸은 갑자기 불이 환히 켜진 객석을 우두커니 바라보는 무대 위의 꼭두각시로 뒤뚱거린다. 그리고 객석 한 귀퉁이에서 남편 필립이 분노와 연민에 차서 외쳐 댄다.

"사랑에는 타협이 필요합니다. 그러나 몇몇 사람들은 타협을 거부합니다. 열정은 비극을 부릅니다. 열정이 우선적인 가치가 되어서는 안 됩니다. 분수를 가져야 하는 것입니다."

필립은 일요일 식탁에서 고기를 먹다가 포크로 남편의 목을 찔러 죽인 옆집 여자 뒤브레이 르플리쉬의 변호를 맡고 있다. 43년 동안 남편은 그녀 아닌 다른 여자를 사랑하고 있었다는 것. 그러나 르플리쉬 부인은 남편에게, 모든 것을 가진 그에게 사랑의 자유마저 주되 그녀를 버리는 권리만은(!) 주지 않기로 한다. 그 어긋난, 터무니없는 역설과 비참의 교차속에서, 남편이 그녀에게 이혼장을 보내기 전까지, 그녀는 43년을 살아왔다. 43년간 왜곡된 자존 아래 고통받은 아내를 "버릴 권리", 이 권리를 남편은 아내인 그녀에게서 구하는 대신 스스로 부여했던 것. 물론, 여기서 권리를 이야기한다는 것이 얼마나 터무니없는가, 그리고 얼마나 비윤리적인가를 논할 수 있을 것이다. 그러나 바로 이 터무니없음과 비윤리를 정교한 논리적 언어로 치장하고 은닉시키며 발달해온 것이 근대의 결혼 이념과 가족 이데올로기 아니었던가. 이제 "잘 운영되고 있던" 가족 시스템이 경련을 일으키며 초라한 허구의 속살을 내보이는 순간이 밀어닥친다. "가족"이라는 체제가 그 구성원들의 암묵적 합의와 공동 작업하에 튼실한 운영의 묘를 보이거나 세련되게 그 종말을 지연시킬 때까지 그것은 분명 허구가 아닌 하나의 실체이다. 허구를 기반으로 한, 허구를 그 핵으로 내장하고 있는 실체로서의 가족 혹은 결혼 생활. 이 블랙홀은 너무나 검고 너무나 강력한 흡인력을 지니고 있다. 이제 디안의 남편 필립은 이 블랙홀 앞에서 자신의 분노와 공포, 희망을 르플리쉬 부인의 경우를 빌어 언어화한다. (물론 그는 자신의 경우와 르플리쉬 부인의 경우가 상이한 젠더적 입장 때문에, 경제적/지적 능력의 편차 때문에 결코 동일하게 비교될 수 없다는 것까지 숙고할 여유가 없다. 이 숙고는 독자, 특히 여성 독자의 몫이다.) "사랑이 비극으로 바뀌면 죽느냐 사느냐의 문제가 된다" — 사랑이 주어로 등장하는 이 문장은 사랑이 수행되고 있는 두 꼭지점을 생략하고 있다. 사랑이 누군가에게 일어난다. 사건으로서의 사랑, 그렇기 때문에 사랑에서 주체의 자리는 텅 비어 있다. 사건이 일어나는 장소로서의 두 꼭지점이 있고, 그 꼭지점들 사이에 작동하는 힘의 경사가 있을 뿐이다.

질문은 따라서 아주 일상적으로, 건조하게 구성된다 — 도대체 사랑은 어떻게, 어떤 경우 비극으로 바뀌는가. 르플리쉬 부인의 경우, 그리고 그녀에게서 자신의 대리인을 보는 필립의 경우, 그녀/그가 믿었던 사랑/가족의 이상이 자기가 아닌 상대방으로 인해 어리석기 짝이 없는 믿음으로 전락할 때, 그러나 디안의 경우, 자신을, 자신의 몸을 여전히 거세게 밀어붙이고 있는 저 사랑의 열정이 갑자기 근거 없는 환각이 되어 버렸을 때이다.

"이십대엔 사랑이 끝나도 울 수 있지만 사십대엔 울지 못해. 정말 끝이니까", 라는 디안의 하소연은 "너는 이기적인 나르시시스트야, 날 흥분시키기만 할 뿐. 그밖에 뭘 해주었어?"와 "너 없인 못 살겠어"라는 디안의 말을 통해 절망과 모순된 격정의 충돌 속에서 합의된 바 없는 감정이입을 상대방에게 강요한다. 문제는 그 모든 것 이전에 디안의 "몸"이 에밀리오의 "몸"을, 디안의 몸에 입력된 (아직도 너무나 생생하기만 한) 어떤 경험의 기억이 ― 그 경험이 그토록 달콤하고 그토록 찬란하고, 그리고 그토록 일상적이지 않은 기적의 경이로움을 담고 있었음으로 ― 그 경험의 반복과 재확인을 원한다는 데에 있다. 그리고 또한 "부재하는" 에밀리오의 몸은 "원하고 찾는" 디안의 몸을 일순간에 형편없이 한물간, 성형 수술만이 유일한 구제책인, 매력 저 바깥에서 나뒹구는, 쓰레기 같은 잡동사니 속에나 은닉 가능한 몸으로 만든다는 데에 있다. 그렇게 그녀의 몸은 처음부터 끝까지 에밀리오의, "그"의 욕망이 새겨지는 그래픽 용지이며, "그"의 욕망이 움직이는 대로 환희의 절정과 비탄의 무저갱, 존재와 부재의 경계선을 지그재그로 넘나든다. 그리고 "그"가 아직 시간의 폭력성을 물리적으로, 바로 다름 아닌 자신의 몸을 통해 인식할 필요가 전혀 없는 젊은 아도니스이므로, 그리하여 그녀의 몸에서 벌어진 "사건"이 진정 "신기"하기에 이 경계선은 더욱 거칠고 사납다.

다시 질문은 아주 구체적으로, 명료하게 구성된다 ― 그녀의 몸에 새겨진 찬탄과 환호와 떨림의 경험이 온전히 그녀의 것이 될 수 있을 것인가.

디안이 프랑수아에게 현명하고도 인내심 있는 모성적 보살핌을 제공할 때 그 관계는 오래 지속될 수 있다. 둘 사이에는 보살피고 그 보살핌의 결과로 세인들로부터 찬사를 받을 수 있는 무언가를 생산해 내는, 모성을 기반으로 하는 관계가 전개된다. 프랑수아가 아이디어가 고갈된 채

황무지에서 성마르게 으르렁거릴 때 디안의 끈기 있는 상담과 후원은 그가 필요한 수분과 전류가 되어 그를 다시 한번 텍스트의 창조자로 만든다. 특히 사랑에 빠진 여자에 대한 묘사는 거의 전적으로 디안의 설명에 기대게 되지 않던가. 그리고 디안이 자기 모멸의 진흙탕에서 충분히 뒹굴었을 때 그녀를 햇살 충만한 그리스의 바다로 초대하는 사람이 프랑수아이다. 성적 긴장이 아닌 모성적 친밀성의 토양에서 자라는 관계의 나무는 오래 살아남는다, 조금 더 가볍고 조금 더 융통성 있는 웃음을, 소리 없이 바람결에 휘날리는 잎새들을 거느린다. 그러나 매직이 사라진 빈 무대 위에 덩그러니 결핍 덩어리로 남겨진, 늙어감의 과정 자체로만 남겨진 알몸은 그 친밀성의 웃음과 잎새를 옆으로 하고 자신의 죽음 속을 뚫고 지나가야 한다, 자신의 비탄을 완성시켜야 한다. 자기self로 살아남기 위해 디안이 사포 절벽에서 바다를 향해 뛰어내려야 하는 이유도 거기에 있다. (여기서 감독이 "사포"라는 이름의 절벽을 선택한 것은 물론 우연이 아니다. 그녀는 "여성"의 사랑 경험"들"을 가능성으로 살려내고자 한다.)

절벽이, 절벽 위에 서 있는 그녀의 몸에서 말이 되어 나오지 못하는 충일과 결핍의 파고가 그토록 높아서일까, 허공에 붕 떠오른 그녀의 몸이 바다 속 깊숙이 빨려 들어갈 때까지 시간은 멈추어 있는 듯 오래 우리의 망막에 머물러 있다. 그리고 우리는 프랑수아와 함께 숨막히는 우려와 기대의 몇 초간을 보낸 뒤 환한 웃음을 반짝이며 솟아오르는 디안을 만난다. 그 웃음에는, 그녀가 에밀리오와 나눈 사랑이 거짓이나 단순한 환각으로 무화될 수 없는 그녀의 경험이었음을 확인하는, 결핍과 비천함 뒤에서 몸을 뒤틀고 있는 환희와 절정, 기쁨, 행복의 감각들에 경쾌하게 손을 내미는 자기 긍정성이 빛나고 있다. "이십대에 사랑이 끝났을 때에는 울 수 있지만 사십대에 사랑이 끝났을 때에는 울 수 없어, 마지막이거든" — 이 말은 이제 유쾌한 수사학적 반어법 놀이가 되어 화면 위로 떠오르는 크레디트 활자 사이를 팔랑거린다. 죽음의 통과 제의를 거쳐 다시 삶으로 돌아온 그녀에게 몸 속에 깃들여 있는, "그녀의 것"인 그 기억들은 그녀가 사십대, 오십대, 육십대를 눈물, 콧물 펑펑 흘리며, 욕망에 몸을 뒤척대며 넘어갈 때마다 자신의 몸을 긍정적으로 바라볼 수 있는 여유로운 눈이 되어줄 테니까.

스스로 사랑하고 사랑받는 몸이 되어, 스스로에게 교태와 애교를 보이며, 스스로 만족하여 가르릉거리는 고양이 한 마리, 유희에 몰두하는 털 위로 뽀시시하게 노란 햇살이 떨어진다.

70년대 후반, 스무 살에 보부아르의 『위기의 여자』를 읽은 나는 90년대 말, 43세에 「파리의 실낙원」을 보면서 그때 그랬던 것처럼, 사랑의 밀어닥침과 밀려감, 결혼과 결혼 속의 "그"에 대한 믿음의 실체와 허구, 그 광포하고 잔인한 폭력의 와중에서 여자가 자신의 경험을 빼앗기지 않는 방법을 질문하고 있다. 그러니까 질문을 바꾸자는 것이다. 여성의 성적 정체성이 부정성이 아닌 긍정성으로 표현될 수 있는가, 여성이 성적 주체가 될 수 있는가의 질문에서, 여성이 자신의 몸 경험을, 그것이 어떤 것이든간에 자기 것으로 소유할 수 있는가, 라는 질문으로 말이다.

(이런 면에서 볼 때 영화 「파리의 실낙원」은 자신이 겪은 경험을 자신의 것으로 쟁취하기 위해 전력 투구하는 한 "중년" 여성의 지적 노력과 감정의 다양한 층위를, 때론 키치가 될 위험성까지도 감수하면서, 노골적으로 솔직하게 보여 주는 대담성을 지닌다. 예컨대 갑자기 너무나 낯설고 밋밋한, 아니 거의 밍밍한 얼굴로 자신을 대하는 "그"와의 분명 "있었던", 그러나 이제는 "없다고 주장되는" 그 사랑의 실체를 파악하기 위해 그녀는 사랑을 기술한 "고전적" 텍스트들을 눈물로 범벅이 되어 낭송하는가 하면 프랑수아와 에밀리오가 사는 아파트 문 밖에서 똥을 누고 돌아가기도 한다.

어두운 복도에 홀로 서 있는 디안. 안에서는 왁자지껄 파티가 벌어지고 있다. 그들은 저 문 안에서 한편인 것. 그녀는 문 밖에 똥을 싸놓고 돌아간다. 이 똥은 "버림받은" 몸의, 그러나 결코 지워지려 하지 않는 욕망의 존재를 알리기 위해 디안의 몸 밖으로 빠져 나온 바로 그 몸과 그 욕망의 일부이다. 그녀가 싸놓고 간 이 검은 똥덩어리는 멜로 드라마의 장르적 관습에 따른 여성 주인공의 사랑 기술 방식에 고집 센 저항을 보이면서 변태적이고 전복적인 힘을 어떤 한 응축된 기표로 작용한다.)

육체들의 접속 방식을 가르쳐 드립니다 : 「육체의 학교」

영화 「육체의 학교」는 좋은 환경과 상류층의 교양 및 사교 맥락, 확실한 직업, 그리고 여전히 타인의 시선을 끌어당기는 몸을 가지고 있는 사십 세 정도의 중년 여자가 열악한 환경과 주변부 계층의 거친 문화, 명명될 수 없는(!) 직업, 그러나 권투 훈련을 통해 단련된 "보기 좋은" — "바라 보기에 좋더라!" — 몸을 가지고 있는 25세의 젊은 남자를 사랑의 파트 너로 "선택"하는 문제를 다루고 있다. "그녀"의 선택. 이 선택은 사랑의 실현으로 이어지는가, 도대체가 이어질 수 있는가, 영화는 이 질문을 던 지고 거기에 대한 대답을 찾아보는 학교 수업이다.

남자는 권투 선수이고 게이바에서 바텐더로 일하며 원하는 사람이 있 을 경우 "일이 없는 목요일"을 그 사람을 위해 할애해 줄 수 있다. 뿐만 아니라 더 큰 단위의 돈을 위해 가끔 늦은 밤 "특수 지역"에 서 있기도 한다. 남자는 자신에 대해 말하는 것도, 상대방의 말을 듣는 것도 즐기지 않는다, 아니 용납하지 않는다. 그에게 익숙한 것, 중요한 것은 언어가 아 닌 몸의 교환이다. 그를 선택하는 여자도 이것을 분명히 알고 있다. 칵테 일을 만들기 위해 술병을 흔들고 있는 그와 눈이 마주쳤을 때 여자의 선 택은 이미 입 안에서 맴돌고 있는 칵테일의 맛만큼이나 질료적이고 선명 하다. 의상 전시회를 기획하는 그녀에게는 아름답고 보기 좋은 몸을 알 아보는 훈련된 감식안이 있던 것.

그러나 선택의 출발점이 분명했다 하더라도 선택은 자꾸 그 실현이 지연되면서 다른 가능성을 꿈꾼다. 욕망은 육체보다 멀리 나아가지 않는가? 아니 육체라는 영토 자체가 이미 한없이 확장되었다가 무자비하게 축소되는, 경계이면서 경계를 지우고자 하는 수수께끼 기계 아니던가?

　　거칠고 낯선, 근육이 잘 발달된 훈련된 몸 외에는 그 어떤 것도 실존적 근거로 상상할 수 없는 남자를, 자신의 육체를 세포마다 한없이 부풀어 오르게 하는 몸과 섹스를 가진 저 젊은 남자를 자신의 세련된 문화적 삶의 자장 안으로 끌어들이려 하는 도미니끄(이자벨 위페르 역)의 노력은 위태롭게 흔들리고 언어 없이 반복되는 눈물로 짙은 얼룩을 드리운다. 매혹이 일방적이었던가? 아니, 그렇지는 않다, 그도, 그녀처럼, 그녀만큼, 매혹의 끌림을 느낀다, 그러나 이 끌림을 더 분명하게 느끼면 느낄수록 그는 버팅긴다, 여자가 눈물 흘리는 것을 내버려둔다. 그는 자신의 자리가 집게손가락에 의해 선택된 사람의 자리라는 것을 결코 잊을 수가 없기 때문이다. 도미니끄가 그의 통장에 매달 입금시키는 "용돈", 그가 일하는 바의 주인과 동료에게 그 몰래 갚아 주는 빚 등은 그녀에게 다가갈 수 있는 통로가 그에게는 처음부터 주어져 있지 않음을 명시적으로 보여 준다. 혹은 역으로 이렇게 말할 수 있으리라. 그와 내밀한 관계를 맺으면서 그녀처럼 그에게 "용돈"을 지불하던 중년 남자(변호사)를 만나고, 허름한 레스토랑에서 일하는 그의 어머니를 돕고 싶다고 제안을 하게 만드는, 그야말로 하자 없는 슈거 대디의 역할을 수행해 내는 그녀의 위치는 그에게 다가가는 그녀의 통로를 처음부터 너무 단순한 것으로, 그래서 불가능한 것으로 만들어 버린다고. 퀸틴은 그래서 여전히 밤에 특수한 거리에 서 있곤 함으로써, 그 일이 끝난 새벽에 "동료"를 둘의, 아니 그녀의 거주지로 데려옴으로써, 욕실을 제공함으로써, 그녀가 울게 만든다. 대단히 교양 있는, 아무리 육체의 함성이 크게 울린다 해도 자신에 대한 신뢰와 예의를 절대 포기할 수 없어 분노의 소리도 지르지 못한 채, 천박한 화도 내지 못한 채 소리 없는 눈물 줄기를 흐르게 하는 그녀를 완전히 이해하지 못한 채 장난기와 복수 어린 시선으로 바라본다. 퀸틴은 기왕에 있는 상처 외에 또다른 상처는 받고 싶지 않다, 그러나 때로 저 상처의 근원지를 망각할 수 있는 위안을 받고 싶어한다, 그래서 도미니끄에게 묻는다. 팔 하나가, 다리 하나가, 혹은 신체의 중요한 부분이 떨어져 나가도 그를 사랑해 줄 것이냐고. 그러나 그의 질문과 "사랑할지는 모르겠지만, 계속 돌보아줄 것"이라는 도미니끄의 대답은 이어지는 정열적인 한 편의 섹스에서 제 생명을 다할 뿐, 결코 두 사람 관계의 블랙홀을 덧칠할 수는 없다.

도미니끄는 지속적인 관계, 자신이 상상하고 꾸미고 이끄는 관계 속에 그가 영입되기를 희망한다, 그를 자신에게 걸맞는 자신의 연인으로, 동반자로 변형시킬 수 있다고 믿는다. 그러나 퀸틴은 차라리 집안 좋은 어린 십대와 결혼함으로써 "근본적"인 실존 상황의 변화를 꾀하는 것에 도박을 건다. 두 몸이 위치해 있는 이 모든 조건과 희망, 계획과 고려를, 즉 그 이전과 그 이후를 괄호친 상태에서만, 그때마다의 일회적인 욕망에만 (귀가 아닌) 몸을 기울일 때만 두 사람은 상대방의 몸을, 몸에서 구현되는 사랑을 사랑할 수 있다. 그러나 "그 이전"과 "그 이후"는 여전히 막강한 실체로 존재한다. 여자가 궁극적으로 남자에 대한 욕망을 거두어들일 때 남자는 이 관계에서 단 한번 자신의 열정에 긍정의 언어를 부여하며, 자신의 사랑에 복속하고자 한다: "결혼하지 않겠어, 당신 곁에 남아 있겠어, 사랑해!" 이전과는 다른 내용으로 저항하며 주장한다:"나는 할 수 있어!" — 그러나 그가 할 수 있는 게 무엇인가? "나는 다시 할 수 있다"며 셔츠를 벗는 그를 바라보는 그녀와, 그녀의 시선을 경유해 그를 바라보는 동시에 다시 그와 그녀를 함께 응시하는 관객을 사로잡는 불가능의 인식. 그녀를 향한 그의 사랑은 오직 그의 몸에서만, 몸을 통해서만 실현

가능하다. 그가 셔츠를 벗을 때, 그의 드러난 맨몸은 바로 그것이 그녀에 대한 그의 사랑의 불가능성이었음을 웅변적으로 증거하는 장소가 된다. 이제까지 그토록 확실히 알고 있던 그 사실을 관계의 마지막 종결 시간에 완전히 거꾸로 인식하는, 인식하고 싶어하는 그의 비애가 쓸쓸하게 전시되는 무대가 되어 버린다. 남겨진 것은 갑자기 너무나 가난하게 얇아진 그의 벗은 몸. 그 몸은 그녀의 욕망이 그토록 가 닿고 싶어한 곳이지만 이제 동시에 가 닿을 수 없음의 인식이 환멸로 분명해지는 경계이기도 하다. 여기서 환멸을 느끼는 주체는 누구인가, 왜 환멸인가.

영화 「마고」에서 여왕 마고는 이른 새벽 망토를 두르고 가면을 쓴 채 몸을 나눌 대상을 찾아 막 어수선하게 깨어나기 시작하는 저자거리를 헤맨다. 그녀는 선택하고 그 선택된 몸을 잠시 빌어 욕망을 채운 다음 빠른 걸음으로 그곳을 떠난다. 떠남과 함께 욕망의 자리는 지워지고, 명명될 필요조차 없었던 욕망은 다시 그녀의 선택권 안에 보관된다. 얼굴을 보지 않는 한, 이름을 묻지 않는 한 환멸은 없다. 어차피 비존재와 허구를 전제로 한 효과일 뿐이기 때문에. 그러나 얼굴을 보고 싶어할 때, 이름과 이름에 새겨진 시간의 역사를 질문하고 싶어할 때, 지속성을 상상하기 시작할 때 효과와 허구는 환멸로 자신의 모습을 드러낸다. 그리고 그 선택이 높은 지위를 가진 여자에 의해 낮은 위치에 있는 남자를 향해 일어날 때 그 불가능성의 환멸은 더욱 근본적이고 더욱 극심하다. 역사가 직조해온 가부장제의 남성 판타지는 이런 권력의 실현에 한번도 진지한 상상력을 부여한 적이 없기 때문이다.

육체의 학교에서 우리는 육체에게, 육체를 움직이는 욕망 그 자체에 자율권이 없음을 배운다. 인식은 놀라움의 기쁨도 주지만 놀라움의 환멸도 주는 법. 결국 실패로 끝나고 만 신분 변환, 혹은 그에 따른 존재 변환

시도의 결과로 남겨진 아이를 팔에 안고, 깍지 않은 수염 때문에 조금 산만해 보이는 얼굴로 퀸틴이 도미니끄 앞에 다시 나타났을 때 그녀는 지속성을 그 담보로 삼고 있는 어떤 남자와의 관계 속에 있었고, 한번 "육체의 학교"에서 수업을 받은 그녀에게 자신의 근무처를 알려주는 퀸틴의 얼굴은 더 이상 클로즈업될 "그 남자"의 얼굴이 아니다. 생의 중반부에 그녀를 휘몰아쳤던 위기의 열정, 그 흔적을 바라보는 그녀의 시선은 차분하고 알맞은 중간 높이에 걸쳐져 있다. 평정을 되찾은(?) 몸과 마음을 가리키듯 옷차림과 머리 모양도 안정된 조화의 둥근 분위기를 연출하고 있다. 사납고 거친 사각 지대에서 "주어온" 젊은 남자의 배 위에 올라타 숨가쁜 높낮이의 곡선을 그리던 그녀의 하얀 등은 더 이상 거기에 없다. 그러나 없을까? 어차피 그 등은 그녀의 몸이면서, 그녀의 몸 바깥 — 그녀의 몸을 비추는 다른 타자들의 몸 — 이기도 했던 것, 언제 그 바깥이 다시 안이 되어 그녀의 등으로 활 곡선을 만들지, 그것은 알 수 없는 일이다. 중요한 것은 그 "사건"의 사건됨을 두려움 없이 들여다보고 부인하지 않는 것이리라. 퀸틴이 가버리고 난 후 그녀의 현재 파트너가 "아는 사람인가?" 라고 물었을 때 동요 없는 몸짓으로 차에 오르며 "얘기해 줄게"라고 말하는 도미니끄. 이렇듯 그녀는 자신의 경험을 지워 버리지 않고 있고, 그 서사를 숨길 생각도 없어, 자칫 진부하게 먼지처럼 흐트러질 위험에 처한 이 "냉정한" 멜로 드라마의 마지막 장면을 살려 놓는다.

1958년생으로 「벤야민의 카프카 읽기」로
박사논문을 썼다. 소설·시·영화를
즐겨 읽고 보며, 여자 친구들과
담론 만들기를 좋아하고, 여성주의 시각이
섬세하게 스며들어 있는 정교한 글을 쓰고 싶다.

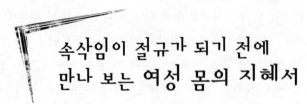

속삭임이 절규가 되기 전에
만나 보는 여성 몸의 지혜서

『여성의 몸, 여성의 지혜』
크리스티안 노스럽 지음, 강현주 옮김, 홍성환 감수, 2000, 한문화

정희진

'육체 분석학'적 심리서

『여성의 몸, 여성의 지혜』는 건강 주식회사 「단학선원」과 단군상 건립 운동을 주도하고 있는 한문화 그룹에서 출판한 책이다. 그런 이유에서인지 이 책은 "페미니스트" 서적으로서는, 별로 평가받지 못한 듯하다. 또 2만 원이라는 가격, 600쪽이 넘는 분량, 어떤 남성 독자의 표현대로 "좋은 책인 거 같긴 한데 계속 똑같은 얘기를 반복해서 끝까지 읽는 이가 없을 것 같다." 그러나 나는 서평을 쓰기 위해 책을 빌렸다가 아예 사 버렸고, 단숨에 마지막 장을 덮었다. "갑자기 시험 공부 하냐!"는 친구들 말대로 줄쳐 가며 읽었고, 몸과 마음과 머리가 동시에 움직임(감동)을 느꼈다. 늘 여기저기 아프고 항상 자신의 체중에 대해 불만이며, 이제는 이십대처럼 몸을 부릴 수 없으며 세상이 온통 지뢰밭처럼 느껴지는, 서른을 훌쩍 넘겨서도 인생을 어떻게 살아갈지 막막한 여성이 나 말고도 또 있다면, 이 책은 그들에게도 생명서, 복음서가 될 것이다.

아마도 책을 읽지 않은 출판 담당 기자들에 의해 씌어졌을 신문의 서평란들은 이 책을 주로 "여성 건강서"라고 소개하고 있으나 실은 그 이상이다. 여성 건강서와 여성주의 건강서의 의미는 분명 다른 것이다. 내가 보기에 이 책은 『우리 속에 숨어 있는 힘 — 여성주의 심리 상담』(미리암 그린스팬, 고석주 역, 1995, 또 하나의 문화)의 업그레이드 버전으로 일종의 "육체 분석학"적 심리서이다. 다른 근대적 사상들과 마찬가지로 결정론, 환원론이라고 비판받으며 매력을 잃어가고 있는 "정신" 분석학적 접근과는 달리, "육체 분석학"은 여성의 몸이 문화적 전쟁터라는 사실을 드러내 주는 데 매우 유용하다.

가부장제 사회에서 여성 문제란 각종 산부인과 질환에서부터 우울증, 자기 비하, 이중 노동, 다이어트, 여성에 대한 폭력violence against women에 이르기까지 결국 여성 건강의 문제이고 이것은 어느 한 가지 사회적 문제가 해결된다고 해서 치유되는 성질의 것이 아니다. 저자 자신이 이 모든 "여성적"인 병들의 경험자이기도 한 산부인과 의사 크리스티안 노스럽은, 이러한 모든 문제가 여성이 몸을 매개로 사회와 관계 맺는 과정이며 결과라고 본다. 알코올 중독에서 회복한 남성과 결혼한 뒤 만성 질염으로 고생하는 여성이 있었는데 어떠한 치료법도 효과가 없었다. 결국 그녀 스스로 병의 원인을 찾아냈는데, "남편은 결혼 후 하루도 거르지 않고 섹스를 했어요. 내 몸이 술병이었던 거예요. 알코올 중독이 섹스 중독으로 바뀐 거예요. 남편은 술을 마시듯 섹스를 했던 거지요. 나는 남편의 뜻을 따라 주는 것이 아내로서 의무라고 생각했거든요." 이처럼 여성의 병은 구체적인 인간 관계, 사회적 권력의 상호 관계로부터 오므로 그것을 변화시키지 않으면 단지 약물, 수술과 같은 "성능 좋은 총"으로는 문제를 해결하기 어렵다는 것이다.

병과 함께 살아간다

어느 젊은이가 몸에 이상이 느껴진다며 대학 병원을 찾았는데 각종 혈액 검사, 소변 검사 등 종합 검진을 받았으나 정상이라는 판정을 받았다. 그러나 며칠 후 너무 힘들었던지 다시 병원을 찾아와 입원 치료를 원하였으나 검사 결과가 정상이었기 때문에 입원할 수 없었다. 그는 집으로 돌아간 다음날 사망했다. 이 책의 감수자인 한국 의사의 이 사례는 "의사의 권력은 환자의 고통에서 나온다"는 현대 의학이 한계에 다다랐음을 말해 준다. 이제 의사는 환자의 고통을 느끼지도, 알아낼 수도 없는 것이다. 숨쉬기조차 힘들었던 이 젊은이가 모든 의학적 검사에서 정상으로 나온 것은, 의학 기계로 몸의 이상이 감지되기 위해서는 병이 어느 정도 진행되어야 하기 때문이다.

저자는 질병을 몸이 보내는 메시지라고 본다. 그녀는 몸의 반응보다는 의료 기기의 수치를 "객관적" 자료로 삼는 현대 의학에 대한 맹신, 남성 중심적 의학과 의료 체계에서 고려될 리 없는 "여성적" 질환들과 고통, 남성에 의한 처방의 위험성과 이러한 현실이 여성의 몸을 통해 어떻게 드러나는가를 그야말로 소름끼치도록 묘파하고 있다. 이러한 통찰은 그녀가 20년 동안 여성들을 진료하면서 얻은 페미니스트 시각의 "우월성"을 보여 준다. 현재 대부분의 여성 건강 문제는 "바이러스의 침투"에 의한 것이라기보다는 육체와 이성의 위계화된 이분법에 기초한 몸에 대한 혐오에 기인한다. 이 책은 그간 자연 요법, 민간 요법, 동양 의학 등 다양한 이름으로 불려 왔던 대안 의학에서 오래 전부터 주장되어온 질병에 대한 새로운 관점을 여성의 입장에서 더욱 확고히 하고 있다.

티벳 의학에서는 질병을 인생의 친구로서 인간은 병과 함께 살아간다고 본다. 즉 병은 건강한 상태와 적대적 모순 관계에 있는, "적발"하여 없애 버려야 하는 적이 아니라 자신의 심리적 육체적 건강 상태, 해결하지 못한 문제를 알려 주는 표시라는 것이다. 이런 의미에서 병은 인간 내면의 인도자로서 이제까지의 일과 인간 관계, 생활 습관을 점검, 제거하라는 몸의 호소인 것이다. 그러므로 진짜 문제는 병 그 자체라기보다는 병이 전달하려는 메시지를 무시할 때 발생한다. 하지만 현대의 가부장제 사회(저자의 표현에 의하면 "중독된 사회")는 몸을 뇌에 종속된, 뇌의 명령에 의해 움직이는 것으로 파악한다. 남성 중심 사회를 살아가야 하는 여성들은 자기 몸의 메시지를 "있는 그대로" 느끼기보다는 참는 데 훨씬 익숙하다. 왜냐하면 가부장제 사회에서 여성의 고통 경험은 여성 중심적으로 해석되지 않기 때문이다. 여성 몸의 경험을 해석할 언어가 없고 따라서 드러내기 어렵다. 석 달을 기다려 3분 진료하는 한국의 의료 현실에서 여러 병원을 전전하면서 아픈 자의 설움을 톡톡히 느껴본 여성이라면, 병원에서든 일상 생활에서든 자신의 몸이 함부로 다뤄진 경험이 있는 여성이라면, 이 책을 읽으면서 자기 연민과 분노를 느낄 것이다.

사람들은 자기 몸의 내면의 인도자를 만나기 전까지는 다른 사람의 존재를 통해 자신의 존재를 확인한다. 특히 여성들이 자기애와 몸에 대한 긍지를 가지지 못하게 하는 사회에서, 여성들은 자신의 몸에 긴장과 적개심을 쌓으면서까지 다른 사람의 요구에 고분고분 반응해야 한다고 배운다. 다른 사람의 요구에 대해 직접적인 분노를 표현하는 것에 죄책감을 느끼기 때문에 자신의 몸이 육체적인 질병을 통해 분노를 표현하도록 방치하는 것이다. 저자에 의하면, 몸의 메시지를 기꺼이 받아들이겠다는 마음가짐은 질병을 조절하여 그 의미를 정확하게 파악하겠다는 태도와는 다르다. 전자는 치유인 반면 후자는 조작(통제)이다. 마음의 문을 연다는 것은 질병과 대화를 나누겠다는 뜻이다. 물론 그때 대화의 언어는 자신의 감정과 통증이다. 이 통증은 "고통을 제거하기 위한 고통"으로 몸은 그것을 받아들인다.

자궁은 아기를 키우거나 암을 키우는 곳?

아마 이 책의 (여성)독자들에게 가장 놀랍고 흥미로운 것은 기존 의학에서 여성의 신체 기관, 여성의 병에 대한 정의를 저자가 여성의 관점에서 전복적으로 해석한 점일 것이다. 아니 그다지 "전복적인" 해석일 이유도 없다. 여성의 관점에서 보면 너무도 당연한 것이다. 예를 들어 산부인과학에서 자궁은 출산의 역할 외에는 별로 연구된 적이 없다. 자궁(子宮)은 여성의 신체 기관이라기보다는 글자 그대로 누군가를 위한 집으로 간주되며 그 역할을 수행했을 때만 가치를 인정받아 왔다. 출산기가 이미 끝났거나 더 이상 아이를 갖지 않기로 결정했다면 현대 의학은 자궁이 고유한 가치를 잃어 버린 것으로 간주한다. 난소 역시 같은 취급을 받고 있다. 이것이 바로 자궁 적출술이 제왕 절개술 다음으로 널리 시행되고 있는 외과 수술이 된 이유라고 한다.

이 책에 등장하는 사례들은 지난 수 천년 동안 남성을 위한 여성의 삶이 여성 건강에 어떤 영향을 미쳤는지를 생생하게 보여 준다. 가부장제 사회에서 남성은 노동자, 시민, 국민으로서의 정체성이 우선시되는 데 비해 여성의 정체성, 인격, 노동의 내용은 아내, 어머니, 딸 등 성 역할과 동일시된다. 여성이 성 역할로서만 정의된다는 것은 실상 여성의 몸이 남성 개개인과 가족, 민족, 국가 등 남성들의 공동체를 위한 기능으로서 소용됨을 의미한다. 그리고 이러한 상황은 여성의 건강이 남성을 위한 삶을 살아야 한다는 여성 자신의 심리적 문제와 얼마나 깊은 연관이 있는가를 깨닫게 한다. 이 책이 명상서, 심리 치유서라고 불리는 이유가 여기 있다.

여성의 지혜로서 여성의 몸은 각 위치마다 기호적인 의미를 갖는다. 요로와 방광은 감정을 표현하고 분출하는 능력이며, 자궁경부와 질은 친밀함에 대한 분별력과 건강한 한계를 설정하는 능력, 난소는 외부 세계를 향한 창조적인 욕구를 상징한다. 그러므로 대인 관계에 감정 흐름의 정체와 의존성은 만성적인 요로 감염과 방광염을, 외부의 권위와 승인에 대한 집착은 난소 기능의 이상을 가져오기 쉽다. 해결하지 못한 과거의 감정적, 정신적 상처 해결 과정에 대한 두려움은 홍조와 우울증, 심계항 진, 불안, 건망증으로 나타난다. 여성의 분노 표현은 사회적으로 처벌받기 쉬우므로 여성들은 분노의 내사(introjection, 자기 탓으로 돌림)된 형태인 우울증을 앓는다. 같은 방식으로 외음부, 질, 자궁경부에 나타나는 각종 질환은 섹스가 여성의 쾌락과 상관없이 의무라고 강요되는 사회에서 허락될 수 있는 여성들의 성행위 거부 방식, 저항 행위이다. 즉 이러한 부위의 질환들은 여성이 건강하지 못한 관계를 변화시킬 용기가 부족할 때, 사랑하거나 존경하지 않는 사람과 지속적으로 성관계를 가질 때 나타난다는 것이다.

그래서 이 책은 일종의 여성 질병의 사회사(社會史)이다. 사례로 등장하는 여성들의 병력(病歷)을 보면 인간의 몸이 얼마나 사회적 권력 관계와 이에 대응, 저항하는 개인 심리의 반영인지를 알게 된다. 어떤 병이 집안 대대로 전해 내려온다면 여기에는 단지 유전자적 요소뿐 아니라 집안 대대로 내려오는 어떤 태도와 관련이 있다. 그래서 난소암 내력이 있는 집안에서 난소암에 걸리지 않는 여성들을 보면, 그들은 대체로 가족으로부터 멀리 떨어져 지내는 경우가 많다는 것이다.

여성의 병의 근원, 여성에 대한 폭력

어떤 의미에서 앞서 언급한 남성 독자 혹은 여성의 삶의 경험에 무지하거나 여성의 고통에 무관심한 독자에게 이 책은 시간 낭비가 될 수 있다. 대개 그들은 이 책의 내용이 반복적이라고 느끼는데, 한편으로는 일리 있는 지적이다. 왜냐하면 처음부터 끝까지 이 책에 등장하는 거의 모든 사례에서 "결국 그 문제였군"으로 등장하는 것은, 여성들의 폭력 피해 경험이기 때문이다(이것은 저자가 주로 산부인과적인 질환을 다루고 있기 때문이기도 하다). "여성 문제로 흥분하는 여자들은 언제나 여자들이 성폭력 당한다고 떠든다"는 불평처럼 사실 여성에 대한 폭력 문제는 이 문제를 말하는 사람, 듣는 사람 모두를 불편하게 한다. 모두가 외면하고 망각하고 싶은 문제인 것이다. 그러나 그것이 "실제로" 대부분 여성의 삶을 지배하고 여성의 건강에 영향을 미치고 있음을 어찌하랴. 여성 건강 문제를 여성 폭력gender violence 문제로 환원하려는 것이 아니라 "진짜로" 많은 여성들이 폭력에 노출되어 있는 것이다. 드러나지 않을 뿐이고 그래서 우리가 믿을 수 없을 뿐이다.

솔직히 말해 나 역시 10년 가까이 성폭력, 아내 폭력(가정 폭력) 피해 여성들을 상담하고 공부해 왔음에도 불구하고, 여성들 병의 "저 깊은 곳의 원인"이 폭력 피해 경험이라는 이 책의 내용에 놀라지 않을 수 없었다. 여성의 경험이 아무리 상처이고 폭력이고 분노인들, "그런 일 없다"는 남성의 언어 앞에서는 의미 없고 무기력하다. 따라서 여성들은 끊임없이 자기 경험을 의심해야 하는 분열적인 상황에 놓이게 된다. 영화 「매그놀리아」를 보았는가? 어렸을 적 아버지에게 성폭행 당한 주인공은 아버지가 계속 "너의 상상"이라고 하자, 외로운 벌판에 혼자 서 있는 그림을 그려 놓고 "But, it is happened(그 일은 있었다)"라고 쓴다. 저자는 여성 스스로 자신의 병에 이름 붙이기를 권한다. 치료든 치유든 그 과정이 해결의 첫 단계라는 것이다.

아마도 저자가 남성이었다면 이 여성들의 "비밀"은 드러나기 어려웠을 것이고 병의 치유도 힘들었을 것이다. 저자는 수많은 임상 경험 끝에 어떠한 외과적 치료나 약물, 호르몬 치료, 식이 요법으로도 치유되지 않는—흔히 현대 의학의 한계라고 한탄하게 되는—여성 질환을 알게 되었다. 결국 그녀는 자신을 찾아온 대부분 여성들의 병이, "의사"와 "환자"의 관심을 "범죄 현장"으로 되돌릴 때만이 근본적인 치유를 할 수 있다는 것을 깨닫게 된다. 여성들의 흔히 "생활 습관"이라고 불리는, 남성과의 중독적 학대적 관계로 인한 분노와 슬픔, 걱정, 죄책감, 두려움, 우울증을 다루지 않고는 병이 치유되지 않는다는 것이다.

"조폭" 사회를 뚫은 의사가 쓴 책

순전히 나의 개인적인 생각이지만 시비 여부를 떠나 최근 우리 사회의 의약 분업 논란으로 인해 드러난 "재미있는" 사실 중의 하나는, 의사들 스스로 "조직 폭력배"라고 자조하는 의사 사회의 보수성과 폐쇄성, 폭력성이다. 이는 자신을 드러내기 두려워하는 혹은 자신이 누구인지 모르는 집단의 특성 중의 하나인데, 이 책을 보면 미국이라고 해서 별로 다르지 않은 것 같다. 특히 저자가 성공한 "여자" 의사로서 살아남기 위해 겪어야 했을 신산 고초는 짐작하고도 남음이 있다. 현재의 의료 체계에서 대부분의 의사들은 같은 병을 앓고 있는 환자끼리 동호 모임을 만든다거나 환자가 지나치게 자신의 병에 대해 많이 아는 것을 싫어한다. 이는 곧 질병이 의사의 통제 밖에 있다는 것을 의미하고 그것은 수입 감소로 연결된다. 현대 사회에서 의사와 환자는, 환자가 의사에게 자신의 몸을 내맡기듯 의사 역시 자신의 권위, 정체성을 환자의 고통에 의존하는 정의롭지 못한 공의존적 관계를 지속하고 있다.

『여성의 몸, 여성의 지혜』가 "정통" 서양 의학을 공부한 의사에 의해 씌어졌다는 사실은 이 책이 대중적인 권위와 설득력, 의사 사회 내부에 파급력을 가질 수 있는 가장 큰 장점일 것이다. 이 책을 읽은 미국의 독자들은 저자에게 "사실 이 내용들은 오래 전부터 우리(환자)들이 알고 있던 것들이에요. 하지만 의사인 당신이 이런 책을 썼다니 놀랍군요"라고 말했다고 한다. 이 책은 현재 미국에서 간호학과 의학 분야의 교과서

로도 널리 활용되고 있다. 따라서 신체 각 부분에 대한 "전문적인" 설명
이 곁들여져 있어 비전공자에게는 쉽게 읽히지 않는 대목도 있고, 다른
대체 의학자들이 동의하지 않은 부분들도 많다. 예를 들어 저자는 복합
비타민의 사용을 적극 권유하고 있으나, 이는 인체의 비타민 자연 생성
능력을 저해한다는 주장도 나오고 있다. 결국 이 책의 내용이 모두 "진
실"은 아닐 것이며, 오히려 이 책의 가장 큰 미덕은 독자들마다 자기 몸
의 이론을 스스로 만들어 내자는 영감을 주는 것이라고 생각한다. 이는
궁극적으로 여성이 자기 몸에 대한 통제권을 획득하는 것 ─ 가부장제의
종식! ─ 과 맞닿아 있다.

1967년생으로 여성학을 공부하였으며 여성 인권과
여성에 대한 폭력, 한국 현대사 등에 관심이 많다.
현재 여성과 인권 연구회에서 일하고 있다.

285

연 성은 우리에게 무엇인가? 우리는 진정으로 성에 대한 이야기를 해왔는가? 이 시대에 성은 인간을 억압하는 또 하나의 강력한 이데올로기가 아닌가? 젊은이들의 방황과 아픔, 그리고 사랑과 성의 이야기를 통해 독자들은 자신들이 그 동안 자신의 삶을 돌아보는 일을 얼마나 등한히 해왔으며, 자신의 삶과 육체를 사랑하지 않고 내버려 두었는지를 절감하게 될 것이다. 성이 따뜻하고 정겨운 언어로서 이야기될 수 있음을 보여 주는 책이다.

「또 하나의 문화」 제9호
여자로 말하기 몸으로 글쓰기
이 책은 말하기 행위의 정치성을 주제로, 침묵을 포함한 '말'과 백지로 남겨둔 '글'의 문제를 다루고 있다. 직접적 박해와 간접적 회유 속에서 여성은 어떻게 자신을 표현하여 왔는가? 때로 침묵하며, 망설이며, 말 같지 않은 말을 되풀이하며, 저항하며, 또 자신을 감추며 살아왔는가? '말없음'에서 '말찾기'까지, 여성이 자신의 체험을 자신의 것으로 만들기 위해 말을 살려 내는 방법에는 어떤 것이 있는지를 탐색하고 있다.

「또 하나의 문화」 제10호
내가 살고 싶은 세상
「사회 운동과 나」라는 특집 주제 아래 모은 개인들의 운동 이야기는 열세 살에서 예순 살까지, 여자에서 남자까지, 중상층에서 하층까지 갖가지 삶의 조건 속에 살고 있는 사람들의 "자기 이야기"이면서 역사이다. 「또 하나의 문화」가 10년 동안 해온 활동이 부록으로 실려 있으며, 이 책 군데군데에는 책 제목 「내가 살고 싶은 세상」을 주제로 한 짧은 글귓기도 실려 있다.

「또 하나의 문화」 제11호
새로 쓰는 결혼 이야기·1 (안에서)
한 여자와 남자가 만나서 사랑을 한다. 영원히 사랑하며 행복하자고 결혼을 한다. 우리가 즐겨 본 할리우드의 영화는 여기서 막을 내린다. 현실 세계로 돌아온 그들은 어떤가? 결혼 경력 2년에서 30년에 이르는 다양한 세대의 여자와 남자가 자신의 결혼 이야기를 풀어냈다. 결혼이라는 틀 속에서 보이는 또는 보이지 않는 압력에 맞서며 밀고 당기면서 자신의 자리를 찾아가고 있는 이들의 이야기와, 신세대 시어머니와 며느리들의 동상 이몽, 여자와 남자 모두를 소외시키고 의사 소통을 불가능하게 하는 공간의 문제, 가정/공공 영역의 이분화를 강화시켜온 우리의 현대사 이야기가 실려 있다.

「또 하나의 문화」 제12호
새로 쓰는 결혼 이야기·2 (밖에서)
결혼을 좀더 포괄적으로 이해하여 관계의 미학으로 끌어가려는 시도를 하고 있는 다양한 세대의 여자와 남자가 각자 선 자리에서 만들어 가는 삶의 이야기를 풀어냈다. 이 글에서 우리는 기존의 결혼 제도를 넘어서고 싶어하는 젊은 세대들의 강력한 욕구와 자기 성찰성이 가져오는 변화의 힘을 읽어낼 수 있다. 결혼을 안했다는 이유만으로 "비정상인"으로 억압당해온 비혼자(非婚子)들의 목소리에 자족함과 가벼움이 배어 있어 라이프 스타일의 변화를 감지하게 한다.

「또 하나의 문화」 제13호
새로 쓰는 청소년 이야기 1 (아이들이 없다)
「아이들이 없다」는 부제가 암시하듯 그들이 '가버린 곳'들을 찾아 그 속에서 무언가 일을 꾸미고 벌이는 청소년들의 이야기들을 모았다. 이 글들 속에서 스스로를 '어른'들과 구분 내리려는 아이들이 벌이는 갖가지 '문화 게릴라 작전'을 본다. 아이들의 눈으로 세상을 바라보는 연습을 하면서, 이제 아주 새로운 눈으로 새 질문을 던져야 할 때임을 자각하게 된다. 그래서 이 책에서는 '청소년 문제'라는 말을 더 이상 쓰지 않는다. '어른 문제'라는 말을 쓰지 않듯이.

「또 하나의 문화」 제14호
새로 쓰는 청소년 이야기 2 (틈새내기)
「틈새내기」는 좀더 제도적인 차원에서 청소년들의 삶에 영향을 미치는 공간과 언어와 권력 관계를 살펴본 것이다. 아이와 더불어 성장하는 어른들의 이야기를 통해 어른과 아이의 이분법을 넘어서 새로운 삶의 공간을 열고, 청소년들의 삶의 자리를 변화시켜 보려고 애쓰는 어른들과 아이들의 대안 모색 과정을 담았다.

「또 하나의 문화」 제15호
여성의 일 찾기, 세상 바꾸기
현대 사회에서 개인은 '일'을 통해 사회적 자아를 형성하고, 자신이 살아 있음을 느끼게 된다. 여성이 일을 한다는 의미는 자신의 사회적 존재를 드러내고 삶을 구성하는 방식이다. '21세기는 여성의 시대'라는 허황된 약속과 실제 여성들의 척박함에서 오는 괴리를 드러내고, 그 불편한 심기를 토로하고, 시비를 건다. 다른 한편으로는 여성들이 우리 사회의 뿌리 깊은 연고주의와 부패를 끊어낼 수 있는 유일한 문화와 경제 변화의 주체임을 선언한다.

또 하나의 문화 제16호
여성의 몸 여성의 나이

3쇄 발행일
2005년 5월 10일

편집인
또 하나의 문화 동인들
http://www.tomoon.com

발행인
유승희

발행처
도서출판 또 하나의 문화
   121-818 서울 마포구 동교동 184-6 대재빌라 302호
   전화 (02) 324-7486 팩스 (02) 323-2934
   tomoon@tomoon.com http://www.tomoon.com

출판등록번호
1987년 12월 29일 제9-129호

사단법인 또 하나의 문화, 2001
ISBN 89-85635-44-1 03330

우리나라 페미니즘 문학의 현황과 모색